IT 경영혁신과 정보화 비용 관리

IT 경영혁신과 정보화 비용 관리

이경덕 · 서진영 공저

서울경제경영

서 문

이제 전자메일과 인터넷이 보편화되면서 기업에서 컴퓨터 이용자수는 비약적으로 증가하였다. 이에 따라 종업원 개인마다 컴퓨터가 배치되어 전사적인 정보 공유와 업무의 효율성이 향상되고 있다. 이러한 움직임 자체는 급변하는 비즈니스 환경에서 살아남기 위해 기업에 요구되는 시대적인 요구와 합치하는 것일지도 모른다.

그러나 많은 회사들이 정보화에 매진하는 동안 다른 한편에서는 과연 IT 투자가 그에 걸 맞는 가치를 창출하는지 그 투자효과에 대한 의문을 제기한다. 다양한 IT 프로젝트들이 추진되면서 모든 경영자들은 다음과 같은 공통된 고민을 한다. IT에 왜 그렇게 많은 투자가 필요한 것일까? 왜 IT 비용은 상승하기만 하고 떨어지지 않을까? 과연 IT 투자가 올바르게 이뤄지고 있는가? IT에 너무 많은 금액을 낭비한 것은 아닐까?

일본에서 이뤄진 최근의 한 조사에 따르면 회사 전체로 봤을 때, 하드웨어나 소프트웨어와 같은 IT(정보기술) 자본 재고의 약 30%, 구축한 시스템의 유지에 소요되는 IT 비용의 약 50%가 부실자산화 된다고 한다.

우리나라의 경우는 어떨까? 외국 회사들의 경우, 평균적으로 IT를 운영하면서 약 20%의 원가절감 또는 20%의 가치창출을 하고 있다고 알려져 있다. 그러나 저자가 수많은 공공기관을 현장에서 감리하면서 파악한 것을 종합해보면 앞의 일본의 조사자료 결과와 크게 다르지 않을 것이다. 그러므로 지금 우리 상황에서는 IT 자산에 대한 적합투자와 이의 효율적 운용이 무엇보다 절실한 상황이라 할 수 있다.

향후에도 정보화에 대한 회사의 투자는 지속적으로 증가할 것이다. 즉, 경영정보화는 새로운 비용이 소요됨을 의미한다. 여기서 궁금한 점은 과연 비용 대비 투자 효과와 경영가치가 창출될 것인가에 있다. 따라서 회사는 눈에 보이는 비용에만 집착하지 말고 간접적인 비용요인도 고려한 종합적인 시야로 비용을 파악해야 한다.

정보화전략이 회사 경영전략에 큰 영향을 미치면서 정보시스템은 더욱 복잡해지고 정보화에 투사되는 비용 역시 증가하고 있다. 이러한 시기에 이 책이 다루는 주요 이슈는 정보시스템 비용, 운용효율 또는 그로부터 얻을 수 있는 업무와 경영상의 효과에 관한 것이다. 여기서 저자는 회사가 직면한 경영 과제에 대해 담당자가 책임을 가지고 대처하기 위한 하나의 방안을 제시하고자 한다. 또 경영자, 정보관련 부서, 정보시스템 사용자인 관리부서나 각 사업부서의 의사결정권자가 공통 인식을 갖고 추진해야하는 전략적인 테마에 대한 도전 의욕의 환기도 부가적으로 얻었으면 하는 바람이다.

잘 알려진 명언 중에 "IT는 놀랄 정도로 생산성을 향상시키지만 그 증거는 어디에서도 발견할 수 없다"는 말이 있다. IT 비용 투자는 너무 적거나 반대로 너무 많아서도 안된다. 정보화 비용과 가치를 정확하게 파악해서 효과적인 정보화 전략을 구축하는 것이 매우 중요함을 주장하려는 것이다. 본서에서 사용된 용어 중 IT는 편의상 정보화라는 용어와 혼용 하여 사용되었으므로 같은 의미로 이해해 주시기 바란다. 여러분이 가치 있는 정보화 전략을 추진하는 데에 이 책이 조금이나마 도움이 되기를 바라는 마음이다.

2006년 5월 저자일동

목 차

Innovation Management!!

IT Cost Management

01

우리 회사의 IT 자산은 건전한 상태인가?

1.1 IT 자산의 정의

IT와 회사경영은 서로 뗄 수 없는 관계가 되었다. 쉽게 말해 컴퓨터 없이 업무를 처리하는 것을 상상할 수도 없다. 중소기업에서도 광의의 의미에서 IT를 이용하지 않는 곳이 거의 없다. 이제 정보시스템은 체내를 둘러싸고 있는 모세혈관처럼 제조, 유통, 영업, 마케팅, 회계, 관리부문 등 업무과정 깊숙한 곳까지 스며들고 있다. 최근의 IT 불황에도 불구하고 IT 투자는 평균적으로 기업 매출액의 1%에서 수 % 가량 꾸준히 이루어지고 있다. 독자의 회사에서도 매일 사용하고 있는 경리시스템이나 고객관리시스템 등에 거액의 IT 투자가 이루어지고 있을 것이다.

여기서 한 가지 물어보자. 독자는 회사의 IT 투자액 규모를 알고 있는가? 또는 전사적 차원에서 IT에 투자한 비용 이상의 성과가 발생하고 있는가? 놀랍게도 일반 회사들의 경우 개별 IT 시스템 투자조차 비용 대비 성과를 추정하고 있는 곳은 매우 드물다.

예를 하나 들어보자. 모 통신회사에서 정보시스템의 소프트웨어관리 프로젝트를 담당했을 때의 일이다. 사내 모든 부문을 망라하여 데이터를 수집 분석한 결과 이 회사는 매출의 3~5% 정도 비용을 IT에 투자하고 있다는 사실을 알 수 있었다. 이 조사 결과가 발표되었을 때 큰 파문이 일었다. 경영기획실 간부나 임원들도 그 결과에 매우 놀라기만 했다. 이 정도로 투자하고 있을 줄은 몰랐던 것이다. 우리는 이 사실을 증명하기 위해 직원 수십 명을 대상으로 인터뷰를 하고 방대한 사내 자료를 뒤졌으며 사내관리용 데이터베이스와 며칠간 씨름을 했다. 아쉽게도 이것이 바로 우리나라 기업들의 IT 투자 실태이다.

IT 투자비용 파악에는 또 다른 어려운 문제가 있다. IT 비용항목이 세부적으로 분산되어 있다는 점이다. 하드웨어를 구입하면 자산으로 이어지지만 리스를 이용하면 비용으로 계상된다. 또 아웃소싱을 하고 있는 경우에는 외주비용이 된다.

그럼 소프트웨어는 어떤가? 자산으로 확실하게 계상되지만 매년 쌓여가므로 시간을 축으로 보면, 과거 5년 동안 소프트웨어에 많은 투자를 하고 있어도 현재 장부상 가치가 얼마인지 알기 어렵다. 어플리케이션 개발은 대부분 인건비 비중이 높아 비용으로 계상하는 것이 타당하다고 여겨지는데 일부에서는 투자자산으로 보는 경우도 있다. 시스템 기획비는 투자로 취급된다.

그 외의 IT 자산에 관련된 비용에는 하드웨어 보수료나 소프트웨어 보수료, 정보처리위탁비나 외부위탁인건비, 네트워크사용료나 회선사용료, 시스템부문의 직원인건비 등이 있다. 그런데 아웃소싱을 제외하고는 어느 시스템에 얼마나 투자하고 있는지 파악하기가 쉽지 않다. 즉 이들 비용 세부를 분류하여 회사 전체 또는 개별 시스템별 투자비용을 계산하는 것이 매우 어렵다.

지금까지 언급한 실태를 전제로 다른 질문을 하나 더 해보자. 당신의 회사는 IT 투자를 정말 효과적인 부분에만 하고 있을까? 일반적으로 매출의 수 %, 많게는 매출의 10% 정도를 IT 관련 부문에 투자하고 있다. 예를 들어 통신회사라면 평균 3~7%, 일반 제조업에서도 평균적으로 매출액의 1% 전후를 IT 관련 부문에 투자하고 있다. 덧붙여서 일반 회사의 매출액에서 차지하는 이익률을 대략 10% 정도라고 가정해보자. 그럼 예를 들어 매출액이 1000억 원이며 이익률 10%인 회사가 만약 수익을 2% 늘리고 싶다면 매출액을 1200억 원으로 끌어 올려야 한다. 즉, 매출액을 무려 20% 증가시켜야 수익을 2% 올릴 수 있다. 그림 1-1을 봐주길 바란다. 그러나 만약 IT 부실자산 금액을 매출액의 2%로 가정한다면, IT 부실자산을 재검토하는 것만으로도 비용 절감을 할 수 있는 절호의 기회가 있다고 볼 수 있다.

그림 1-1 IT 부실자산의 재검토에 의한 효과

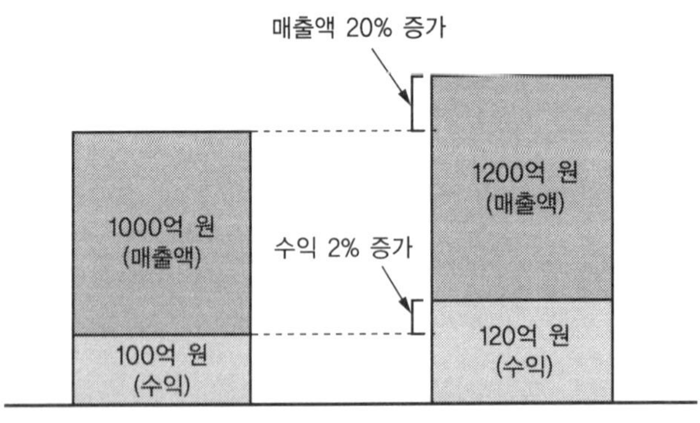

☞ 수익 100억 원에서 120억 원으로 증가
(비용삭감 2% 상당)

1.2 IT 부실자산화의 충격

우리나라 회사의 IT 자산이나 비용 중 투자금액에 걸맞은 효과를 올리고 있는 부분은 어느 정도 있을까? 다르게 말하자면 낭비가 되고 있는 IT는 어느 정도일까?

우리나라는 아직 공식 발표된 자료가 없으므로 일본 기업을 조사한 사례 자료를 참고하면, 일본의 하드웨어, 소프트웨어의 IT 자산재고는 전체 약 16조 엔인데, 그 중 약 30%인 4.4조 엔이 부실화되고 있는 것으로 밝혀졌다. 다른 한편으로 IT 비용은 일본 전체에서 매년 5조 엔 정도인데 그 중 약 50%인 2.6조 엔이 부실화되는 것으로 분석되었다. 이 두 가지를 합하면 7조 엔 가량 된다.

이것은 80조 엔인 일본 국가예산의 약 9%에 해당한다. 참고로 태국의 국가예산은 193억 달러(2000년)인데 환율이 1달러당 120엔이라고 하면 약 2.3조 엔으로, 일본의 IT 부실자산은 태국 국가예산의 3배 이상의 규모에 해당하는 것이다.

그럼 도대체 IT 부실자산이란 무엇을 말하는 것일까? 부실자산은 4개의 항목으로 분류할 수 있다.

첫째는 "불이용자산"이다. 문자 그대로 사용되지 않는 자산을 말한다. 하드웨어나 소프트웨어라고 하는 IT 자산재고 속에 소비자가 이용하고 있지 않는 시스템이다. 예를 들어 1년에 한 번밖에 사용하지 않는다든지 사용자가 불과 몇 명 정도밖에 안 되는 시스템을 말한다.

두 번째가 "무가치자산"이다. 시스템을 이용하고 있지만 그 자산금액에 걸맞은 효과가 생기지 않는 경우이다.

세 번째는 "불필요한 비용"이다. "불이용자산"과 "무가치자산"이 있기 때문에 그 하드웨어 또는 소프트웨어를 보수 · 운용하는 데 드는 비용이다.

마지막이 "삭감가능한 비용"이다. 더 낮은 가격으로 시스템 운영이나 보수를 할 수 있음에도 불구하고 비용을 지출하는 경우이다. 사내에서 추가 인건비가 들거나 IT 공급사에 높은 운영비용을 지불하는 경우가 이러한 예이다.

그러면 왜 사용하지 않는 시스템을 만들고 비용을 지출하는지 의문이 생길 것이다. 대부분의 기업들은 투자 초기에 다수 사용자가 시스템을 활용하면 비용 대 효과를 충분히 얻을 것으로 기대하여 정보시스템을 구축한다. 그러나 사용자들이 구축된 시스템을 실제로 사용하기 시작하면 시스템이 회사에 적합하지 않다는 인식이 생겨난다. 그러면 사용자가 점차 줄어들고 결국 아무도 사용하지 않게 된다. 또 제도나 시스템이 변할 경우, 사실 버전 업그레이드를 해야 하는데 비용이나 인원 문제 때문에 업그레이드가 불가능해 처음에는 잘 사용하던 시스템임에도 불구하고 사용자가 점차 감소하는 경우도 있다.

그런데 시스템에는 부실자산이 되기 쉬운 것과 그렇지 않은 것이 있다. 은행 ATM이나 할인점 재고정보시스템과 같이 매일 사용하는 시스템이라면 파리를 날리는 일이 없을 것이다. 그러나 데이터베이스에 데이터항목을 입출력하는 시스템과 같이 시스템 개발 종료 후에는 일부 시스템이 전혀 사용되지 않는 경우도 적지 않다.

온라인 시스템뿐만 아니라 배치처리(일괄처리)가 필요한 시스템도 부실자산이 되기 쉽다. 일일 · 주간 통계장표 처리, 업무 보고 자료 작성, 영업 전략 수립을 위한 구역별 · 점포별 매출 실적 처리 배치시스템(일괄처리시스템)은 의외로 많다. 그러나 이런 시스템 역시 처음의 목적에 맞게 사용되지 않아서 방치되는 경우도 많다.

그런데 이런 시스템은 개발되면 사용하지 않아도 폐기처분하지 못하고 보유하게 된다. 토지나 공장이라면 매각 또는 폐쇄할 수 있지만 시스템은 눈에 보이는 것이 아니므로 사용하지 않는다는 사실을 깨닫지 못하여 계속 운영하는 것이다. 게다가 여전히 이전 시스템은 그대로 둔 채 IT 하드웨어나 소프트웨어를 추가하여 새로운 보고서 시스템을 만드는 경우도 많다.

1.3 IT 부실자산의 재검토

앞에서 서술한 IT 부실화라는 정의에서 IT 자산재고를 살펴보자. 일본의 경우 전체 약 16조 엔의 IT 자본 중에서 불이용자산이

2.1조 엔, 이용가치를 창출하지 않는 무가치자산이 약 2.3조 엔 규모라고 한다. 한편 IT 비용은 전체 연간 약 5조 엔이 사용되고 있으며 그 중 불필요한 비용이 약 1.4조 엔, 삭감 가능한 비용이 약 1.2조 엔이라고 분석할 수 있다.

IT 투자자산재고와 IT 비용 합계 약 21조 엔 중 7조 엔 정도가 앞서 설명한 네 가지 IT 부실화 부분에 해당한다. 1/3이 불필요한 지출로 낭비된다는 계산이다.

일반적인 외국 회사가 평균적인 효율로 IT를 운영하면 대체로 20%의 원가절감 또는 20%의 가치창출을 할 수 있다고 알려져 있는데(여기서 20%라는 숫자는 표준적인 외주업계와 고객의 대부분이 계획으로 설정하고 있는 가정에 근거하고 있다) 일본의 경우 이것보다도 높은 수치로 나타나 있다.

우리나라의 경우는 어떨까? 구체적인 자료를 구하기는 어렵지만 대기업의 경우 SI 계열사를 갖고 있는 경우가 일반적이다. 그런데 최근까지도 그룹 내 매출로 그룹 외부에서 발생한 사업 손실을 메우는 일이 적지 않았다. 그룹간의 거래는 위에서 이야기한 외국 회사의 경우처럼 20% 정도의 효율화를 가정하면 이 수치가 불필요한 지출로 낭비되고 있다고 생각할 수 있다. 그러나 관공서 시스템 구매 담당자들은 대부분 공급자가 제공하는 정보에 의존하거나 다른 기관의 사례를 그대로 적용하는 경우가 많기 때문에 일본의 비율에 근접하지 않을까라는 것이 여러 공공기관의 감리현장에서 느낀 저자의 소감이다.

사례를 살펴보자. 예를 들어 매출 1조 원인 회사가 매출 5%가량을 매년 IT분야 투자나 기존 시스템의 운영비용, 보수 운영비용으로 사용하고 있다고 가정하면 연간 약 500억 원을 지출하는 것이다. 이 중 절반이 새로운 시스템 구축 또는 기존 시스템 유지를 위한 신규 투자에, 그리고 나머지 절반이 운영·보수 부분에 투자된다고 할 수 있다. 그렇다면 일본 자료를 기준으로 약 30%가 부실화되고 있으므로 신규투자규모가 250억 원이라면 부실자산은 75억 원이라고 추정된다.

한편 매년 IT 비용이 250억 원 소요되는데 통계 결과를 기준으로 약 50%가 부실자산이라고 하면 부실자산은 약 125억 원 규모이다. 앞의 75억 원과 합하여 200억 원이 부실자산이라는 계산이 나온다. 매출 대비 약 2% 가량 되는 자금을 IT 부실자산으로 인해 잃고 있다고 하겠다. 반대로 생각하면 매출을 늘리지 않아도 IT 투자나 그에 드는 비용을 재검토하면 매출의 2%나 되는 비용을 삭감할 수 있다는 말이다.

이처럼 개별 회사, 예를 들어 여러분의 회사가 보유한 IT 자산을 한번 재고조사하여 어떤 부문에 얼마나 비용이 소요되었는지 그리고 낭비된 부분은 어느 정도인지 조사하는 것만으로도 새로운 발견을 할 수 있을 것이다.

저자도 이 점에 대해서 실제로 IT 고객사나 공급사에게 이 이야기를 한 적이 있다. 그랬더니 IT 고객사 중 상당수가 이 문제점과 비효율성을 느끼고 있었다. 실제로 구체적인 액수와 비중을 인식하지는 못했지만 회사 내부에 하드웨어나 소프트웨어 낭비가 숨어 있다는 것을 인지하고 있었다. 다만, 도대체 낭비가 어디서 발생하는지 알지 못할 뿐이었다. 또한 IT 공급사에게도 상당한 액수의 보수비용을 지불하고 있지만 이것을 어떻게든 줄여보려고 막연히 계획중인 회사도 늘어나고 있다.

그래서 고객사로부터 압박을 받는 IT 공급사가 증가하고 있다. 불필요한 IT 투자를 요구하는 제안이나 여분의 IT 비용을 재검토하도록 하는 제안을 고객사에게 제시할 필요성이 더욱 강하게 요구되고 있다.

1.4 비즈니스 프로세스의 분석과 핵심역량

그렇다면 왜 이 같은 낭비적인 투자가 실행으로 옮겨지게 된 것일까? 그 원인은 고객사가 자신들의 실태에 걸맞은 IT 투자를 추진하지 않았기 때문이다. 반대로 말하면 IT 공급사가 고객사의 실태에 맞는 시스템을 제안하지 않았기 때문이라고 하겠다.

같은 업계라도 개별 기업에 따라 업무 방식, 즉 사업 프로세스가 서로 다르다. 여기서 말하는 프로세스란 고객으로부터의 주문이 발생하여 제품이 고객의 손에 들어가기까지의 과정을 말한다. 이러한 프로세스에서 발생하는 다양한 업무를 하나씩 분석하여 생각할 수 있는지 여부가 중요한 포인트이다.

분석을 진행하면 자사의 사업 프로세스 중 어떤 부문이 경쟁 우위가 있는 핵심역량인지 알 수 있다. 예를 들어 일본의 시세이도는 고객이 제시한 의견으로부터 고객의 의중을 정확하고 치밀하게 분석하는 시스템이 경쟁 우위를 확보하는 원천이다. 시세이도는 고객이 제시한 의견을 시스템을 통해 분석하고 시사점을 찾아 연구개발이나 제품개발에 반영한다. 구체적으로 '화장품 뚜껑이 사용하기 어렵다', '색상이 맞지 않다', '사용 중 내용물이 흐른다' 등의 의견을 수집하여 제품 개선에 반영하고 있다. 이러한 사업 프로세스가 시세이도의 핵심 역량이 된다. 그러나 어떤 회사에서는 원자재를 배달하는 물류 부문이 핵심이 될 수 있다. 예를 들어 화학섬유를 생산하고 있는 일본의 토레이에서는 공장이 분산되어 있기 때문에 최적 상태의 실이 각 공장으로 효율적으로 운송될 수 있는 시스템을 만들었다.

핵심역량은 이렇게 개별 기업마다 큰 차이가 있다. 이러한 차별화된 핵심역량을 바탕으로 기업들이 성장을 한다. 그런데 자사의 성장 기반이었던 핵심역량 업무 프로세스의 망각에서 문제가 시작된다. IT 시스템을 구축하면서 IT 전문가에게 맡기면 알아서 잘 할 것이라는 안이한 발상 때문에 자신들의 핵심역량까지 잃어버리는 경우가 종종 발생하는 것이다.

1.5 안이한 ERP 패키지 도입의 위험성

ERP 공급사나 IT 컨설팅사에 속았다고 말하는 사람들은 자사의 핵심역량을 이해하지 못한 경우가 대부분이다. 모든 ERP 공급사는 분명히 자신들이 개발한 모든 기능이 포함된 시스템 전체를 팔고 싶어 한다. "모든 모듈을 순서대로 전부 넣읍시다. 그렇게 하면 글로벌 표준의 선진 사례를 도입하게 되어 세계시장에서 경쟁할 수 있는 회사가 될 것입니다"라는 솔깃한 제안을 할 수밖에 없다. 잘 준비된 교묘한 프리젠테이션을 듣고 있으면 훌륭한 그림을 그릴 수 있을 것만 같은 착각에 빠진다.

당연한 일이다. 그러나 조금 전에 말했듯이 애프터 세일즈 부문이 핵심역량인 회사도 있고 물류 부문이 핵심역량인 회사도 있다. 이를 무시하고 표준적인 ERP패키지로 치환해 버리면 어떠한 일이 발생할까? 지금까지 쌓아왔던 노하우나 시스템화하기 어려운 인적 역량을 모조리 잃어버릴 수도 있다.

물론 ERP공급사도 백전노장이기 때문에 "그 부분은 커스터마이즈(customize)나 애드-온(add-on)을 하면 귀사 역량을 더욱 충실하게 반영할 수 있습니다"라고 설명을 한다. 그러나 여기에는 큰 함정이 있다. ERP 패키지라는 것은 커스터마이즈(customize) 없이 도입할 때 시스템 사용 의의가 있다는 점이다.

예를 들어 백화점 부인복 매장에 예쁜 드레스가 있다고 하자. 그것을 자신의 몸에 맞지 않는다고 소매를 줄이고 단추를 다른 곳에 다시 달고 꽉 낀다고 해서 허리에 천을 더해서 다시 재봉질을 하게 되면 원래의 예쁜 라인은 망가지고 디자이너가 의도한 디자인에서 크게 벗어나게 된다. 그뿐 아니라 수선해야할 곳이 너무 많으면, 수선비만으로 싼 값의 옷 한 벌을 살 수 있는 비용이 들어가기도 할 것이다.

ERP시스템도 마찬가지다. 간단한 커스터마이제이션(customization)이 장기적으로 더욱 복잡한 문제의 원인이 되기도 한다. ERP시스템을 5%든 10%든 커스터마이즈(customize)하면 향후 ERP시스템의 버전 업그레이드마다 커스터마이즈(customize)한 부분 역시 별도 업그레이드를 해야 한다. 이 때문에 유지비용은 더욱 증가하게 마련이다.

이를 방지하기 위해서는 비즈니스 프로세스 전체를 가치사슬 관점에서 분석하여 자사의 핵심역량과 강점이 무엇인지 파악할 필요가 있다. 동시에 그 핵심부문을 정말 ERP시스템으로 관리하는 것이 좋을지 근본적인 질문을 던져볼 필요가 있다. 어쩌면 지금까지 해오던 대로 엑셀시트를 이용하여 사람의 손으로 직접 수요 예측을 하는 것이 회사에 있어서 유리할지도 모른다. 모든 부문을 ERP시스템으로 잘못 바꿔버린 회사는 자사의 향후 경쟁력을 약화시키게 되며 무리해서 투자를 한 만큼, 가까운 미래에 앞서 말한 것처럼 부실 자산으로 바뀌게 되는 것이다. 혹은 커스터마이즈(customize)한 부분이 많기 때문에 방대한 유지비용을 장기간에 걸쳐 공급사에 지불해야만 하는 불상사가 일어날 수도 있다.

02

IT 비용의 건전성검사

2.1 건전성검사의 의의

예산관리에 책임이 있는 관리자가 IT 비용으로 자기 부서에서 조달하고 있는 모든 자금을 언제나 유효하게 사용한다고 확신할 수 있다는 것은 자금 사용 출처와 사용 목적을 완전히 이해했을 때에만 가능하다. 어떻게 할 수 있는가?

본서에서 제시하는 세 가지 간단한 테스트—KPI에 의한 건전성검사, 표준화/복잡도 테스트, IT 물적 재고재산의 검사—를 실시하여, 자신이 실행하는 IT 지원비용과 자신이 부담하는 IT 비용을 얼마나 제대로 관리하고 있는지 검토해 나가면 된다. 테스트 결과는 IT 서비스의 효율을 개선하기 위한 건설적인 논의와 개혁프로그램의 기초가 될 것이다.

여기서는 현재 IT 부서의 효율성을 진단하는 데 도움이 되는 세 가지 간단한 건전성검사에 대한 설명을 하겠다. 건전성검사에 따라서 해결해야만 하는 비용문제가 발생한다면 이 문제를 심도 있게 다각도로 연구함으로써 비용문제를 해결할 수 있는 방안을 용이하게 찾을 수 있을 것이다. 체중 감량에 필요한 조언을 듣기 위해서 병원에 다니는 뚱뚱한 사람에게 단순히 "너무 많이 드시는 것이 원인입니다."라고 조언을 하는 것은 도움이 되지 않는다. 유능한 의사라면 비만의 원인이 유전적 또는 정신적인 문제가 아니라 식사량에 비해 운동량이 부족한 것이 원인이라고 이야기해 주고, 다소 시간이 걸리더라도 당사자의 상황과 개성에 맞는 감량 방법을 찾아 주려고 노력할 것이다. 운동량을 늘리거나 칼로리 섭취량을 줄이는 것이 유일한 감량 방법이지만 두 가지 방법의 균형과 각각의 방법에 가장 적합한 실행방안(예를 들면 60세 이상의 사람은 산책을 해야 한다든지, 중년 이하의 사람은 마라톤을 하는 것이 좋다든지 등)을 개인별 맞춤 처방이 바람직할 것이다.

2.2 건전성검사의 방법

1. KPI에 의한 방법

1) KPI란 무엇인가

KPI(Key Performance Indicator: 주요업적지표, 중요업적지표)는 업적의 측정기준 혹은 체계적인 지표이다. 이것은 모든 사업부서 혹은 회사의 업적에 결정적인 영향력을 가진 각각의 비즈니스 기능 혹은 활동과 관련이 있다. 경영자는 가장 적절하게 회사를 운영하기 위해 KPI를 이용하고 있다.

그러면 왜 직접 사업부서 성과를 측정하는 것 외에 추가로 KPI를 이용해야 하는 것일까? KPI는 사업부서의 성과 혹은 그 성과의 중요한 측면을 직접 측정하는 것이 불가능할 때 가장 효과적이다. 그리고 측정할 수 있는 성과의 종류가 너무 많고 모두 측정해도 전체 관리가 어려울 만큼 데이터가 많은 경우에도 유용하다. KPI를 적절히 수립하면 관리자는 경영활동 결과를 업적과 연관시킬 수가 있다. 이 장의 목적은 KPI를 이용하여 IT 관련활동과 IT 비용을 업적과 연관시킬 때의 유용성을 설명하는 데 있다.

벤치마킹에 대해서는 뒤에서 언급하기로 하고 여기서는 이 책에서 사용되는 용어법을 명확하게 하고 KPI와 벤치마킹 간의 개념적인 연결을 지적할 필요가 있다.

이 장의 목적상 '벤치마킹' 은 'KPI를 입수하기 위한 것' 이라고 정의하고 '다른 회사의 KPI를 포함하는 비교데이터를 획득하는 활동' 은 '벤치마킹한다' 라는 동사를 사용한다.

적절한 KPI의 한 예로서 회사 내의 IT 헬프데스크의 업무성과가 있다. 헬프데스크의 역할은 문제가 발생한 하드웨어, 소프트웨어의 보수와 이러한 업무를 관리함으로써 구성원들이 IT 기기를 효과적으로 이용하도록 도와주는 것이라고 가정하자. 그리고 회사 내에서 가장 일반적인 소프트웨어 패키지의 이용 방법에 관한 기본적인 질문에 회답하는 것이라고 가정한다.

헬프데스크의 역할을 위와 같이 정의내려도 실제로 헬프데스크 업무성과 척도가 무엇인지는 명확하지 않다. 수리(修理)의 실시 회수를 측정하더라도 실시된 수리마다 난이도가 다르고 걸린 시간도 다르기 때문에 정확한 기준이라고 보기 어렵다. 또한 예방유지(preventative maintenance: PM)나 "질문에 회답한다"는 헬프데스크의 역할을 고려하고 있지도 않다. 근무시간을 기준으로 하면 이는 생산성을 반영하지 못한다. 그러나 많은 회사들은 헬프데스크가 좋다, 나쁘다 또는 전년 대비 서비스 질이 개선됐다, 악화됐다를 직관적으로 판단하는 경향이 있다.

이때 헬프데스크 관리자는 이용자에게 제공하는 서비스를 확실히 개선하기 위해서 헬프데스크의 수준을 정량적으로 측정하기를 원한다. 이러한 요구를 KPI와 벤치마킹을 통해 업무를 측정하고 관리함으로써 만족시킬 수 있다.

KPI는 성과의 간접적인 척도이다. KPI는 직접적인 성과 측정기준을 획득하고 이용하는 것이 어려운 사업부서(사업지원부서 포함)를 관리하는 데 이용된다. 이러한 점에서 KPI는 IT 비용을 파악하고 관리하는 입장에 있는 모든 관리팀에게 유용하다. 적절한 일련의 KPI는 IT 관리의 효율성을 개선하기 위한 도구로서 높은 평가를 받는데 실제로 널리 활용되고 있을까? 최근 한 조사에 따르면 IT 관리에 있어서 50% 회사만이 측정기준의 적극적인 이용을 필요로 하고 있을 뿐이며, 적어도 월단위로 측정기준을 이용하고 있는 곳은 그 중 15% 밖에 없다는 것이 판명되었다. 그러나 KPI는 경영 도구로서 매우 효과적이기 때문에 KPI의 이용은 증가하고 있으며, 향후에는 대부분의 중견기업과 대기업 IT 부서와 IT 서비스를 받고 있는 부서를 관리하기 위해 KPI를 이용하게 될 것이다.

2) KPI 종류

"KPI"라는 용어는 널리 이용되고 있지만 KPI와 같은 의미로 사용되는 몇 개의 다른 용어가 있는데 그것은 아래와 같다.

- 업적지표(performance indicators)
- 업무측정지표(performance measurement indicators)
- 업무측정기준(operational metrics)
- 전략적 경영기준(strategic management metrics)
- 지표(indicators)
- 지표 또는 경고(indicators and warnings)
- 중요통계지표(vital statistics)
- 선행지표(leading indicators)

KPI의 세 가지 주요 종류로는 업적관련 KPI, 비용관련 KPI, 거시적 KPI를 들 수 있다.

● 업적관련 KPI

업적관련 KPI는 자원투입이나 자원이 이용되는 비율, 또는 서비스수준의 달성도를 측정하는 KPI이다. IT 부문에서 이용되는 자원투입이나 자원의 예에는 다음과 같은 것이 있다.

- 메모리 사용률
- 컴퓨터 대역폭의 사용비율
- 프로그래머나 개발자의 가동인원수
- 가동공수
- 사외의 기술지원과의 통화시간(분 단위로 과징금이 부가될 경우) 달성도의 측정이 가능한 서비스수준의 예로서는 다음과 같은 것이 있다.
- 헬프데스크가 전화로 문의할 때 응답하는 평균시간
- 5분 이내에 내부에서 송신되는 e메일 데이터 전송량 비율
- 데이터베이스의 중대한 오류 비율(오류로 판정할 것을 확실히 정의하는 경우)
- 웹의 이용가능도
- 고장과 고장과의 사이의 평균시간(특히 메인프레임)
- 기기이용의 대기시간
- 네트워크이용가능도(클라이언트/서버시스템)

● 비용관련 KPI

대부분의 비용은 어느 IT 부문을 위해 사용됐는지 명확하게 구분할 수 있지만 KPI를 이용하는 데 있어서 중요한 것은 업적과 관련이 있는 KPI를 파악하는 것이다. 예를 들어 웹 사이트에 접속하

는 비용이 낮다고 해서 비용효율이 좋다는 것은 아니다.

비용관련 KPI의 예로는 다음과 같은 것이 있다.

- 100만 명령/초(MIPS)당 금액: 메인프레임이나 데이터센터에 대해 이용되는 경우가 많다.
- 이용자 한 명당 연간금액: 1년간 이용자의 컴퓨터 이용수요(보통은 PC)의 지원 또는 서비스 제공에 대해서 금액이 부담되는 IT 비용
- 프로그램 1행당 금액: 당연한 이야기이지만 이 기준 때문에 이 측정기준에 맞추어 보수가 결정되는 프로그래머가 일부러 행수가 긴 프로그램을 작성하게 되면 이 KPI의 가치는 저하될 것이다.
- 1기가바이트당 금액: 이것은 기억용량의 효율성을 측정하기 위해 이용할 수 있다. 인터넷 등의 네트워크에서의 데이터 전송량을 측정하기 위해서는 기가바이트/주간을 이용한다.
- 프로젝트당 금액: 이것은 흥미로운 KPI 중 하나인데 특정 프로젝트의 규모가 어느 정도인지를 나타내는 것이 아니라 관리자가 복잡성을 포함하면서 프로젝트의 평균적인 규모를 제대로 파악하는 것을 쉽게 해주는 KPI다.
- 웹 사이트 1히트당 금액: 이것을 사용하여 웹 사이트의 1히트당 어느 정도의 비용이 드는지를 측정한다.

● 거시적 KPI

거시적 KPI는 "구조적 KPI"로서 알려져 있다. 거시적 KPI는 비용관련 KPI나 업적관련 KPI와는 조금 다른 종류의 KPI이며, 어떤 의미에서 KPI를 위한 KPI라고 하는 경우도 있는데 하나의 예를 들면 아래와 같다.

- IT 부서의 조직계층의 계층수
- 서비스수준 KPI가 측정되는 포인트 수: 이것은 KPI의 정확성과 복잡성이 문제가 되는 경우에 중요해진다.
- KPI의 변경률: 이것은 KPI 변경에 대한 조직의 이해도와 그것을 실시하는 능력, 혹은 리엔지니어링된 프로세스로의 수용도를 제시한다.

적절한 KPI가 무엇인지는 상황에 따라 결정되는 성질을 갖고 있다. 즉 사업부서의 상황과 직급에 따라 이용할 수 있는 적합한 KPI의 종류가 달라진다. 하위 계층 관리자는 상위 계층 관리자와 KPI가 다르고 요구 수준도 낮을 것이다. 나중에 설명할 'IT 관리에서 이용되는 벤치마킹의 사례연구'에서는 이러한 KPI의 계층구조에 대한 한 가지 예를 제시하고 있다. 또한 관리정보의 구조와 입수 가능성, 그리고 조직 문화는 개인과 조직에게 있어서 적절한 KPI가 무엇인가에 큰 영향을 미친다.

KPI는 조직구조를 지탱하는 것이어야 한다. 즉 관리자가 통제하거나 영향을 미치고 있는 대상을 KPI에 의해 관리해야 한다. KPI를 설계하는 과정에서 조직구조의 결함이 발견될지 모르지만 IT 전략의 방향을 세밀하게 정하게 되면 이러한 문제는 줄어들 것이다.

3) KPI에 의한 건전성검사 7단계

자녀가 다니는 학교를 평가할 때, 대부분의 부모는 필요한 정보를 직감적으로 안다. 우리 아이가 학교에서 즐겁게 생활하고 있는가? 교사는 학업에 흥미를 갖도록 해주는가? 우리아이는 기말시험에서 반에서 몇 등 하는가? 학비는 어느 정도인가? 몇 %의 학생이 좋은 대학에 진학하는가? 이런 것들이 중요한 기준이 되며 학교 순위는 부모들의 서로 다른 주관적 평가에 따라 좌우된다.

대학에 진학하는 학생의 비율은 대부분의 학부모들이 중요하게 생각하지만 사실 더 중요한 것은 소중한 자녀의 행복일 것이다. 그렇다면 실제로 학교들은 어떻게 자기 평가를 할까? 순위 평가는 다소 다를 수 있지만 일반적으로 학교마다 비슷한 기준을 가지고 있을 것이다. 현대 학교 교육에 있어서 학교의 당국자들은 학생 성적의 경쟁적인 평가에 직면하고 있다. 그래서 학생들의 작은 행복을 희생해서라도 공개시험에서 좋은 성적을 얻을 수 있도록 독려하고 대학 진학률을 높이려고 적극적으로 노력한다. 학부모나 학교 모두 서로가 고려하고 있지 않는 기준을 갖고 있는 경우도 많다. 부모는 대중교통을 이용하여 단시간에 갈 수 있는 거리 내에 있는 학교를 희망할 것이다. 학교는 교사가 학생들이 선호하는 과목위주로 수업을 진행해 주기를 바랄 것이다.

부모들의 학교평가와 학교 당국자들의 자기평가를 비교해 보면 IT의 KPI와 관련 있는 두 가지 사실을 알 수 있다. 첫째, 학교와 부모들은 서로를 이해하기 위한 학습 시간(적어도 1000년)이 충분히 있었지만 학교의 기능은 크게 변하지 않았다. 둘째 양측이 우수한 학교에 대한 많은 기준에 상호 동의했다고 해도 이들 기준에 대해서 각각의 순위 매김은 다르며 양측의 차이가 매우 크다. 마찬가지로 IT 부서와 사업부서 역시 더 복잡하기는 하지만 유사한 문제를 겪는다.

경영자의 관점에서 IT 부서 업적 평가의 가장 중요한 문제 중 하나는 IT는 사업을 변화시킬 가능성이 충분히 있지만 사회가 너무 빨리 변하기 때문에 회사가 IT 관리 방법을 학습할 수 있는 시간은 매우 부족하다는 점이다.

이러한 상황을 광산의 경영 상태와 비교해 보자. 인류 역사상 채굴은 수천 년에 걸쳐 이어져 왔다. 그런데 1816년에 험프리 · 데비(Humphry Davy)경이 발명한 전등이 광산에서 처음으로 이용되자 광산의 경영 상태는 큰 변화를 맞이하게 되었다.

전산화는 불과 약 20년 동안 회사에 보급되었는데 그 기간 동안 엄청난 기술 발전을 이루었다. 그러나 이러한 엄청난 기술 발전이 기술을 도입한 회사를 관리하기 위한 방법의 발전과는 전혀 일치하지 않았다. 이러한 불일치를 IT를 관리하기 위한 새로운 방법 중 하나인 KPI를 이용하면 줄여나갈 수 있다. KPI가 IT 경영관리의 안전, 즉 자사 IT의 문제 여부나 IT에 의해 일어날 수 있는 회사의 도산 위험 여부를 사업부서의 관리자에게 알려주는 도구라는 것이 앞으로 충분히 증명될 것이다.

● KPI에 의한 건전성검사

관리자는 아래 7가지 단계의 질문을 초기 단계에서 진행되는 IT 지원 운영효율 평가에 매우 유용하게 사용할 수 있다.

- KPI를 이용하고 있는가?
- KPI는 경영자의 니즈에 적합한가?
- KPI는 정확한가?
- 과거의 KPI는 현재에도 유효한가?
- KPI에 관련된 통제가 이루어지고 있는가?
- KPI에 의한 통제는 기능을 발휘하고 있는가?
- KPI 또는 통제는 어느 정도 효율적으로 이용될 수 있는가?

일부 성급한 관리자는 당연히 가능한 한 가장 효율적인 방법으로 이러한 질문에 대답하려고 할텐데 가장 효율적인 어프로치의 기준은 회사마다 다를 것이다. 예를 들어 첫 번째 질문(KPI를 이용하고 있는가?)을 예로 들어보자. 어느 회사에서는 KPI가 보고서 형태로 정기 배포되고 있기 때문에 이러한 질문은 발생할 수조차 없다.

또한 어느 회사에 있어서는 KPI가 무엇인지 정확히 알고 있는 IT 관리자를 사업부서의 관리자가 찾아내기 어려운 경우도 있다. 일반적으로 가장 곤란한 상황은 IT 부서의 관리자가 KPI에 대해 알고 KPI를 수립해 공표할 생각이었지만, 다른 문제가 더 우선시되어 이를 해결할 때까지 무기한 연기된 경우이다. 그리고 이럴 경우 다른 문제가 해결된 후에야 비로소 KPI의 필요성을 검토하기 때문에, KPI의 실시가 더욱 늦어질 가능성이 상당히 높다. 이 경우 질문에 대한 대답은 KPI를 이용한다. 또는 가까운 시일 내에 이용하기 시작할 것이라는 것이다.

다음으로 7개의 질문 각각에 대해 답변하기 위한 추진 방법을 자세히 설명하고 이들 대답의 해석에 관해 시사점을 드리고자 한다. 표 2-1을 이용하여 건전성검사의 7가지 질문에 대한 대답을 점수로 매겨보자.

(1) KPI를 이용하고 있는가?

독자는 자신이 책임지고 있는 KPI에 대한 정기적인 보고서를 IT 부서로부터 받았는가? 만약 그렇다면 몇 안 되는 행운의 관리자 중 한 사람이다. 만약 그렇지 않다면 IT 부서에 자기 부서와 관련 있는 KPI에 대해 문의를 하라. 만약 관련 KPI가 없다면 IT 부서를 관리하기 위한 KPI라도 상관없으니 IT 부서에서 작성하는 KPI에 대해 질문을 하자.

표 2-1 KPI에 의한 건전성검사의 평가

결 과	득 점
자신 또는 자신의 사업부서가 정기적으로 IT의 KPI 보고서를 받았으며 그 KPI는 비용을 관리하는 데 적합한 것이다.	15
대부분은 분쟁 없이 바로 KPI를 받았다.	13
IT 부분과의 협의 후에 KPI를 받았으며 그 KPI는 어느 정도는 IT 비용의 관리에 적합한 것이다.	10
IT 부서에서는 무엇이 KPI인지를 알고 있으며 KPI를 2주간 이내에 받았다.	8
KPI를 한 달 이내에 받았다. 혹은 KPI를 받는 것은 비교적 용이했지만 IT 비용의 이해와 그 관리에 도움이 되는 것은 거의 포함되어 있지 않다.	5
무엇이 KPI인지에 대한 이야기를 듣고 그것을 자사에서 이용하라고 제안하는 컨설턴트로부터 보고서를 받았다.	3
그 외의 대답	0

(2) KPI는 경영자의 니즈에 적합한가?

KPI를 한 번 손에 넣었다면 다음 질문은 과연 수립된 KPI가 경영자의 니즈에 맞는가이다. 사업부서의 관리자로서 IT 비용을 이해하고 제대로 관리하려면 다음 두 가지 질문에 관심을 가져야 한다.

- IT 지원에는 전부 얼마의 비용이 소용되었는가?
- 회사 내 타 부서와 IT 부서에서 IT 비용을 발생시키는 요인은 무엇인가?

전체 비용을 관리하기 위해서는 세부사항에 관심을 가져야 하며, 첫 단계는 두 종류의 IT 비용 발생 요인을 구분하는 것이다. IT 비용 발생 요인의 한 종류는 IT 부서의 외부에서 발생하는 것으로서, 특히 사업부서가 IT 부서에 서비스 제공을 요구할 때 일어난다. 비효율적인 방법으로 IT 부서에 서비스 제공을 요청했기 때문에 이 과정에서 비효율을 초래하지는 않았는가? 다시 말하면 다른 방법으로 서비스 제공을 요구 했다면 IT 부서는 좀 더 적은 비용으로 유사한 결과를 만들 수 있지 않았을까 검토해야 한다.

다른 한 종류의 비용 발생 요인은 IT 부서의 관리 효율성과 관련이 있다. 자기 부서에 영향을 미치는 IT 비용을 이해하고 관리하기 위해서는 여러 KPI(IT 부서 내의 비용 발생 요인, IT 부서가 관리하고 있는 타 사업부서에서 기인하는 비용 발생 요인)가 필요하다.

이외에도 IT 비용에 영향을 미치는 또 다른 비용 발생 요인이 있는데 그 중에서 IT 이외의 사업단위에서 기인하는 비용 발생 요인이 매우 중요하다.

KPI를 검토하는 데 있어서 관리자는 비용 발생 요인이 각각의 조직에서 어떻게 작용하는가를 고려해야 한다. IT 부서의 KPI가 아직 없고 KPI의 필요성이 제기되어 새롭게 설계를 해야 할 때 매우 중요하다. 세 종류의 비용 발생 요인은 자기 부서에 배분되는 비용과 비용 배분 방법에 영향을 미치기 때문에 가장 효율적인 KPI에서는 세 종류 비용 발생 요인의 상대적인 중요성이 고려된다. 비용 발생 요인의 상대적인 중요성을 알기 위해서는 어느 부서 지원에 IT 비용이 발생하는지 개요를 아는 것과 동시에 자기 부서가 어떤 일을 처리하고 있는지 상세하게 알아두어야 한다. 만약 IT 부서에 재무담당자가 재직하고 있다면 함께 미팅을 하는 것도 유용하다.

IT 부서의 상급관리자나 재무담당자와 만나서 함께 논의해 보자. 미팅의 목적은 IT 부서의 서비스를 받는 다른 단위 사업, 제공하는 주요 서비스, 서비스 제공 중 비용 발생 요인의 위험을 알아내 기록하는 것이다(표 2-2는 작성하려는 리스트의 예를 제시하고 있다). 자기 부서에 영향을 미치고 있거나 영향을 미칠 것으로 예상되는 것에 표시를 해두자. 이것은 독자가 직접하거나 독자가 속한 부서 내의 어느 누군가가 해야 한다. 왜냐하면 비용 발생 요인의 기본적인 적절한 이해가 전제되어야 KPI의 목적적합성에 관한 의견을 제시할 수 있기 때문이다. 이는 매우 중요한 업무이며 자기 부서와 IT 부서 모두 공통적으로 필요한 정보에 대해 이해하고 동의하는 과정이 필요하므로 약 2주 정도의 시간이 걸릴 것이다. 이 테스트는 아래 제시된 사항들의 증감 여부를 나타내는 신뢰성 높은 각 KPI에 대해 여러분의 의도에 맞는 적절한 정보를 포함하고 있는지 확인해야 한다.

- 현재의 원가 배분시스템이 불완전하여 자기 부서가 지원을 받지 않음에도 불구하고 비용이 배분되는 활동
- 자기 부서의 IT 비용을 증가시키는 IT 니즈

그림 2-1 IT 비용 발생 요인

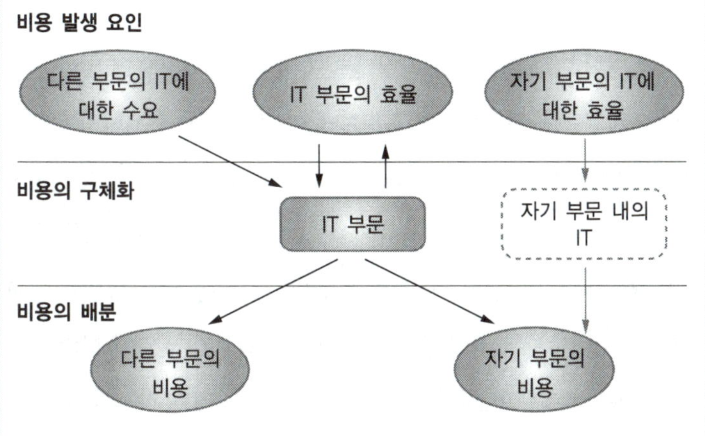

* 자기 부문의 총 IT 비용은 본사에서 제공되는 IT 서비스뿐만 아니라 자기 부문이 컨트롤할 수 있는 IT에 의해서도 영향을 받는다. 이 장의 목적을 위해서 본문에서는 이것을 무시하고 있지만 이 그림에서는 완전하게 설명하기 위해 자기 부문이 컨트롤할 수 있는 IT도 포함시켰다.

실제로 자기 부문이 컨트롤 할 수 있는 IT는 부문 내에 있으며 보통 관리가 용이한 부문 내에 있는 IT 비용도 이 장에서 설명한 본사로부터 제공받는 IT 비용을 관리하는 것과 같은 수법으로 관리할 수 있다.

이 모든 작업에서는 그림 2-1의 가운데 부분부터 위, 즉 IT 부서의 비용이 발생한다는 문제밖에 다루지 않는다는 것을 깨달았을 것이다. 이 비용은 회사의 원가배분시스템을 통해서 예산에 영향을 줄 것이다. 따라서 IT 부서에서 자신의 부서에 비용이 배분되는 원리를 이해하기 위해 회사의 재무 부서와 논의를 진행하듯 회의가 필요하다. 회의 상대가 본사의 재무 부서인지 혹은 IT 부서 내의 재무

부문인지는 개별 회사마다 다르다.

회의 진행시에는 주요 IT 비용에만 주목해야 한다. 회사의 비용 배분에 대한 이해를 높이는 가장 좋은 방법은 발췌이다. 이 방법은 축구의 홀리건을 통제하는 방법과 비슷하다. 홀리건을 통제하기 위해서 핵심 분쟁 주모자 몇 명에 초점을 맞춰서 통제한다. 배분에 있어서도 마찬가지인데 배분금의 대부분을 설명할 수 있는 20%가 어떻게 원가 배분되는지 그 방법만 이해하면 된다. IT 비용 배분 방법을 놓고 자사가 사용하는 핵심 배분 원칙을 아는 사람들과 일일이 회의를 하지 않아도 될 정도의 지식은 갖추어야 한다. 이에는 각각의 주요 IT 비용 발생 요인 중에서 배분 원칙에 자주 이용되는 것은 무엇인지, IT 비용 배분 방법의 공정성에 대한 IT 관리자의 견해 등이 있다.

이제 이미 IT 부문의 KPI에 대해 그 타당성을 판단할 수 있을 것이다. 즉, 관리자가 대응할 수 있는 항목 중 어떤 부문에서 IT 비용이 발생하고 그 원인은 무엇인지 KPI를 통해 알 수 있는 것이다.

예로서 표 2-2를 보자. 표 2-2에서는 조사 기간, 보고서 제출처, 작성자 등이 제시되어 있다. 조사 기간과 작성자 항목은 중요한 정보는 아니지만 이러한 보고서에서 생략되기 쉬운 그야말로 "판단할 수 있는 정도의 상세함"이 요구되는 항목이다. 이 항목은 생략되어도 외부 컨설턴트에게 작업이 위임 또는 인계되지 않는다면 비효율성의 원인이 되지는 않는다. 그러나 이러한 종류의 예비적인 정보 자체가 IT 부서가 얼마나 효율적으로 운영되는지 나타내는 지표이다.

표 2-2 KPI의 예시

IT의 중요업적지표
기간: 2004년 11월 30일까지
사업부서: 북미지역콜센터
보고처: 찰스 스티브(북미지역담당임원)
작성자: 존 아담스

	월별목표	월별실적	전년대비실적
① IT 비용			
· 총 IT 비용	1.15억 달러	1.09억 달러	+9.7%
· 개발비	62.6만 달러	65.0만 달러	+15%
· 유지비	60.1만 달러	26.0만 달러	+0.2%
② 고객서비스			
· 견적서의 작성수	13.6만	15.0만 미만	+102%
· MIPS/견적	270	275	+400%
· 감독자에 의해 거부된 견적건수	3%	1%	33%
· 웹의 RFI(정보요구)처리수	20.1만	10.0만 미만	–
· MIPS/FRI	5만	–	–
· 웹의 이용가능도	99.21%	99.99%	–
③ 사내 사용자지원			
· 네트워크의 이용가능도	98.9%	99.996%	+5%
· 주문전표 발행수	4.200	1.500미만	+203%
· 대응하기까지의 평균시간	2분 23초	30초 미만	-1분 34초
· 15분 이내에 해결된 문제의 비율	45%	66%	+12%
· 1시간 이내에 해결된 문제의 비율	88%	25%	+30%
· 데스크톱PC의 이동/재구축/설치수	178	–	–

(계속)

· 시스템 업그레이드	1.247	1.225	–
④ 인적자원관리			
· IT 직원총수	23	21	+64%
· 직원총수에 대한 관리자의 비율	13%	14%	+200%
· 이직자	19%/년	15% 미만	26.9%
· 결근자	2%	3% 미만	-0.0%
⑤ 효율			
· 헬프데스크 주문전표 완료수/IT 직원수	480	525	-4.5%
· 월별 금액/MIPS	9.58	10.00	-1.7%
· 견적서/IT 직원수	5.913	7.000	+8%
· 완료된 조치/IT 직원수	1.005	1.400	+12%
· 내부/외부 대여폭 이용량	203%	33%	–

다음으로 보고서를 작성한 개인명이 기재되어 있다. 이것도 역시 "판단할 수 있는 정도의 상세함" – 근본적으로 다른 가정을 세우는 것보다 보고서의 데이터에 관한 단순한 의문을 해결하기 위해서 바로 전화를 거는 쪽이 어느 정도 쉬운지 – 이다. 예를 들면 IT 비용에 장거리 통신과 팩스 비용이 포함되어 있을까와 같은 의문을 해결하는 데 도움이 된다. 장거리통신비를 IT 예산에 포함하는 회사도 있고 그렇지 않은 회사도 있다. 그러나 장거리통신비를 IT 예산에 포함하지 않는 회사라고 해도 FAX교환기와 옥내 배선 비용 등의 장거리통신비 중 일부는 IT 비용에 포함하고 있지만 FAX기기 등 배선대여료는 포함하지 않는다. 이것은 IT 비용의 이해와 관리에 필요한 상세한 수준이다.

보고서의 내용을 보면 지출, 고객서비스, 사용자 지원, 인적자원 관리, 효율이라고 하는 다섯 가지 카테고리가 있다. 그리고 각 카테고리는 다시 몇 가지 항목으로 세분화된다. 세분화된 각 항목에는 세 그룹의 데이터, 즉 당월 실적치, 당월 목표치, 전년대비 데이터가 있다. 전년대비 데이터는 흥미롭기는 하지만 실제로 많은 관리자가 필요로 하는 데이터는 각각의 월별 비교 또는 롤링방식에 의한 3개월 평균 추세와 같은 단기적인 변화에 관한 척도이다. 비교 가능하고 유용한 데이터 열을 하나 더 추가한다면 목표와 실적의 차이를 보여주는 열이다.

관리자가 대처할 수 있는 항목이 있어서 어떤 IT 비용이 발생하고 왜 발생했는지를 각 KPI로 바로 알 수 있을까? 관심이 높은 위와 같은 문제에 대해 찰스 스티브에게 제출된 존 아담스의 보고서(표 2-2)를 항목별로 검토해보자.

① IT 비용

'서비스를 제공하는데 소요된 총 IT 비용' 은 사업부서, 여기 예에서는 북미지역콜센터 사업부서에 제공한 서비스에 소요되는 모든 비용을 의미한다. 오늘날 대기업이 지출한 IT 비용의 총액을 파악하는 것은 결코 간단하지 않다. 전반적인 IT 실태 조사 분야의 세계적인 리서치회사인 가트너그룹의 한 컨설턴트는 이를 다음과 같이 설명하였다.

"저는 많은 IT 관리자와 IT 비용에 대해서 이야기를 했지만 모두들 회사 내에 있는 자신들이 어느 부문에서 계획된 IT 예산보다 많이 지출하는가를 가트너그룹에 있는 우리가 알지 못하는 것에 대해 매우 놀랐다. 하지만 정작 그들 자신이 무엇에 얼마나 지출하는지 모르는데 어떻게 우리가 그것을 알 수 있다는 말인가."

다음으로 검토할 항목은 개발비와 유지비이다. 사업부서의 힘을 빌리지 않고 개발비와 유지비의 비율을 바꾸기 위해서 필요한 변화를 IT 부서가 이끌어 내는 경우는 매우 드물다. 그러나 IT 부서 관리자 자신이 IT 업무의 효율성을 측정하기 위해 종종 사용하는 지표이다. 이 두 가지 항목에 대한 우리의 관심은 개발비/유지비의 비율에 있다.

개발비/유지비의 비율을 통해 IT 부서가 IT 설비의 라이프사이클과 사업목적에 대한 IT 인프라의 적합성을 어느 정도까지 효율적으로 관리할 수 있는지를 밝힐 수 있다. 노후화된 설비가 너무나 많이 이용된다면 유지비가 지나치게 많아지는 경우가 종종 있다.

자사의 IT 부서 개발비/유지비의 비율을 경쟁사 중 가장 우수한 실적과 비교함으로써 신뢰성이 매우 높은 IT 관리에 대한 견해를 가질 수 있다. 다시 한번 강조하지만 이 테스트로 인해 IT 부서 개발비/유지비 비율이 비효율적이라는 것이 제시된다 하더라도 IT 부서의 현재 관리 방법이 문제가 있다는 것은 아니다. IT 비효율은 지금까지 IT 인프라에 대한 투자가 불충분해 현 상태 유지에 과잉 지원이 필요해서 발생하는 경우도 있기 때문이다. 빗물이 새는 지붕에 대한 비유를 예로 들자면 낡은 지붕이 노후화됐을 때 새로운 지붕에 투자할 여유가 없기 때문에 새로운 지붕의 상각비를 웃도는 수리비 청구서가 날라 오게 되는 것이다.

② 고객서비스

이 보고서에서 고객이란 내부고객이 아니라 회사의 고객(외부고객)을 의미하고 있다. 이 보고서를 받은 관리자(이 경우에서는 찰스 스티브)는 콜센터에는 고객으로부터 걸려온 전화를 받는 것, 고객에게 전화를 거는 것 그리고 웹 사이트의 보수라고 하는 업무가 있다는 것을 알 수 있을 것이다.

"견적서 작성수"를 보면 대개 고객을 위해 작성, 송부한 견적서 수를 알 수 있겠지만 견적서 작성에는 IT 인프라가 중요한 역할을 한다. 견적서 작성을 거래라고 간주할 수 있기 때문에 이것은 거래 기준 지표의 한 예이다. 일반적으로 거래에 의해 수익이 창출될 때에는 거래 기준 지표가 유용하다. 여기서 매출액이 적더라도 견적서 작성수는 매출량과 어떤 상관관계가 있다고 가정할 수 있다. 일반적으로 거래 기준 지표는 측정된 거래에 의해 회사에 수익이 창출되지 않을 때는 유용하지 않다.

KPI로서 사용되지 않아야 할 거래의 예는 품질관리의 거부수이다. 표 2-2에서는 상사에 의해 거부된 견적수이다. 이 예로부터 거래 기준 지표에 있어서 중요한 두 가지 문제가 초래된다. 첫째 이 예에서 중요한 것은 거부된 견적의 절대수가 아니라 전체 견적수에 대한 거부된 견적의 비율이다. 이것은 보고서 상에서 두 항목 아래에 제시되어 있다. 둘째 실제 부가가치가 있는 거래와 부가가치가 없는 거래와의 명백한 구분이 언제나 쉽지는 않다.

또 다른 사례를 하나 더 살펴보자. 품질회의(품질 이외의 주제에 관한 질 높은 회의라는 의미가 아니라, 품질 그 자체에 관한 회의라는 의미이다)의 개최횟수를 기본으로 하는 지표를 고찰해 보자. 이 지표는 한 세계 최대 소프트웨어 공급자가 1990년대 초에 처음으로 활발하게 이용했었다. 품질회의 개최횟수를 세는 노력은 사업의 기본이 되는 것 외에 경영자가 한 눈을 팔아서는 안 된다는 것을 되새기게 해준 중요한 예이다. 이 회사의 신규 관리팀은 발생한 모든 손실을 계상한 후 기존 관리팀이 사업의 기본에 관심을 쏟지 않아서 어이없는 손실이 발생했다고 비공식적으로 말했다. 이 사례의 시사점은 발생된 모든 거래를 다뤄야한다는 확신을 관리자가 가질 필요가 있다는 점이다.

두 번째 항목에서는 MIPS, 즉 100만 처리명령/초라는 척도가 이용되고 있다. MIPS는 IT 산업에서 선호되고 있는 처리 능력 척도 중 하나이다. 대부분의 사람들은 예를 들어 32MB의 RAM이라든지 1.44MB의 플로피디스크와 같은 바이트라는 단위에 익숙해져 있다. 바이트에 따라 기억영역의 성능이 측정되며 MIPS에 의해 처리능력이 측정된다. 예를 들면 바이트는 엔진사이즈이며, MIPS는 시속 60마일에 달하는 시간이다. IT산업 컨설턴트들과 경영 컨설턴트들은 MIPS가 처리능력이 우수한 척도인지 여부, 그리고 측정하려는 효율성에 대해 MIPS기준 척도를 어떻게 적용하는가에 대해 많은 주의를 기울여왔다.

이 장에서는 데이터센터 또는 개개의 IT 시스템 처리능력의 척도로서 MIPS의 장점을 상세히 고찰하자는 것은 아니다. IT 부서에서 MIPS 측정은 데이터센터의 관계자가 할 가능성이 높다. 또한 MIPS 이상으로 처리 능력을 비교할 수 있는 척도가 없다면 보고서에 MIPS가 이용될 수 있을 것이다. 어떤 척도가 MIPS보다 우수한 척도인지 5분 이내에 확신할 수 없다면 그것은 대개 훌륭한 척도가 아닐 것이다.

앞의 사례 보고서에서 알 수 있듯이 MIPS/견적서가 왜 전년대비 400% 증가했을까? 콜 센터에 의해 작성된 견적 내용이 상당히 복잡하다면 아마 견적서 1건당 이용된 MIPS가 증대했기 때문으로 추측할 수 있다. 최근 미국, 영국 등 많은 국가들의 소액금융서비스에서 볼 수 있듯이 컬러, 그래프 사용 또는 규제 등의 요구사항을 만족시키기 위해서 견적이 점점 복잡해지고 있다.

표 2-2의 예에서 IT 관리자는 콜센터의 IT 인프라에 관한 견적

서를 작성한다는 새로운 요구에 따라 기존보다 4배의 처리 능력이 필요해졌으나, 비용은 10% 이하밖에 증가하지 않았다는 것을 사업부서에 제시할 수 있을 것이다. IT의 진정한 잠재능력을 이해하고 있는 사업부서의 관리자는 4배와 10%라는 수치가 이상한 것이라고 생각하지 않는다. 그야말로 IT 또는 회사의 경영자가 밀접하게 협력하여 일한다면 어떤 대기업이라도 몇 가지 영역에서 사업 또는 재무 효율성을 이 정도 비율로 개선할 수 있을 것이다. 이 주장을 뒷받침하는 더 명확한 사례는 세계 경제를 변화시킬 정도로 엄청난 비용 절감과 성능 향상을 이룩한 E-트레이드사, 아마존 · 닷 · 컴사, 시스코사, 이지넷사 등의 인터넷회사를 들 수가 있다.

고객서비스에서 마지막 항목은 "웹의 이용가능도"이다. 이용가능도 통계에는 다른 네트워크의 이용가능도, 어플리케이션의 이용가능도, 헬프데스크지원의 이용가능도가 있다. 거래 통계와는 대조적으로 이용가능도 통계에서는 일반적으로 서비스의 잠재적인 이용가능도가 측정된다. 이용가능도 통계에 관해 기억할 중요한 점은 웹은 콜 센터를 대체할 수 있으므로 항상 서비스가 가능해야 하며 이용가능도가 99%라고 해도 충분하지 않다는 것이다. 이 통계에서 '이용가능도 비율' 대신 '이용할 수 없는 일수 또는 시간수'를 계산한다면 콜 센터의 고객 웹 사이트는 99.21%의 이용가능도가 제시되는 대신, 이용할 수 없는 기간이 1년 동안 3일, 또는 약 69시간이라고 나타내야 한다.

③ 사내사용자 지원

네트워크의 신뢰성통계 역시 이용가능도 통계의 하나이다. 따라서 위에 나타난 웹의 이용가능도 통계를 관찰하는 것과 마찬가지로, 네트워크의 이용가능도 통계 역시 똑같이 관찰을 실시해야 한다. 각 워크스테이션과 컴퓨터는 네트워크를 준비하고 있을 때는 일반적으로 아무것도 할 수 없다. 그래서 전산화된 환경이 점차 확대될수록 네트워크의 이용가능도가 중요해진다. 그런데 네트워크가 점점 확대될수록 반대로 네트워크 전체가 동시에 모두 이용할 수 없게 되는 상황은 없어지게 된다. 이 때문에 확대된 네트워크의 "이용가능도"를 어떻게 정의할 것인가는 매우 애매한 측면이 있다.

관리자에게 왜 네트워크의 이용가능도에 대한 정의가 중요한 것일까? 확대된 네트워크란 무엇인지에 관해 정말 고민할 필요가 있는 것일까? 이용가능도의 의미가 불명확하고 여러 의미로 해석 가능하게 정의된 상황에서 IT 직원이 이용가능도를 측정하려고 대부분 유용성이 낮은 통계자료를 작성하는데 시간과 자금을 허비하는 것은 바람직하지 못하다. 설령 이용가능도가 의미하는 것을 경영자가 이해할 수 없다고 해도 이것이 IT 담당자의 책임은 아닐 것이다.

이용가능도를 어떻게 정의하는지는 매우 중요하지만 정의를 하려고 너무 복잡하고 심각하게 고민하지 말라고 충고하고 싶다. 명확한 정의를 찾아야하지만, 그 정의가 사업부서의 관리자에게 도움이 되어야 의미가 있다. 그러므로 그 정의 도출에 지나치게 많은 시간을 할애해서는 안 된다. 그러나 사용자간, 즉 경영자와 IT 전문가들은 그 정의에 관한 합의를 도출해야 한다. 대개 서로 6통의 이메일을 주고받는 사이에 합의에 도달할 수 있을 것이다. 또한 정의가 어떻게 기능하고 있는지를 알기 위해서는 일정기간 후, 예를 들면 6개월 후에 그 정의를 검토하기로 합의해야 한다.

이러한 문제에 직면한 한 회사의 사례를 보자. 이 회사에서는 약 1000명의 사용자가 네트워크를 이용하고 있다. 이 회사는 가장 중요한 약 100명의 사용자를 선택하여 전체 네트워크 이용가능도를 이 100명 사용자의 이용가능도로 정의했다. 간단하고 다소 자의적이기는 하지만 이 정의에 의해 IT전문가와 회사 경영자는 네트워크의 이용가능도를 관리하고 비용을 산정하기 위한 명확한 지표를 도출해낼 수 있었기 때문에 이 정의는 큰 도움이 되었다.

다음 항목에서는 주문전표의 발행수를 셀 수 있다. 헬프데스크의 운영에서 "주문전표"란 사용자가 도와달라고 요청하는 일을 찾기 위해 종종 이용되는 용어이다. 주문전표(주문전표로 셀 수 있는 것)를 지표로 이용하는 것은 확실히 문제가 있다. 왜냐하면 사용자가 바라고 있는 것은 문제가 해결되는 것이며 주문전표의 발행수가 아니기 때문이다. 새롭게 도입된 소프트웨어에 버그(bug)가 있지만 버그가 있는 기능이 자주 사용되지 않기 때문에 대부분의 사용자가 버그를 알아차리지 못했다고 가정하자. 이 버그로 인해서 소프트웨어 자체의 인쇄 문제, 다른 어플리케이션과의 소프트웨어 부적합 문제, 화면출력에 관한 컬러 문제로 나타났다고 하자. 이것은 헬프데스크의 관점에서 보면 세 장 이상의 주문전표가 발행되지만 실제로는 하나의 문제이다.

또 다른 문제점은 헬프데스크 담당자가 용이하게 해결가능하다고 판단한 문제에 몇 장의 주문전표를 발행하고 그렇지 않는 문제에는 주문전표를 1장밖에 발행하지 않도록 동기 부여할 가능성이 있다는 것이다. 이러한 예를 통해 "주문전표의 발행수"가 비용 조정에 유용하지 않다는 것을 확실히 알 수 있다. IT의 효율화 프로그램을 시작할 때, 완벽한 헬프데스크의 KPI를 발견하는 것에 시간을 할애하기보다 척도를 현재 수준보다 개선하는 것에 전념하는 편이 회사에 있어서 더 효율적이다. 왜냐하면 IT의 나머지 부분이 효율적이면 사용자는 종종 헬프데스크까지 효율적이라고 느끼는 경향이 있기 때문이다.

사용자에게 대응하는 데 걸리는 평균 시간은 대개 헬프데스크의 업무와 관련이 있다. 이것은 확실히 서비스 품질에 관한 척도이지만 다음과 같은 질문 테스트에 합격했는지 여부는 알 수 없다. 관리자가 특정 대처를 실시하는 상황에서 어떤 IT 비용이 발생하는지, 또한 그 IT 비용이 왜 발생했는지에 관해서 이 KPI로부터 무엇을 알 수 있을까? 대개의 경우 아무것도 알 수 없다. 이러한 비판은 전화에 대응하기 위한 시간을 측정하는 두 가지 항목에도 해당되는 것이다.

이러한 비판은 이동 또는 재설치된 PC의 대수 또는 신규 직원

고용시 설치된 PC의 수 등에도 해당된다. 이것은 회사마다 다르다. 책상에서 책상으로 컴퓨터를 물리적으로 이동시키는 것은 지원요원 두 명만 있으면 30분이면 끝난다. 이러한 비용은 바로 계산 가능하지만 이는 기술전문가가 이동한 컴퓨터를 설치하기 전에 드는 비용이다. 회사가 급속한 변혁 또는 조직 재편성을 하고 있다면 PC 또는 워크스테이션의 이동비용 금액은 상당하다. 그래서 일부 경우는 단기적으로 PC 이동을 중지시키는 것이 IT 비용을 절감하는 효과적인 방법이 되기도 했다. 새로운 원격지 PC 소프트웨어 관리도구에 관한 비즈니스 사례, 또는 직원이 컴퓨터로 작업할 수 있도록 하는 기술의 도입이 재무 분석에 도움이 된다면 이 비용의 측정조차도 IT 비용 절감하는 데 도움이 될 것이다.

IT 비용의 KPI로서 "시스템 업그레이드"의 이점은 그다지 명확하지 않다. 몇 가지 경우에 있어서, 예를 들어 개개의 사용자에 의해 시작된 업그레이드에 상당한 변동비가 든다면 비용의 이해와 관리를 위한 유용성 테스트에 합격할 것이다. 이러한 상황의 한 가지 예는 개개의 연구팀이 일률적으로 전문 연구용패키지를 업그레이드시키거나 컴퓨터와 워크스테이션에 새로운 패키지를 설치해야 할 필요가 있는 제조회사의 연구소이다. 반대로 사용자의 방해를 받지 않는 야간에 네트워크를 통해서 자동적으로 소프트웨어를 제공함으로써, 전 직원을 대상으로 동시에 시스템 업그레이드가 실시되는 경우에는 시스템 업그레이드의 KPI는 그다지 유용하지 않다.

④ 인적자원관리

IT의 인적자원관리에 대해 큰 관심을 갖는 이유는 IT의 상당 부분 비용이 인건비이기 때문이다. KPI 보고서의 이 카테고리에서 다뤄지는 종업원이 23명이라고 한다면 IT 직원 1명당 전체 원가를 아는 것은 유용할 것이다. 이 인건비는 수시로 변하기도 하므로 보고서를 활용하는 관리자는 변화 후의 인건비도 확실하게 파악하고 있어야 한다. 실제 통계 수치의 예로서 1997년 투자은행업계에서는 일반적으로 보너스 지급을 제외한 IT 직원의 평균 전체 원가가 90,000달러~110,000달러 범위에 있다고 가정되었다. 이것은 이 업계의 관리자뿐만 아니라 평균비용이 상당히 낮았던 IT 이외의 부서(예를 들어 법무부서 등)에서 일을 하고 있는 전문 자격을 가진 직원에게도 의외의 일이었다.

이직과 결근 수치는 IT 부서의 주요 비용 발생 요인이기 때문에 보고서의 카테고리에 포함되어 있다. 그러나 이것은 모든 회사의 문제인 IT 직원의 보수정책, 또는 주로 본사의 경영 문제인 작성된 견적서의 복잡성과는 다르며, IT 부서의 직원 이직과 상습 결근은 대개 느슨한 IT 부서 관리가 원인일 것이다. 따라서 사업부서의 관리자가 영향을 미칠 부문은 없다고 판단되어 보고서에 포함시키지 않는다. 그러나 IT 부서에서 대규모 구조조정 프로젝트가 있거나 직원 이직이 경영자에게 문제로 다뤄지게 된다면 보고서에 포함시키는 것이 유익할 것이다. 또한 이러한 경우, 직원에 대한 IT 비즈니스의 비율을 그 보고서에 포함시키는 것도 충분히 유익하다.

⑤ 효율

효율이란 무엇인가. 효율이란 자원투입과 그로 인한 성과와의 관계이다. 따라서 이 보고서에서는 효율에 관한 지표는 모두 비율로 나타낸다.

이 보고서의 다른 카테고리에서 볼 수 있는 문제는 자원투입과 성과가 무엇인지 대부분 정확하게 밝혀지지 않았다는 점이다. 그래서 이러한 것들을 측정 가능한 방법으로 명확하게 규정짓는 것이 곤란한 경우가 많다. 그러나 이런 이유로 효율 측정을 시도하지 않은 것은 아니다.

왜냐하면 부정확한 척도라도 척도가 전혀 없는 것보다는 나으며, 부정확한 척도들은 경험에 의해 정확성을 높이도록 개선할 수 있기 때문이다.

고장이 나서 멈춘 시계는 하루 두 번 정확한 시각을 가리키지만, 5분 늦은 시계는 한 번도 정확한 시각을 알려주지 않는다는 주장이 있다. 그러나 실무 관점에서 보면, 대부분의 관리자는 매일 두 번만 정확한 시각을 가리키는 시계보다는 몇 분 차이는 있지만 근사한 시각을 알려주는 시계가 더 유용하다는 것을 잘 안다. 이 논리가 IT 비용을 조정하는데 어느 정도 타당한가? 중요한 것은 유용하고 실질적인 지표를 얻으려는 노력이다. 이것이야말로 우수한 경영관리의 상식이다. 다만, 타 분야와의 차이점은 IT 분야에서의 성공을 위한 정확한 지표를 만들 수 있도록 IT 담당자를 교육시키는 것이다.

이러한 종류의 교육은 IT 부서의 사고방식에 영향을 미칠 수 있으며 IT 부서에서 이러한 교육을 하지 않는다면 이 IT 부서는 우수하다고 볼 수 없다.

완벽하지 않다고 지표를 바로 무시해버리는 상급관리자도 있다. 그러나 IT 관리에서 비록 유일한 경영관리도구가 부정확해도 대폭적으로 절감할 수 있는 비용도 있다. 예를 들어 견적이 부정확하다고 여겨 IT 프로젝트에 어느 정도의 비용이 소요되는지 견적내기를 꺼리는 관리자도 있다. 그러나 이러한 것이 부정확하고 몇 시간을 들여 비용이 계산된다고 해도 비용을 조정할 때에는 가치가 있다. 몇 시간 걸쳐서 계획 설정을 함으로써 비용의 주요 원천을 확인할 수 있으며, 조정 가능한 것과 조정 불가능한 것을 식별할 수 있다.

그리고 경영자는 조정 가능한 비용의 조정에 전념하고 조정이 불가능한 비용을 조정하기 위해서 노력할 필요가 없다. 조정 가능한 비용은 컴퓨터와 같은 표준화된 설비의 신규구입비용, 통화료, 여행비, 교통비 등이다. 조정 불가능한 비용은 보통, 기존 설비의 감가상각비(다음 계약갱신까지의 기간), 서비스계약의 고정요금(단기적으로는), 임대료 등이다. 또한 프로젝트의 성질과 기한에 따라 조정 가능 또는 조정 불가능한 비용도 있다. 예를 들어 시간 외 노동비용이 그 예이다.

'IT 직원 한 명당 몇 장의 헬프데스크 주문전표를 완료했는가' 라는 척도에 의해 두 가지 문제가 발생한다. 첫째, 사내 사용자지원 항목에 있는 "주문전표의 발행수"라는 지표와 왜 구별하는 것일까? 이 양측의 수량을 알기 위해서는 어느 시점에서 그것들을 측정해야 하며 지나치게 손이 가기 때문에 주문전표를 완료하는 데 걸린 평균시간을 제공할 수 없다는 것이다. 두 번째로 여기서 이용되는 분모는 적절한 것일까? 이것이 비용 조정 척도라면 헬프데스크업무는 아무것도 하지 않은 IT 직원도 많기 때문에 "완료된 주문전표수/IT 직원수"보다도 "완료된 주문전표수/헬프데스크의 직원수" 쪽이 좋지는 않을까?

전년대비 금액/MIPS의 하락은 언뜻 의미가 큰 것 같지만 자주 검토해도 당월 수치가 예산을 밑돌고 있기 때문에 그다지 커다란 의미를 갖는 것은 아니다. MIPS의 평균비용이 연간 25% 하락한다고 합리적으로 가정할 수 있다면 17%의 하락은 그나지 내난한 것은 아니다. 물론 MIPS에 관련된 비용은 부서비용의 일부에 지나지 않는다. MIPS에 관련되지 않는 주요 비용으로서 직원의 인건비가 있다. 2000년 이전에는 IT 직원의 인건비가 연간 20% 이상 급증하는 것은 드문 일이 아니었다. 결국 이 항목은 회사의 IT 비용구조에 영향을 미치는 그 외의 요인을 이해하고 판단한 뒤에 고찰할 필요가 있다.

다음 두 가지 항목, "견적/IT 직원수"와 "완료된 조치/IT 직원

수"는 확실히 IT 비용 관리에는 그다지 유용하지 않다. 이런 항목은 매우 흥미롭지만 IT 부서 관리가 전체적으로 느슨하다면 낮아지는 것은 당연하다.

마지막으로 이용되기 시작한 흥미 있는 지표는 보고서 제일 밑에 있는 "내부/외부 대역폭의 이용량"이라는 항목이다. 이 특수한 지표의 유용성에 관해서는 사업부서의 관리에 대해 언급하는 것이 가장 빠르다고 할 수 있다. 그럼에도 불구하고 이 지표가 추가된 것은 직원들이 인터넷을 업무 시간 중에 장시간 이용함으로써 본연의 업무 처리 시간이 부족할 것이라고 상급관리자가 우려하기 때문이다. 직원이 전화, 종이용 클립 등의 사무소모품을 필요 이상으로 사용하거나, 이성 종업원에게 접근하는 것보다 인터넷 또는 웹을 남용한다는 증거는 없다. 그러나 몇몇 상급관리자는 인터넷을 지나치게 개인적으로 이용하는 것이 비용 발생 요인이 되고 있다는 점에 관심을 가진다.

◈ 표 2-2의 KPI 검토의 예

표 2-2에서 제시된 KPI KPI에도 위에서 상세히 검토한 것처럼 많은 결점이 있다. 사업부서에 배분된 IT 비용을 관리한다는 관점이 아니라 사업부서 관리자의 관점에서 KPI에 대한 개선점을 요약하면 다음과 같다.

① "총 IT 비용"의 의미를 명확히 하고 각 부서에 영향을 미치는 비용을 제시할 것
② 비용을 유지하기 위해서 목표수치 등의 개선비율을 제시할 것
③ 견적 1건당 또는 정보요구(RFI) 1회당의 IT 비용을 제시할 것
④ 헬프데스크의 주문전표에 관한 항목과 해결된 문제 비율을 제시하

는 두 가지 항목을 삭제할 것. 그렇지 않으면 적어도 이 세 가지 항목 대신에 발생한 문제를 해결하기 위해 든 주문전표 한 장당 평균 시간을 제시하는 항목을 나타낼 것. 또한 주문전표는 헬프데스크와 관련시켜서 제시할 것

⑤ IT 직원의 전체 인건비를 제시할 것

⑥ 이직과 결근을 합쳐서 하나의 지표로 하거나 그렇지 않으면 완전히 삭제할 것

⑦ 계획과 실적과의 차이 항목을 새로 만들 것

⑧ 단기적인 추세, 보충을 위해 전년대비의 추세를 제시할 칸을 만들 것. 예를 들어 변화 방향을 제시하는 3개월의 이동평균, 혹은 전년대비 변화

(3) KPI는 정확한가

영국에는 365일 24시간 운영한다고 광고하는 유명한 온라인뱅크가 있다. 이 광고가 정확한지 여부는 "컴퓨터를 업그레이드하고 있다" 또는 "컴퓨터가 오프라인이다"이기 때문에 전화로도 인터넷으로도 서비스를 전혀 이용할 수 없는 시간대가 1년에 몇 번 있다는 것을 무시하느냐 마느냐에 달려 있다. 그러면 이 광고는 어느 정도 정확할까? 정확성의 기준이 마케팅을 목적으로 하거나 자화자찬하는 광고로서 용인할 수 있느냐를 기준으로 설정한다면 이 은행이 운영 중인 서비스가 실제로 매우 자주 이용할 수 없어도 문제가 되지 않는다. 그러나 고객은 광고와는 무관하게 은행과 계약을 하고 있기 때문에 정확성의 기준을 엄격한 법적인 책임이라고 하는 높은

기준으로 놓고 본다면 2개월간 몇 번이나 이용할 수 없느냐가 문제가 될 것이다.

이 사례의 포인트는 '정확성'의 정도는 측정 목적에 달려 있다는 것이다. 관리자가 KPI를 필요로 하는 이유는 몇 가지가 있는데 예를 들면 다음과 같은 목적으로 KPI가 필요하다.

- 새로운 경향 – 설비의 효율성, 직원의 효율성, 신규시장 혹은 테스트시장의 경향 – 을 인식하기 위해
- 서비스 수준 합의에 관하여 비용이 드는 벌칙조항에 저촉되지 않도록 하기 위해
- 비용이 너무 많이 들거나 수집이 곤란한 KPI 대신에 "개략적이라고 하더라도 신속성이 요구되는" 대표지표로서

KPI에 요구되는 정확성은 각각의 경우에 따라 달라진다. 필요 이상으로 높은 정확성이 반드시 유용한 것은 아니다. 일반적으로 정확성을 높일수록 많은 비용이 들며, 수립하는데 비용이 적게 소요되는 KPI가 정확하지만 비용이 많이 든 KPI와 완전히 똑같이 기능한다고 하면 왜 추가 비용을 투자하는지 의문을 갖게 될 것이다. 컴퓨터네트워크에 접속하는 종업원에 따라 이용되는 기억용량의 추세를 제시하는 KPI를 작성하기 위해서 시스템을 설치한 경우를 고찰해 보자. 이 KPI의 목적은 네트워크가 최대성능한도에 달하기 전에 필요로 하는

기억용량을 추가할 수 있도록 기억장치 수요를 예측함으로써 불필요한 기억장치를 구입하여 낭비되는 자금 지출을 막으려는 것이다. 이 KPI를 입수하는 한 가지 방법은 모든 이용자에 의해 이용된 기억용량을 기록하는 것이며 또 다른 한 가지 방법은 KPI작성에서 이용되는 데이터량을 줄이기 위해 표본추출기법을 사용하는 것이다.

KPI에 최대한의 정확성을 요구하는 경우, 실제 KPI 데이터의 정확함 또는 오류의 유무가 문제가 된다. KPI를 제공하는 팀에 유능한 사원을 배치하고, 회사는 직원을 신뢰해야 한다. 그러나 때로는 KPI의 정확성을 조사하는 것이 중요한 경우도 있다. 최초의 팀을 신뢰할 수 있는 경우, 처음에는 단순히 몇 개의 추가적인 업무만을 발견할 수 있다. 정확성을 조사하는 다른 방법은 예를 들어 어느 기간 중의 변화를 제시함으로써, 그 KPI가 다른 지표와 모순되지 않는다는 것을 제시함과 동시에, 어떠한 상황에서 KPI에 오류가 존재하며, 이떤 상황에서는 오류에 해당하지 않는지 그 이유를 제시하는 것이다. 최초의 KPI를 작성한 팀을 신뢰할 수 없거나 혹은 최초의 팀이 현재 존재하지 않는 경우에는, 외부 IT 컨설턴트 또는 회계전문가팀의 지원을 받는 것을 고려해야 한다.

(4) 과거의 KPI는 현재에도 효과적인가

효과적인 KPI는 계속 달라진다. 아무리 그 회사의 조직, 인원, 제품, 고객이 전혀 바뀌지 않는다고 하더라도 2년 전에 경영자의 요구를 완벽하게 충족시킨 KPI가 현재는 완벽하지 않을 수도 있다. 이것은 "측정되지 않는 것은 관리할 수 없다"라고 하는 경영의 오랜 교훈과 마찬가지로 당연한 결과이다. 종업원 또는 조직은 어떤 기준에 따라 평가되는 것을 학습하기 때문에 일반적으로 그 기준에서 불리한 것을 회피하거나 유리하도록 행동을 바꾼다. 이것은 IT 세계에 한정된 것만이 아니다.

IT 조직과 IT 서비스를 제공 받는 조직은 각각 발전하면서 또 상호 발전하면서 적응해 나갈 것이다. 그래서 2년 전에는 매우 효과적이었던 KPI가 더 이상 효과적이지 않거나 반대로 효과가 커지는 경우도 있다.

IT에는 IT 인프라를 이용하고 IT 서비스를 제공받는 조직과 상호 발전한다는 또 하나의 특징이 있다. 또한 IT는 급속도로 발전하고 있다. 이것은 새로운 기술로 인해 기존 KPI가 현재 시점에서 부적절하고 진부해질 수 있다는 말이다. 20년 전에는 컴퓨터가 매우 고가품이었으나 현재는 저가 컴퓨터들이 많이 등장하고 있다. 즉 20년 전에는 데이터처리의 효율성을 관리하기 위한 KPI로서 매주 사용자 1명당 CPU 시간을 이용하는 것이 적절했다. 그러나 개인별로 PC가 지급되는 현재는 그러한 지표는 더 이상 유용하지 않다.

KPI를 사용하여 몇 년간 제대로 경영하고 있는 회사의 경우 실무자들은 기존 KPI의 5%에서 10%가 매년 변경되고 있다고 말한다. KPI 를 탄력적으로 이용하는 회사에서는 KPI를 모두 변경할 때까지 지속적으로 적절한 다른 지표들을 발견하고 있다.

(5) KPI에 관련해서 조정이 이루어지고 있는 것인가

지표에 근거하여 행동하지 않으면 그 지표는 무의미하다. 동시에 KPI로부터의 메시지를 확실하게 이용할 수 있는 적절한 통제 메커니즘이 존재하지 않는다면 KPI를 설정하고 실행하는데 노력과 비용을 투자하는 것은 낭비일 뿐이다. 예를 들어 분기마다 진행되는 경영회의에서 일인당 IT 비용이라는 지표를 의사결정에 참고하지 않으면서 회사가 한 명당 IT 비용이라는 KPI 설정을 선택한다면 이는 시간 낭비이다. 또 이 KPI는 결국 무시될 것이다.

KPI를 이용하여 통제가 실시되는지 여부를 검사하는 하나의 방법은 표 2-3의 매트릭스에서 제공된다. 이 표의 목적은 각 KPI에서 실제로 무엇이 실시되는지를 검사하는 것이다. 이 검사에서는 각 KPI의 의도된 목적을 알고 있다는 것이 전제가 된다. 예를 들어 총 IT 비용의 KPI에는 자유재량 IT 비용 삭감에 관련된 통제가 있다. 이것은 회사총비용의 일부 또는 순수익의 일부로서 설정되는 한도액을 초과했을 경우에 IT 비용을 삭감한다는 것을 의미한다. IT 비용을 삭감하는 가장 간단한 방법은 자유재량비용을 삭감하는 것이다. 이러한 삭감의 구체적인 예로서 다음과 같은 것을 들 수 있다.

- 새로운 컴퓨터, 프린터, 팩스기의 구입 중지
- 메인프레임 또는 서버 구입 연기

표 2-3 KPI와 관련된 통제를 제시하는 보고서의 한 예

KPI	관련된 통제	통제 실행책임자	최후의 실행일시	KPI/통제 조합이 어느 정도 유효한지
총 IT비용: 종업원 1인당 IT 비용	자유재량으로 사용할 수 있는 IT 비용의 삭감	재무담당간부: IT 운영위원회	2005년 10월	유효: 단 대규모 프로젝트에 의해 IT 비용에 영향을 미치는 특수한 경우도 있지만 그 수치는 IT 위원회에 의해 제외된다.
보수비용에 대한 개발비 비율	보수 필요성: 전체를 삭감하려는 신규 IT 자본 투자프로젝트 발견	CIO(Chief Information Officer: 정보담당임원): IT 운영위원회	2005년 9월	예산에 의한 압박에 의해 보수비용을 대폭 삭감하기 위해 계획된 신규프로젝트의 추진이 불가하지만 상당히 잘 기능한다.
고객의 웹 사이트 이용가능도	(1) 대역폭에 대한 투자 (2) e커스터머에 대한 팀 인센티브 보너스	e커스터머 팀: CIO	거의 매월 실행되고 있다.	더욱 효과적일 수 있다. 그러나 자사사이트에 대한 수요를 예측할 수 없다는 문제가 있으며 또한 최근에는 해커 문제도 있다. 인센티브 보너스에 의한 통제는 가끔 이용하는 것이 좋다.

- 이동 또는 변경 중지
- 보수계약의 서비스 수준 인하
- 소프트웨어를 커스터마이즈(customize)하는 일정이나 기능의 업그레이드 연기

이 리스트에 있는 중지한다는 대체안은 이전보다도 높은 의사결정권한을 필요로 하고 있으며 일반적으로 문제가 되고 있는 항목 또는 서비스 수요를 삭감하는 효과가 있다.

KPI는 경영자의 행동이 필요한지 여부를 제시한다. 행동해야 하는 것이 KPI에 의해 제시될 때, 어떠한 행동도 하지 않는다면 KPI를 갖고 있을 가치가 없으며 경영자가 그 KPI에 의해 행동하지 않는 한 그 KPI는 불필요하기 때문에 교체를 하든지 제외를 해야 한다.

(6) KPI에 의한 통제는 기능을 발휘하고 있는가

이 질문은 지금까지 질문의 연장선상에 있다. 총 IT 비용을 측정하는 KPI에 따라 자유재량으로 사용할 수 있는 IT 비용을 삭감하는 예를 보자. KPI에 의해 시작되는 통제 행동은 효과적이지 않으면 안 된다.

런던의 한 은행에서 자유재량으로 사용될 수 있는 IT 비용의 절감정책이 실시되어 모든 신규 컴퓨터 구입을 일정 기간 금지했을 때, 실제로는 몇 대의 컴퓨터가 교체비로 계상되고 있는 예산을 사용하여 구입됐다. 이것은 KPI에 관련하여 통제를 실시하고 있지만

그 통제가 기능하고 있지 않았다는 것을 나타내고 있다.

(7) KPI 또는 통제는 어느 정도 효율적으로 이용될 수 있는가

KPI와 통제는 실행하는 데 노력과 비용이 든다. KPI는 작성에 관여하고 있는 사람의 신뢰성을 떨어뜨릴 수도 있으며 그것들을 설정하는 과정에서 회사에 우호적인 분위기가 없어질 수도 있다. 많은 관리자들이 이런 일을 겪기 때문에 KPI를 작성할 때는 항상 이러한 가능성을 염두에 두어야 한다. 가능한 한 적절한 KPI나 유효성이 증명되는 KPI를 사용하는 이유도 바로 이런 이유 때문이다.

이미 KPI를 수립하여 이용하는 경우 기존의 것 외에 이용할 수 있는 KPI가 있을까? 하나의 KPI에 의해 두 종류의 통제를 실시할 수가 있을까? 다수의 KPI 사이에 상호 모순은 없을까? 두 가지 KPI를 하나로 통합할 수는 없을까? 기존의 KPI는 중복되지 않는가? KPI를 실시하고 6개월 경과한 후에 모든 KPI를 비교하고 이러한 질문을 한다는 것은 큰 의미가 있으며, IT 운영위원회에서는 이런 검토를 자주 해야 한다.

4) KPI 도입방법

많은 회사에서 KPI가 IT 효율을 향상시키기 위해 이용되어 왔으며 종합적인 원가삭감과 동시에 실시되는 경우가 많았다. 그러나 KPI를 도입하는 데 있어 고려해야 하는 실천상의 문제가 몇 가지 있다. 이 장의 목적은 관리자가 KPI를 설계하고 이용하여 그 결과를 확인할 수 있도록 하는 것이다. 다음에서는 KPI 실시를 위한 실천적인 단계를 고찰한다.

KPI의 선정 · 도입 · 관리를 실행하면서 실천상 발생하는 세 가지 큰 문제는 다음과 같다.

- 데이터 이용가능성과 비용
- 경영자의 관심의 균형과 행동방향
- 조직의 변형과 행동변형

처음 두 개의 문제는 이 장의 첫머리에서 이미 밝혔는데 여기서는 보다 구체적으로 탐구할 필요가 있다. 실무자 관점에서 봤을 때 중요한 것은 조직과 인간행동이 변형하는 것에 의한 영향이다. 이에 대해시도 다음에 보다 구체적으로 고찰해 보고사 한다.

(1) 데이터 이용가능성과 비용

경영정보의 이용가능성에 의해 이용 가능한 KPI가 한정된다. 관리자는 절대로 모든 정보를 가질 수 없고, 이는 KPI의 구축에서도 예외는 아니다. 확실히 이용할 수 있는 정보와 그렇지 않는 정보의 차이가 심한 경우에 KPI 구축 열쇠는 데이터를 확실히 입수할 수 있는 경우와 입수할 수 있다는 보장이 없는 경우를 구별하는 것이다. 유용한 KPI를 구축하기 위해 필요한 데이터가 존재하지 않는다고 생각되는 경우에도 대신할 수 있는 것이 무엇인지 생각해 볼 필요가 있다. 데이터의 이용가능성은 KPI의 도입에 있어서 큰 문제이며 다양한 각도에서 생각해 봄으로써 수백만 달러를 절약할 수가 있다.

예를 들어 어느 KPI에는 종업원들이 새로운 시스템을 이용하고 있는 비율에 관한 데이터가 필요하다고 가정해 보자. 대개 새로운 시스템을 도입하면 구 시스템보다 운용비용이 낮아지거나 회사가 소송에 휘말리게 되는 경우가 적어진다. 이 때문에 구 시스템에서 새로운 시스템으로의 종업원들의 이행을 측정하기 위해 KPI를 설계한다고 하자. 불행히도 몇 가지 이유 때문에 각 시스템 이용자수를 직접 측정할 수는 없다. 누구도 기록하고 있지 않기 때문에 이용이력관리시스템 정비는 돈이 들 뿐만 아니라 시간도 든다. 일정 간격으로 이용자의 샘플을 조사할 수 있지만 이것 역시 비용이 너무 많이 들며 자사 IT 능력에 관한 나쁜 이미지를 주게 될 것이다.

그렇다면 이렇게 매우 중요한 KPI에 관한 데이터를 어떻게 하면 손에 넣을 수 있을 것인가? 헬프데스크는 이용된 시스템 종류별로 통화기록을 알 수 있다. 이용자 한 명당 헬프데스크의 통화횟수 비율을 알 필요도 없이 헬프데스크로의 구 시스템에 관련된 전화와 새로운 시스템에 관련된 전화와의 비율 변화를 파악할 수 있을 것이다. 이것은 시스템 전환율을 나타내고 있으며 KPI의 수요와 잘 합치하며 이 데이터는 이미 존재하고 있기 때문에 추가비용이 전혀 들지 않는다. 이것은, 즉 데이터부족에 의해 KPI를 적절하게 배치하는 실시항목이 저해되지 않는 경우에 필요한 사고방식이다.

(2) 경영자의 관심의 균형과 행동방향

"측정하지 않는 것은 관리도 할 수 없다"는 견해에 대한 필연적인 귀결은 "측정한 것은 결국 관리를 해야 한다"라는 것이다. 즉 어찌됐던 한 번 KPI가 되어 버리면 그것은 경영자가 관심을 갖는 대상이 된다. 경영자의 관심은 유한한 자원이다. 이 때문에 과거에 경영자가 관심을 가지고 있었던 사안도 현재 경영의 주요대상이 아니라면 지금은 그다지 주의를 기울이지 않게 될 것이다.

합리적으로는 적절한 행동을 취하지만 정기적인 경영관리보고서 시스템에 대한 KPI가 없는 회사가 있다고 가정해 보자. 예를 들어 자원투입 비용을 측정하는 KPI가 도입되는 경우, 경영자의 관심은 자원투입비용으로 옮겨진다. 그 결과 몇 개월 내에 자원투입의 과잉비용이 배제되어 회사전체에 보다 큰 효율성을 가져올 것이다. 그러나 몇 가지 점에 있어서 자원투입비용은 적절하게 관리될 것이지만 거기서부터 얻을 수 있는 한계이익은 감소하기 시작할 것이다. 그리고 경영자는 자원투입비용에 주의를 기울이기보다도 시간을 생산적으로 사용하게 될 것이다. 문제는 KPI가 경영자의 관심과 주의를 끌어 오지만 그 관심과 주의가 한정된 시간 내에만 효과적으로 작용한다는 것이다. 이 때문에 KPI에 의해 일어난 경영자의 관심과 주의를 언제 완화시켜야 할지 의문점이 발생한다.

이에 대한 하나의 대답이 KPI를 조합하는 것이다. 즉 각각의 1차 KPI를 2차 KPI와 조합하는 것이다.

어두운 늦은 밤, 당신은 호텔까지 가는 길을 누군가에게 물었다고 가정해 보자. 당신은 "다리를 지나 강을 건넌 다음 왼쪽으로 돌아서 오른쪽으로 숲을 보면서 길을 따라서 걸어가세요. 약 5마일 정도지만 호수에 도착하게 된다면 1마일을 필요 이상으로 간 것입니다."라는 말을 들었다고 하자. 호텔을 찾는 것에 관해서는 적어도 처음 5마일은 왼쪽으로 돌아서 가라고 할 때 오른쪽 숲은 KPI이다(사실 그 전에 강을 건너기 위한 다리가 있지만). 호수는 2차 KPI이다. 왜냐하면 호수는 당신이 처음 KPI에 따라서 더 많이 갔을 경우, 그리고 멈춘 다음 다시 되돌아올 필요가 있는 것을 지적하고 있기 때문이다.

1차 KPI는 중요한 활동이나 자원, 혹은 구조가 양호하게 기능하고 있는지를 나타낸다. 2차 KPI는 경영자의 주의를 언제 1차 KPI로부터 다른 KPI로 옮길지에 대해서 나타내고 있다. 2차 KPI는 유익하지만 반드시 필요한 것은 아니다. 이러한 이유로 "2차"라고 부른다.

실제로 2차 KPI를 설계하는 시간적인 여유가 없는 경우, 우선 1차 KPI를 도입하고 조금 뒤에 2차 KPI를 도입하는 것이 보다 효과적일 수도 있다. 실제로 회사가 적절한 KPI를 획득하기 위해서는 상당한 시간이 든다고 볼 수 있다. 결국 IT 비용이 어떤 기능을 하고 적절히 관리하기 위해서 어떻게 해야 할지 이해하기 어렵다면 적절하게 설계된 일련의 KPI를 사용하여 상황을 크게 개선할 수 있다.

이제 한 조의 KPI를 설계해 보자. 당신 부하 중 몇 명은 IT 헬프데스크가 제공하는 서비스에 만족하지 않으며, 당신은 당신 부서가 헬프데스크 서비스 제공에 상당한 비용을 부담한다고 느끼지만 헬프데스크가 그 금액에 걸맞은 가치를 하지 않다고 가정해 보자. 당신이 바라는 것은 IT 헬프데스크 서비스를 받는 데에 부담하고 있는 금액에 걸맞은 가치를 측정하기 위한 한 조의 KPI이다. 이것을 실현하기 위해 간단한 네 단계의 프로세스에 대해 고찰해 보자.

- 문제분석과 데이디모집
- KPI를 설계하기 위한 팀 편성
- KPI의 설계와 테스트
- 도입과 감시

그러나 고려 중인 문제에 관한 KPI의 설정이 최고의 선택인지 여부를 자문자답해 주길 바란다. 도구를 얻었다고 그것을 이용할 필요는 없으며 IT 비용을 잘 관리할 수 있는 다른 방법도 있다. 특히

KPI를 설정하는 과정에서조차 IT 비용과 경영관리상에서 발생하는 문제 몇 가지에 대해 KPI보다 좋은 해결책을 발견할 수도 있으며, 이를 위해 보다 적절한 것이 될 가능성이 있는 일련의 KPI를 이용하지 않을 수도 있다는 점에 주의하기 바란다.

① 문제분석과 데이터수집

이 단계의 목적은 KPI가 필요한 문제 상황을 가능한 한 명확하고 완전하게 파악하는 것이다. 지금까지 관리자인 당신에게 당신의 부하가 헬프데스크 서비스에 대한 불만을 토로해 왔다고 하자. 이제 제기된 불만이 의미하는 바를 가장 상세하게 파악하는 것이었다. 문제가 되는 포인트가 어디에 있는지 알아야 한다. 헬프데스크가 전화문의 응답이 늦는가? 통화기록을 적은 후부터 이해할 수 없는 지연이 발생하는 것은 아닐까? 혹은 이러한 몇 가지가 복합되어 있는 것일까? 문제점이 가장 심각한 경우와 가장 심각하지 않는 경우는 언제일까? (하루 중 몇 시인지, 일주일 중 무슨 요일인지, 한 달 중 언제인지, 그 외에 어떠한 종류의 사건이 일어난 후인지)

문제점을 명확하게 파악한 뒤에 물어야 할 질문 몇 가지가 있다. 먼저 질문에 대답하기 위해서 어떤 데이터를 입수할 수 있을지를 이해해야 한다. 예를 들어 이용자의 문의에 헬프데스크가 응답하는 평균시간이 매우 길어지는 것에 관심이 있는 경우 현재 평균 대기시간은 어느 정도일까? 평균대기시간은 어디에 기록할 것인가? 기록이 없다고 한다면 지금까지도 없었던 것일까? 예전에는 기록했었는데 지금은 없다고 한다면 그 이유는 무엇일까? 그리고 누가 변경한 것일까? 이러한 질문을 할 필요가 있다. 다른 장소로부터 입수할 수 있는 데이터가 없는 경우, 당신 부하 한 명이 표본을 추출하여 전화를 하고 대기시간을 기록해야 한다.

이 헬프데스크의 가설 사례가 의도하는 바는 단순하다. 이것은 회사의 상급수준의 모든 KPI에 해당되지는 않지만 이러한 단순한 가설 사례를 선택한 것은 미래의 당신 회사에 KPI를 도입하는 방법을 나타내기 위해서이다. 나중에 보다 복잡한 경우를 고찰할 것이지만 아무리 같은 KPI라도 가장 적합한 도입 방법은 각각의 회사가 처한 상황에 따라 달라진다.

일단 KPI와 입수 가능한 데이터를 필요로 하는 문제에 관해서 되도록 가장 좋은 설명을 할 수 있다면, 이제 KPI가 그 문제에 대한 가장 좋은 어프로치인지를 생각해 보기 바란다. 예를 들어 헬프데스크가 문의에 응답하는 데 걸리는 평균시간을 감시하는 것을 제안한다면 우선 그 지연이 당신 부서에 대한 문제의 물리적인 원인이라는 것을 인식해 주길 바란다. 지연된 시간은 단순히 짜증만 날까? 아니면 회사 업적을 저하시킬까? 전자라면 이 점을 강조하거나 관리자가 비즈니스에 큰 영향을 주는 이러한 KPI를 우선 도입하는 것을 지향해야 한다고 강조할 필요는 없다.

그러나 최초로 검토하여 도입된 KPI는 앞의 업무에서 KPI에 관련된 부하에게 가장 친근한 KPI이며, 가장 도입하기 쉬운 KPI라는 것을 경험에 의해 알고 있다. IT 비용 관리에 있어서 적절한 KPI를 얻는 것은 어려운 일이지만 그만큼 가장 단순한 KPI이기 때문에 높은 이득을 얻게 된다. 이 때문에 문제분석 마지막 단계에서는 다음과 같은 세 가지 질문을 하길 바란다.

- 분석결과부터 판단하고 여기서 진정한 문제점이 있는지. 즉 무엇인가 중대한 것이 아니라 단순히 불만에만 초점을 맞추는 것은 아닌지.
- 분석결과부터 판단하고 KPI를 도입하는 것보다 더 좋은 해결책은 있는지.
- KPI를 가장 잘 이용해야 할 곳에 눈을 돌리고 있는지. 즉 KPI가 도움이 된다고 판단되는 다른 IT 비용이나 효율성에 관한 중요한 영역 등과 비교하면 매우 간단하지만, 그만큼 중요하지 않은 영역을 선택하고 있지는 않는지.

헬프데스크에 관한 이용자 문의에 대한 대응 지연에 관한 가설 예에 IT 부서는 이 문제를 제대로 깨닫고 있을 것이다. 혹시 그 원인은 예측할 수 있는 유행성감기일지도 모른다. 이 때문에 헬프데스크가 6주간이나 손이 부족했었지만 헬프데스크의 관리자는 바로 문제를 해결할 수 있는 계획을 이미 세웠을지도 모른다. 이러한 경우 대개 문의에 응답하는 시간에 관한 KPI를 추적할 필요는 없다.

② KPI를 설계할 팀의 편성

KPI에 의해 측정되는 문제는 중대하며 일시적인 것이 아니라 회사 내의 경영관리상 최우선 사안이라고 가정해 보자. 당신은 문제를 처리하고 가능한 한 많은 데이터를 수집했다. 아래의 가설 예는 당신이 찾고 있었던 데이터 종류를 구체적으로 적어둔 메모이다. 다음 단계는 한 조, 혹은 복수 조의 KPI를 설계하기 위한 팀을 결성하는 것이다. 이 팀에 없어서는 안 되는 인재는 회사에서 관리자로서 당신이 소속된 부서, 그리고 KPI가 어느 정도 필요한가에 따라 크게 좌우된다. 일반적으로 자신의 니즈가 다음 세 가지 상황 중 한 가지로 분류된다는 것을 알 수 있을 것이다.

- **전술적 니즈**: 이러한 니즈가 있는 상황에서는 사업부서의 관리자는 첫째 사업부서의 IT 비용배분에 관해 보다 엄격하게 통제할 도구로서 KPI를 갖고 싶어 한다. 이러한 상황에 관한 두 가지 주요 특성이 있다. 첫째, KPI를 개발하기 위해 회사 내의 다른 부서, 일반적으로 IT 부서와 협력할 필요가 있다는 것이다. 둘째 본사로부터 높은 수준의 권한이 주어지지 않은 채, 이것을 실시하는 것이다.
- **전략적 니즈**: 이러한 니즈가 있는 상황에서는 본사 혹은 단위사업 그룹은 IT 비용의 증가요인에 대한 회사전체의 이해와 많은 단위사업의 IT 효율성을 최대로 높이기 위한 관리자의 능력을 향상시키기 위해서 KPI를 도입할 것을 결정한다. 이

러한 상황에 관한 두 가지 주요특성은 첫째, 전술적이라는 앞에서의 상황에서 보다 강한 권한이 주어질 가능성이 상당히 높다는 것이다. 둘째, 회사 전체가 관여하는 것, 즉 많은 KPI는 전술적인 경우의 KPI보다 높은 수준의 KPI일 가능성이라는 것이다.

- **사업부 내 니즈**: 이러한 니즈가 있는 상황에서는 예를 들어 어느 부서가 자기 부서를 보다 적절하게 관리하기 위해 KPI 설정을 원하고 있다. IT에 관한 KPI의 경우 일반적으로 IT 부서 자체를 말하는 것이다. 이 상황에 관한 두 가지 주요 특성은 첫째로 회사 내의 어느 부서도 관여할 필요가 없다는 것이다. 그리고 둘째로 KPI의 대부분은 전략적 상황 또는 전술적 상황보다도 더 많은 기술적 중요성을 갖고 있다는 것이다.

KPI를 팀에서 설계하는 한 가지 이유는 가장 간단한 문제를 제외하고는 IT 비용과 IT 관리에 있어서 적절한 KPI를 설계할 때에는 IT 부문 또는 예를 들어 재무와 같은 다른 몇 가지 부문으로부터 자원 투입이 필요하기 때문이다. KPI를 팀에서 설계하는 또 다른 이유는 나중에라도 KPI를 도입하는데 있어서 중요한 인재를 참여시킬 수 있기 때문이다. 도입하는 것이 적절한지 여부는 도입 단계 이전도 중요하다. 많은 것이 특정 조직 구조와 성질에 의해 결정된다고는 하지만 다음과 같은 리스트는 일반적으로 성공한 KPI설계 팀에 선출된 이해관계를 나타내고 있다.

전술적 상황	전략적 상황
단위사업부서의 관리자	회사경영자
단위사업부서의 이용자	사업부장
IT 부서	IT 관련부서-주요 IT 지원부서
재무부서/원가계산담당부서	지원부서의 관리자

팀이 편성되면 바로 KPI설계가 시작된다.

메모:

from: 패시픽 웹 마케팅사 사장 찰스 베네트

to: 사업부 IT 관리자 샐리 힐먼

◈ 의뢰장

지난주 경영회의에서는 회사 웹 마케팅의 시험운용에 대해 논의했으며 되도록 빠른 시일 내에 대규모 마케팅 실시항목으로서 이것을 전개할 것을 계획해야 한다는 점에 합의했다. 이것은 비공식적으로 매우 작은 프로젝트로서 시작된 프로젝트의 규모를 대폭적으로 확대한 것이다. 규모가 확대된 이 프로젝트를 확실하게 성공시키기 위해서 귀하의 도움이 필요하다.

우선 해야 할 일 중 하나가 몇 가지 KPI를 설정하고 이 프로젝트의 소규모 시험운용부터 대규모 실시항목으로의 이행을 IT 관점에서 되도록 효율성이 좋고 확실하게 관리하는 데 도움을 주는 것이다. 최근 2주간 캐더린 씨가 이에 관한 데이터를 수집하도록 프로젝트를 지도해 주었다. 그것은 다음과 같이 요약할 수 있다.

1. 회사의 모든 수준에서 고객 샘플과 같고 웹 베이스마케팅은 향후 필수

불가결한 것이라는 의견에 일치했다. 경쟁타사의 70%는 이미 같은 분야에서 주도권을 쥐고 있으며 나머지 회사도 내년 중에는 그것을 실시할 계획을 세우고 있는 듯하다.

2. 당초 업계의 웹 베이스마케팅의 이론적인 근거는 다음과 같은 세 가지이다.

   ① 연락을 취할 수 있다고 생각되는 고객의 수와 종류를 늘릴 것

   ② 고객에게 신속하게 솔루션을 제공하고 그 솔루션을 확실하게 보다 나은 고객수요에 합치시킴으로써 서비스의 질을 개선할 것

   ③ 판매에 관련된 제비용을 삭감할 것

3. 당사의 시장은 주로 영어권이다. 즉 지금까지는 미국과 영국에서 영어를 사용하는 사람들에게 서비스를 제공해왔다. 그러나 나머지 40%의 예측되는 고객은 미국과 영국 이외의 국가에 있으며 웹 베이스 마케팅전략의 실시항목은 이러한 사람들의 요구를 반드시 충족시켜야 할 것이다.

4. 당사의 기존 웹 사이트는 하루 평균 3500히트를 획득하고 있으며 지난주 시점에서 한 달 동안 6%의 비율로 증가하고 있다. 다만 기존의 웹 사이트를 이용한다 하더라도 부가적인 수작업에 의한 부수작업을 하지 않아도 되는 발송처리는 웹 사이트를 통해서 받은 주문의 6%에 불과하다. 최근 베인 컨설팅사의 조사에 의한 벤치마킹에 따르면 80% 이상의 수치를 달성할 수 있다고 나타났다. 그러나 상급관리자와의 인터뷰에서는 당사에서는 50%가 현실적인 목표였으며 이에 특히 상당량의 판매비용(대강 그 견적으로 30% 이상)이 삭감될 것이라는 것이 지적됐다.

5. 당사 웹 사이트의 고객만족도는 낮다. 당사가 속한 사업영역에서 웹에서 사업을 전개하는 업체들의 사이트들이 얼마나 사용하기 쉬운지

에 관한 제3자의 조사에 따르면 상위 25%의 사이트는 10점 만점에서 8점인 것에 비해 당사 사이트는 경우 3점에 불과했다.

소규모 시험운용으로서의 웹 관련 실시항목에 관한 IT 비용은 현재 최소한으로 유지되고 있으며 비용을 낮추기 위해 남아있는 여분의 하드웨어와 제3자를 경유한 웹에 접속하는 것을 이용하고 있다. 시험운용에서 마케팅전략의 실시항목으로의 이행을 위해 수백만 달러의 예산이 할당이 예상되지만 모든 IT 프로젝트의 자금이 눈에 보이는 효과를 위해 투자되고 있는 것이 아닌지 회장님은 의문을 가지고 있다. 그래서 모든 예산이 승낙됨으로써 위험에 노출되는 것을 걱정하고 있다. 이행을 할 때 최적의 투자의사결정을 하기 위해서 유익한 KPI를 몇 개 준비할 생각을 하고 있다. 또한 다른 모든 분들도 그렇게 생각할 수 있도록 설비를 증강시키데 많은 투자를 해야 할 것이며 그야말로 최고의 투자처에 확실하게 투자해야 할 필요가 있다.

이에 대해서는 내일쯤 이야기하고 싶다.

③ KPI 설계와 테스트

설계 또는 테스트 단계에서 먼저 해야 할 것은 첫 번째 단계의 "문제분석과 데이터 수집"에서 실시한 분석에 대해 검토하는 것이다. 이는 다음과 같은 두 가지 이유가 있다.

첫째 팀에 의해 새로운 전문적인 지식과 정보가 수집될 것, 또 모든 차이와 오류를 확실히 찾기 위해 발견사안을 검토하는 것도 중요하다. 둘째 모든 프로젝트를 개시할 때와 마찬가지로 모든 참가

자의 협력을 얻을 것, 그리고 미리 확실하게 과업에 대한 이해를 공유하는 것이 중요하다.

다음으로 몇 가지 KPI를 설계한다. 이것을 하기 위해서 입수 가능한 실제 데이터와 경험에 따른 몇 가지 방법이 있다. KPI가 가상 그룹데이터와 경험에 따라 설계되는 경우도 있다. 이 그룹은 결코 현실세계에서는 얼굴을 마주칠 일이 없는 이메일을 사용하며, 가끔 전화회의를 통해서 아이디어를 전달하고 의사결정을 한다. 일련의 미팅이 KPI를 설계하는데 가장 효과적인 방법인 경우도 많다. KPI 설계 업무에 착수하기 위해 외부 컨설턴트에게 조언을 구하는 것을 원하는 회사도 있다. IT 관리 분야 업무를 다루고 있는 컨설팅회사 중 일부는 KPI의 설계와 도입에 대해 어느 정도의 전문지식을 갖고 있다. 어찌되었든 가장 편한 접근 방법, 즉 컨설팅회사가 모든 일을 하는 방법을 선택한다고 가정하자,

표 2-4와 표 2-5에서는 KPI의 설계사양서에 포함되어 있는 정보를 제시하고 있다. 당신이 직접 KPI작성에 관여하지 않았던 경우에는 KPI를 위한 데이터가 어디로부터 입수되는지, 제시된 KPI가 왜 합의된 문제의 정의와 관련이 있는지 등을 질문해야 한다. KPI 설계에 많은 노력을 기울여도 의도한 목적을 달성하지 못하는 경우도 많다.

표 2-4 KPI의 설계사양서에 포함되는 정보

	정 보	내 용
1	KPI의 이론적인 근거	KPI가 해결에 도움이 되도록 설계하는 문제에 관한 기술, 또는 KPI가 문제를 해결하기 위해 어떻게 이용하려고 하는지에 대한 간단한 설명
2	KPI에 의해 다뤄지는 문제크기	문제에 대한 비용의 개략적인 산정치, 또는 가능한 경우에는 KPI를 필요로 하는 특정 법률 혹은 규제(후자의 정보는 규제가 변경되는 경우, 확실히 여분의 KPI 배제를 쉽게 하는 데 도움이 된다)
3	선택된 한 조의 KPI에 대한 기술	이 기술에 의해 KPI의 산정방법과 이용되어야 하는 모든 전문용어 해설이 제시되어야 한다.
4	데이터 출처	KPI를 산정하는 데 필요한 데이터 출처의 리스트, 각 출처의 담당자도 기술한다. 개인은 다양한 부서로 이동하기 때문에 데이터 출처의 담당자란 개인이 아니라 데이터 제공에 책임을 지는 조직에서 역할을 맡고 있는 사람이다.
5	KPI의 빈도	KPI가 보고되어야 하는 빈도
6	KPI를 받아야 할 사람	받는 사람은 상당히 확실한 것 같지만 누가 정보에 대한 보고서를 읽는지를 고려하는 것은 중요하다. 회사 내에 당신이 필요로 하고 이해관계가 있는 정책상, 협력자가 있을 것이다.
7	KPI의 결정에 관련된 사람	KPI가 훗날 다시 설계되어야 할 필요가 있는 경우가 있기 때문에 누가 KPI를 결정할 수 있을지, 어떻게 KPI를 결정할지에 대한 세부적인 것을 기록해 두어야 한다.
8	주요 문제와 위험	명시된 모든 위험 혹은 문제에 대해 간결하게 기술할 필요가 있다. 훗날 KPI의 중요성을 없애거나 증가시킬 요인은 분석 또는 설계 단계에 있어서 확실하게 해두는 것이 좋다.

표 2-5 설계사양서

	정 보	내 용
1	KPI의 이론적 근거	병행 프로젝트로부터 전체 패시픽 웹 마케팅전략의 실시항목으로의 이행에 대해 350만 달러의 IT 투자가 이루어지지만 그 IT 투자가 가능한 한 효율적이며 동시에 확실히 보일 수 있도록 할 것
2	KPI에 따라 다뤄지는 문제의 크기	1) 2년에 걸친 기술에 대해 투자된 350만 달러 2) 웹을 사용한 양호한 판매프로세스에 의해 배제될 수 있는 기존 판매관련비용에 대해 견적된 1000만 달러
3A	처음 선택된 한 조의 KPI에 대한 기술	• 1차 KPI A: 자사사이트를 사용한 "엔드 투 엔드"의 매출거래 비율. 이것은 웹 사이트에서 수주하고 수작업에 의한 그 외의 작업을 하지 않고 이행하도록 추진한 판매수다. 이것은 더 이상 전화문의가 없고 직원이 일체의 종이기록을 이용하지 않을 것, 수작업으로 데이터 검사를 하지 않는 것을 의미한다. • 2차 KPI A: 전체 업무의 거래당 매출견적비용. 이것은 (a) 5년간에 걸친 투자를 상각하고, (b) 처음으로 시장전체에 한정된 부분의 마케팅활동을 고려하기 위해서 실제로 발생한 비용을 조정한 뒤의 거래당 비용이다. 이에 따른 효과로서는 KPI에 의해 전체업무를 하고 있는 경우의 매출당 원가가 제시된다.
3B	2번째 선택된 한 조의 KPI에 대한 기술	• 1차 KPI B: 컨설턴트 조사의 웹 사이트를 얼마나 사용하기 쉬운지를 나타내는 점수. 이것을 사용하면 컨설턴트가 이 점수를 매월 갱신하도록 할 수 있게 한다. 이것을 할 수 없는 경우에는 처음 12개월간은 자사에 의한 매월 고객

(계속)

표 2-5 설계사양서(계속)

	정 보	내 용
3B	2번째 선택된 한 조의 KPI에 대한 기술	만족도조사를 실시하여 4분기마다 측정하고 검토한다. • 2차 KPI B: 상위10위의 경쟁타사에 관한 사용하기 쉬운 점수(혹은 조사점수)의 표준편차
4	데이터 출처	• 1차 KPI A: · 발송부서로부터의 판매데이터 · "엔드 투 엔드" 판매를 위한 새로운 데이터베이스(IT 부서담당)가 구축되어 있는지 • 2차 KPI A: 재무관리부서 • 1차 KPI B: · 컨설턴트사는 월별로 데이터를 제공할 수 있을지 여부 · 만약 할 수 없다면 회사 내 프로젝트로서 마케팅부서가 실시한다. • 2차 KPI B: 마케팅부서
5	KPI의 빈도	월차의 KPI 보고에 대한 단기적인 계획을 별도로 한다면 정기적으로 검토한다. 1년 후에 검토한다.
6	KPI를 받아야 할 사람	• 시책에 관해: 패시픽 웹 마케팅전략의 실시항목 집행담당간부 • 정보에 관해: 모든 상급간부
7	KPI 결정에 관련된 사람	패시픽 웹 마케팅 팀, 재무부서, IT 부서
8	주요 문제와 위험	• 월별데이터로서는 충분할 만큼 빈번하지 않은 것 • 2차 KPI A의 조정치가 무의미할 정도로 부정확한 것 • 사용하기 쉬운 것은 판매 가능성과의 상관관계가 없는 것

④ 도입과 감시

지금까지 고찰한 것처럼 KPI도입의 중심이 되는 관리자가 KPI의 설계 프로세스에 관여하는 것이 KPI도입에 유익하므로 관여했던 사람들은 반드시 KPI테스트에 참여해야 한다. 보통은 핵심 인력으로 IT 부서에서 적어도 한 명의 관리자가 들어가며 또한 재무부서 관리자도 참여하는 것이 좋다. 도입할 때 재무부서 관리자가 참가할 필요성은 회사의 경영정보시스템에 어떠한 기능이 있는지에 따라서 결정된다. 만약 회사가 광범위한 활동기준원가계획시스템(ABC시스템)을 도입하고 있다면, KPI에 있어서 필요한 모든 원가데이터는 재무부서 전문가의 협력 없이 수집할 수 있을 것이다. 그렇지 않더라도 재무부서와 관련된 최소한의 프로그래밍은 필요하기 때문에, 새로운 경영보고서 작성을 위한 일상적인 요구에 의해 입수할 수 있다. 그러나 관리회계데이터를 즉시 입수할 수 없다면 KPI도입에는 재무 담당부서 관리자의 지원이 필요하다.

도입에서는 프로젝트단계로부터 KPI설정의 실시항목을 일상 업무로서 실시되는 단계까지의 이행과정을 확실히 규정해야 한다. 즉 KPI설계팀과 같이 특별히 구성된 모든 조직과 프로세스를 결정할 수 있으면 그 후에는 보통 일상 업무의 역할로서 정기적으로 작성되어야 한다. 이것은 그다지 어렵지 않게 이루어지며, 개인은 KPI를 확실하게 정기적으로 보고할 책임을 갖게 된다.

(3) 조직의 변형과 행동 변형

세계적으로 유수한 한 소프트웨어회사는 약 10년 전, 심각할 정도로 낮은 수익성 문제 때문에 고민했다. 고객만족도 수준 저하가 주요 원인 중 하나라는 것이 경영자에 의해 확인됐다. 이 회사는 예전부터 높은 신뢰성, 금액에 맞는 가치, 혁신과 고객중시의 표본이었다. 그러나 급격한 매출 증대는 직원뿐만 아니라 회사 판매원이나 조사원으로까지 퍼진 자만과 오만이 넘치는 태도를 초래하는 원인이 됐다. 사태를 호전시키기 위해서 취한 첫 번째 단계가 일련의 KPI를 설정하는 것이었다. 이 KPI에는 고객만족도 KPI가 포함됐다. 이 KPI는 회사가 자사의 방향을 전환시키는 데 도움이 됐다. KPI는 오랜 기간 양호하게 기능했으며, 새로운 회사문화의 주요 일부로서 인식되었다.

그러나 10년 후, 그 회사는 분쟁에 휘말려 상급관리자는 고객만족 KPI의 정확성에 대해서 의문을 갖기 시작했다. 이러한 KPI는 여전히 같은 방법으로 산정됐지만 그 산정결과는 직감적으로 틀린 것이라고 여겨졌다. 그 회사는 이러한 KPI에 의해 얻을 수 있는 결과를 조사하기 위해서 제3자 회사에 조사를 의뢰했다. 그 조사에 따르면 그 소프트웨어회사의 조직이 고객만족을 호전시키는 의식적 행동을 서서히 하기 시작했다는 것이 판명됐다. 예를 들면 고객만족기입용지에 기입하기 위해서 고객에게 질문하기 전에 바로 고객을 점심식사에 초대하는 등, 30개의 패턴 행동이 인식됐다. 이것은 10년 전 그 회사에 있었던 것과 확실히 같은 방법은 아니었다. 이러한 30개 정도의 개인 행동패턴의 어느 것이나 단독으로는 조사결과에 중대한 영향은 미치지 않지만 그 조사에 따르면 그 결과가 조합되어 고객만족도가 적어도 10%까지 지나치게 높아졌을 것으로 추정된다.

회사행동의 이러한 종류의 변형은 물론 불가피하다. 그러나 이렇게 나타나는 KPI의 효과에 대한 위험성에 주의하지 않으면 안 된다. 개선 방법은 단순하며 수 년마다 KPI를 변화시키는 것만으로 충분하다. 실제로 KPI를 갖는 새로운 부서의 책임자가 되어 최초로 실시해야 할 한 가지는 조직 변형이 효과를 제한해 버릴 수도 있다는 조짐과 관련해서 KPI를 검토하는 것이다. 보통은 동일한 경영관리상 요구를 모두 충족시킬 수 있는 잠재적인 KPI가 몇 가지 존재한다.

5) KPI와 벤치마킹

● 벤치마킹의 중요성

KPI와 벤치마킹은 상호 관련이 있다. KPI는 회사 혹은 회사의 일부분을 효과적 그리고 효율적으로 경영하기 위한 중요한 사안의 척도, 또는 지표이다. KPI는 보다 구체적인 것에서 보다 일반적이며 추상적인 것으로 변화함으로써 회사에 합당하고 우수한 KPI가 된다. 즉 KPI의 계층구조의 사고방식은 여기서 도움이 된다. 적절한 일련의 KPI에 의해서 관리자 능력이나 경영의 효율성이 향상된다.

결론은 적절한 일련의 KPI를 설계하는 것은 어려운 일이 아니지만, 주의 깊은 사려와 경험이 필요하다는 사실이다. KPI 문제에 경영자의 관심과 주의가 초점을 옮겨서 어느 정도까지 진행되면 그 외의 모든 사안은 고려하지 않게 된다. 이에 따라서 균형적인 문제가 발생하므로 KPI는 경영자의 관심과 균형을 적절하게 유지되도록 설계 되어야 한다. 이것을 실시하기 위한 하나의 방법은 KPI를 조합하는 것이다. 그렇게 되면 1차 KPI에 충분한 주의가 기울여지는 경우에 1차 KPI 각각에 대한 2차 KPI에 의해 경영자에게 정보가 제공되면 조금 지나서 경영자의 관심은 그 외의 것에 집중하게 된다.

"벤치마킹"이란 무엇을 측정하는가 라는 의미이며 경영에서 이용되는 가장 일반적인 사고방식에 있어서는 자사의 프로세스, 기술, 자산 또는 인재의 일부를 타사(특히 중요한 경쟁사, 그 외의 동업자, 공급사)의 동등 요소와 비교하여 측정하는 것을 의미한다. 벤치마킹은 타사가 자기 회사와 같은 KPI를 사용할 때 가장 효과적이다. 단, 이것은 그대로 되지 않는 경우가 많다. 아무리 그렇다고 하더라도 타사는 기본적으로 정보를 공유하려고 하지 않을 것이다. 그러나 데이터를 공유함으로써 공유하지 않는 것보다 많은 편익을 달성할 수 있다면 많은 회사는 스스로 나서서 벤치마킹을 하려고 할 것이다. 이것은 크든 작든 간에 자연스러운 현상이며 기술적, 전략적, 또는 그 중간 수준에서 실행할 수 있다.

IT 비용과 IT 효과를 이해하고 그것을 관리하고 싶다고 생각하는 관리자는 벤치마킹과 KPI를 이용해야 할 것이며 자사의 주요 경쟁사가 어떻게 이러한 도구를 이용하고 있는지를 명확하게 알아야 한다.

벤치마킹이란 다른 조직의 프로세스와 자원 종류, 조직구조를 비교하는 것이다. 벤치마킹은 간접적인 경험도 포함하고 있으며 대부분의 관리자에게 친숙한 것이기도 하다. 벤치마킹의 본질은 단순히 두 번의 수고를 피하기 위한 것이다. 같은 비즈니스 프로세스를 보다 싼 비용으로 적절히 처리하고 있는 다른 회사를 발견한다면 자사 프로세스를 제로베이스로부터 개선하려고 하는 것보다는 그 회사가 실행하고 있는 것을 모방하는 쪽이 낫다. 벤치마킹이란 개선을 위해 자사가 실시하는 방법과 타사가 실시하는 방법을 비교하는 것이다. 벤치마킹의 목적은 보다 잘 관리되도록 자주 측정하는 것이다.

가장 널리 실시되는 벤치마킹사례는 시장에서 살펴볼 수 있다. 고객은 물품 구입 여부를 의사결정할 때는 대부분 언제라도 자사 가격과 품질에 대해서 경쟁사 물품과 벤치마킹을 실시한다. 독점은 비효율적인 것이 많다. 이는 대부분 고객에게 선택의 여지가 없기 때문이지만 고객이 의사결정을 하기 위해 비교할 것이 없기 때문이기도 하다. 즉 벤치마킹을 할 수 없기 때문이다.

벤치마킹은 비교대상범위를 넓히기 위한 방법이며 경영자는 자신이 관리하는 과정과 자원에 관해서 벤치마킹을 할 수 있다. 시장은 가장 널리 경험을 한 벤치마킹 형태이기도 하지만 "벤치마킹"이라는 용어에는 보통, 최종고객으로부터는 보이지 않는 프로세스, 자원, 혹은 조직구조 응용의 의미가 포함되어 있다. 또한 회사에서 일어나는 것의 대부분을 고객은 전혀 볼 수 없다. 나중에 설명하는 사례연구에서는 IT 관리측면에서 이용되는 다양한 벤치마킹사례를 제시하고 있다.

피터 드러커는 "회사 내부에는 비용센터밖에 존재하지 않는다. 유일한 수익 센터는 수표가 부도나지 않았던 고객이다"라고 명확하게 주장하고 있다. 고객은 가장 중요한 벤치마킹이지만 고객의 제품이나 서비스에 대한 평가는 무수한 프로세스에 의해 좌우된다. 이런 프로세스는 고객이 볼 수 없는 장소에서 제대로 통제하여 최종적으로 자사 고객행동의 변화를 촉구하기 위해서는 무수한 고객들이 볼 수 없는 프로세스를 최적화할 필요가 있다. 벤치마킹은 이것을 실현하는 데 도움이 된다.

그러므로, 벤치마킹이란 궁극적으로 예상 고객을 타사보다 오랫동안 붙잡아 두기 위해서 프로세스와 자원, 또는 구조를 최적화시키는 것으로 결론 지을 수 있다.

◈ 사례: IT 관리에서 이용되는 벤치마킹의 예

IBM과 버크레이 은행

영국의 소액은행그룹인 버크레이 은행(Barclays Bank)은 언뜻 보기에는 IBM과 공통점이 전혀 없어 보인다. 한편 IBM은 당시, 레이저프린터인쇄와 복사를 효율적으로 관리하고 있다는 평가를 받고 있었다. 그리고 IBM은 이 은행의 주요 공급자였다. 버크레이 은행이 런던에 새로운 사무실에 사업부를 이전했을 때, IBM은 이 은행이 프린터인쇄와 복사기 기구성, 프로세스, 관리방법을 연구하도록 도와주었다. 그런데 IBM 종업원의 사무작업량이 이 은행과 같은 정도였음에도 불구하고 IBM 사무실에 설치한 프린터와 복사기는 버크레이 은행보다 적다는 것을 알게 됐다. 즉 작은 점포용 저성능프린터는 종업원 근처에 설치하고 고성능 기기는 개별 인쇄실에 설치하고 있었다. 이런 IBM의 사례를 도입하여 버크레이 은행이 새로운 사무실에 이전할 때에는 프린터인쇄와 복사비용을 절감할 수 있었다.

벤치마킹을 할 경우에는 IT 비용의 파악과 관리에 관해 다음과 같은 질문에 회답할 수 있어야 한다.

〈실무운영 부서 수준 -사업부서/지원부서 관리〉

① 특정 IT 서비스에 거액의 대금 지급을 하고 있는 것은 아닌지.

② IT에 대한 신속한 대응에 관해 경쟁우위에 있는지, 혹은 경쟁열위에 있는지.

③ 주요 경쟁타사와 비교하여 어느 정도 제대로 IT가 비즈니스 니즈에 적합한지.

〈본사의 경영자〉

④ 주요 경쟁타사와 비교하여 IT에 적합한 금액을 투자하고 있는지.

⑤ 주요 경쟁타사와 비교하여 IT에 관한 자사의 투자 이익률은 어느 정도인지.

⑥ IT 투자를 통해서 어떠한 전략적인 옵션을 획득했는지.

⑦ 주요 경쟁타사와 비교하여 IT 관련 인재의 기술수준을 어느 정도인지.

본사 경영자의 질문은 당연히 실무운영 부서수준의 질문보다도 추상적이다. IT 효율성을 관리하기 위한 KPI의 이용에 대해 잘 모른다면 자사에서 자신이 관리하는 수준이 주어졌다고 하면 어느 종류의 질문에 관해 대답해야 하는지 어느 정도 깊이 생각할 필요가 있을 것이다. 이 포인트는 IBM의 레이저프린트인쇄와 복사 사례, 즉 벤치마킹을 이용하고 있는 버크레이 은행에 관한 사례와 마찬가지다.

● **벤치마킹의 문제점**

IT 부서의 주요 국면을 벤치마킹할 때 가장 어려운 문제는 신뢰할 수 있는 데이터를 획득하는 것이다. 다른 기업이 그 IT 조직에 관련된 정보를 숨기고 싶어 하는 것은 그다지 문제가 되지 않는다. 문제가 되는 것은 많은 기업이 자사 IT 조직의 신뢰할 수 있는 데이터를 갖고 있지 않다는 것이다. 여기에는 세 가지 큰 문제가 있다.

첫째, 대부분의 기업이 사실 IT에 어느 정도 투자하고 있는지 모른다는 것이다. 둘째는 알고 있다고 해도 다른 기업이 주요 용어에 대해서 자사와는 다른 방법으로 정의하고 있을 수도 있는데 용어가 같으면 동등한 것을 비교하고 있다고 생각해 버리는 것이다. 세 번째 문제는 미묘한 문제인데 대부분의 IT 비용은 IT 이외 부서가 어떻게 구조화되고 관리되는지에 따라서 정해진다. 예를 들어 집중화된 경영관리구조를 갖고 있는 기업은 집중화된 IT 부서를 갖고, 분권화된 경영관리구조를 갖고 있는 기업은 각 사업부서 내에 개별 IT 부서를 갖는다는 것이다. 두 개 조직의 상이한 IT 서비스에 대해서 벤치마킹조사를 제대로 실시할 수 있을지 모르지만 그 발견사항은 주의를 기울여서 취급할 필요가 있다.

● 벤치마킹 실시에 따르는 고려사항

그림 2-2는 다음에 제시된 것과 같은 IT 비용을 제대로 파악하거나 관리하기 위해서 벤치마킹 프로젝트를 실시할 때의 주요 단계를 나타낸 것이다.

그림 2-2 벤치마킹의 의사결정 프로세스

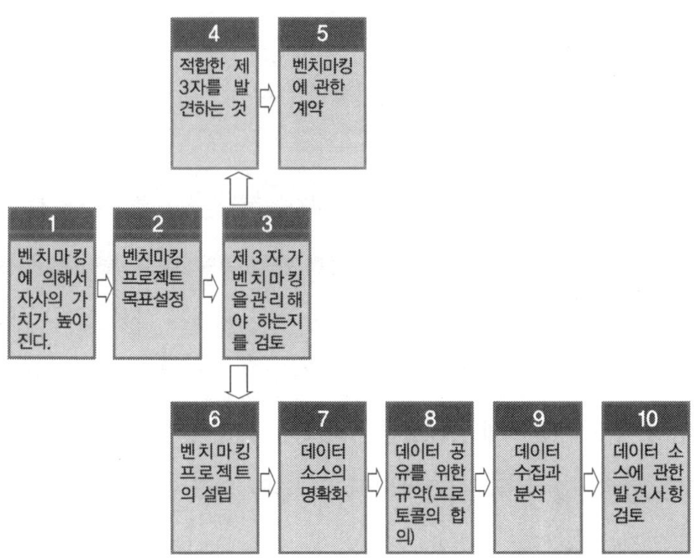

(1) 벤치마킹에 의해 회사가치가 높아질 것인가

먼저 결정할 일은 벤치마킹에 의해서 자사의 가치가 높아질지 여부, 즉 벤치마킹이 바로 직접적인 도움이 되느냐는 것이다. 이 질문에 대답하기 전에 벤치마킹의 실무경험을 해 보는 것이 좋을 것이다. 그러나 그렇지 못한 경우에는 자사 안에서 인재를 찾든지, 혹은 타사에 가까운 친구가 있다면 그 벤치마킹 경험에 대해서 지도를 받는 것도 좋다. 벤치마킹이 자사에 도움이 될지 여부를 결정하기 위해서는 먼저 대답해야 할 두 가지 중요한 질문이 있다. 다음의 두 가지 질문에 대한 확고한 대답으로 도출된 KPI이야말로 가치가 있으며 이를 사용하여 벤치마킹함으로써 회사의 가치를 높일 수 있다.

① 자사와 타사에 같은 KPI가 존재하는지. 그리고 이것을 비교하는 것이 합당한지.
② 타사가 자사와 비교데이터를 공유해줄 가능성은 있는지.

하나의 업무와 관련하여 몇 개 회사가 같은 KPI를 이용하고 있는 것이라면 첫 번째 질문에는 간단히 대답할 수 있을 것이다. 자사와 같은 KPI를 사용하고 있는 유일한 다른 회사가 다른 업계에 있는 경우에는 더더욱 생각할 필요가 있다. 그 경우, 절대적인 유용성과 함께 신뢰성 문제가 발생한다. 비교를 하는 것이 도움이 된다는 것을 알고 있더라도 자기 회사 내의 정략적 판단에 기인할 위험성이 있지는 않을까? 이러한 것은 벤치마킹의 효력이 없다든지, 나빠지게 되면 당신의 판단력에 대한 신뢰성과 당신 부서의 평판을 나쁘게 할 수도 있다는 뜻이다. 이러한 정략적 판단의 위험성을 줄이기 위해서는 다른 업계의 회사와 벤치마킹을 실시할 때 고려해야할 그 외의 중요한 문제, 즉 비교가 어느 정도 타당한지의 문제를 신중하게 검토해야 한다.

이러한 것을 생각하는 데 있어서 우선 벤치마킹으로 대처해야 하는 모든 문제, 즉 유사점, 상이점, 흥미가 있는 문제, 불확실성이 남는 점에 관해서 벤치마킹의 실시가 제안되는 각 영역을 뽑아야 한다. 벤치마킹으로 해결하려는 문제를 제대로 정의하고 불명확한지는 않은지 점검할 필요가 있다. 예를 들어 "우리의 데이터베이스 기술은 최첨단이 아닐 수도 있다"라는 것은 너무나도 불명확한 표현이다. 이 때문에 이것으로 인해 얻을 수 있는 KPI는 전혀 가치가 없다. 이에 대해 "우리는 고객의 조회번호에 의한 것과 마찬가지로 고객의 위치, 고객의 이름 또는 일자마다 서비스 콜에 관한 데이터베이스를 검토할 수 있을지"라는 쪽이 보다 엄밀히 정의할 수 있는 질문이다. 이 때문에 가치 있는 벤치마킹의 기초가 되는 KPI 정책을 만들 때에 이용할 수 있다.

두 번째 질문은 다른 회사가 벤치마킹의 목적을 위해서 자사와 데이터를 공유해줄지 여부이다. 이에 대한 대답은 보통, 경쟁우위가 어느 정도 유지되는지에 따라서 결정된다. 벤치마킹에 의해 어느 회사의 경쟁우위를 감소시켜 버리는 정보를 외부에 폭로해 버리면 그 회사는 데이터를 공유해 주지 않을 것이다. 공유하려는 정보의 대부분은 각 사의 경쟁우위를 바꾸지 않고 업계전체의 비용수준을 낮출 수 있는 정보이다.

경쟁우위가 걸림돌이 되어 벤치마킹 기회가 제한되어 버리는 경우, 자사가 있는 업계 이외의 회사를 벤치마킹할 필요가 있다. IT 제품 판매사는 벤치마킹에 의한 데이터 교환에 특히 매력을 느끼고 있을지도 모른다. 왜냐하면 이것이 공급사에 있어서 당신 회사와 알게 되는 하나의 방법이기 때문이다.

(2) 벤치마킹 프로젝트 목적의 설정

벤치마킹에 의해 회사 가치가 높아진다고 생각했다면 다음으로 실시해야 하는 것은 벤치마킹 프로젝트의 목적을 보다 구체적으로 설정하는 것이다. 행동해야 할 명확한 목적이 없는 경우 평가활동 또는 프로젝트 정의나 실현가능성 검토를 하는 것은 프로젝트를 실시해야 할 몇 가지 목적을 인식하게 해 준다. 그러나 어떠한 자원을 벤치마킹에 배분하는 것을 결정하기까지 벤치마킹 프로젝트의 명확한 목적을 합리적으로 정의하기 위해서는 자사의 조직능력과 수요에 대해서 충분한 지식을 가지고 있어야 한다.

목적에 관한 몇 가지 예는 다음과 같다.

- 해당업계의 세계적인 상위 5사에 대한 해당회사의 IT 부가가치에 대해서 벤치마킹할 것
- 소프트웨어개발에서 동업자의 최상의 실적치에 대해서 어느 정도 필적한지를 평가할 것
- 데이터베이스관리의 프로세스개선을 위한 옵션을 명확하게 할 것
- IT 자원투입이 제한요인, 즉 결정적인 요인이라는 영역에 있어서 신제품의 투입 간격에 대해 벤치마킹할 것
- IT의 인사정책의 최상의 실적치를 명확히 하고 최상의 실적치와 자사의 실적을 비교할 것

벤치마킹 활동의 목적을 책정할 때 다음과 같은 네 가지 질문이 도움이 된다.

① 벤치마킹에 의해 대답이 나올 것이라고 상정되는 것은 어떠한 질문인가.
② 이러한 것은 왜 적절한 질문인가. 혹은 이러한 질문은 진정한 문제를 다루고 있는 것일까.
③ 예를 들어 어떠한 대답이 이상적인 대답인가(그러한 것을 적어볼 것).
④ 어느 정도 구체적이어야 하는가. 이것은 전술적인 프로젝트인가. 혹은 전략적인 프로젝트인가.

목적에 대한 구상을 집약시키는 데도 몇 시간이나 걸리며, 목적의 최종안을 결정하기까지에는 3주나 걸리는 경우도 있다. 벤치마킹은 적절한 목적을 설정하는 것이 중요하다. 2~3주간 이내에 유익한 공헌을 할 것 같은 사람, 또는 관여하려는 사람으로부터 정보를 얻도록 해야 한다. 확실히 경영자에게 벤치마킹 프로세스에 대해서 공감을 얻기 위해 노력하는 것은 정책상 적절한 방법이다. 일단 벤치마킹의 목적이 확실해지고 동의를 얻으면 다음 단계로서 벤치마킹을 제3자를 이용해서 실시할지, 사내에서 실시할지를 결정한다.

(3) 제3자가 벤치마킹 프로세스를 관리해야 하는지를 검토

벤치마킹활동을 실시하기 위해서 외부사람을 이용할지 여부의 포괄적인 질문에 대답할 경우에는 고려해야 할 중요한 질문이 다섯 가지가 있다.

① **기술:** 자사의 벤치마킹 기술 수준은 어느 정도일까?

② **관리가능성:** 벤치마킹 프로젝트를 실시하는 데 충분한 관리 시간을 투자할 수 있을까?

③ **관리자의 동의:** 경영자가 시간을 투자할 수 있는 경우라도 개개의 관리자는 벤치마킹 프로젝트의 실시에 대해서 어느 정도 동의할 것인가? 또 그 이유는?

④ **기밀도:** 중립적인 제3자는 자사보다도 정확하고 완전한 데이

터를 입수할 수 있다. 그러나 다른 한편으로 벤치마킹 데이터는 신중하게 취급되고 있는가?

⑤ **해석의 질:** 자사는 벤치마킹의 생생한 데이터로부터 완전한 가치를 이끌 수 있는 분석을 하는 조직을 갖고 있지만 전문적인 벤치마킹 컨설팅회사는 그 일을 제대로 수행하고 있는가?

일반적으로 벤치마킹에 대한 경험이 거의 없는 하급관리자는 사내의 벤치마킹을 실시함에 따라 얻을 수 있는 결과의 질을 과대평가하고 사내 벤치마킹을 실시하는 관리의 노력(또는 간접적으로 그 결과로서의 비용)을 과소평가하는 경우가 많다.

대부분의 컨설팅회사는 벤치마킹을 실시하는데 일반적으로 현재의 고객과 잠재적인 고객이 흥미를 가질 것 같다고 생각되는 벤치마킹을 제안한다. 이러한 활동은 "다수의 고객조사"라고 불리는 경우도 있다. 어떻게 불리든지 컨설턴트 주도의 벤치마킹활동은 매우 효과적인 데이터 출처가 된다. 이렇게 얻어진 데이터는 반드시 벤치마킹조사를 의뢰했을 때 조건으로 기재한 것처럼 이루어지지 않을 수도 있지만, 무료 서비스인 경우도 있을 만큼 비용이 저렴한 경우도 있으며 내부 조사 자료보다 구체적이고 정확할 때가 많다.

(4) 적합한 제3자를 발견할 것

이것은 비교적 간단한 일이다. 그것은 대부분의 경영컨설턴트나 IT 컨설턴트가 벤치마킹 경험을 갖고 있다. 적합한 벤치마킹의 컨설턴트를 찾기 위한 특별한 규칙은 없다. 컨설턴트가 벤치마킹 업무에 관한 기술과 경험을 갖고 있다는 증거에 대해서 모든 것을 조사해 보자. 그리고 그들이 작성한 참고자료에 대해서 질문을 하고 이야기를 해 보자.

(5) 벤치마킹에 관한 계약

다른 비즈니스 계약과 마찬가지로 계약서는 의무와 보수 양면에서 명확하게 작성되어야 한다. 희망할 수 있는 것을 되도록 명료하고 구체적으로 기재하고 계획서에는 입수된 벤치마킹 데이터의 질이 고객의 목적을 위해 불충분한 경우에는 어떻게 할 것인지, 또한 "만족"의 의미가 무엇이며 누가 결정하는지 반드시 명기한다. 그리고 모든 기밀에 대해서 확실하고 적절하게 고려해야할 것과 결과로서 얻은 데이터의 소유권에 대해서도 고려해 둔다. 컨설턴트는 최종적으로 데이터를 소유하고 희망하는 누구에게나 그것을 판매할 권리를 갖고 있어야 할 것인가? 이것은 매우 일반적이며 팔 권리를 제한하는 것은 대개 실행비용을 올릴 뿐이다. 단, 벤치마킹 결과를 판매한 모든 회사 리스트를 요구해야 한다. 그렇게 되면 비용은 올라가지 않고 자사가 있는 업계에서는 어느 회사가 벤치마킹을 진지하게 필요로 하고 있는지를 알 수 있으며 컨설턴트가 어느 회사와 일을 하고 있는지 알 수 있다.

(6) 독자적으로 실시: 사내에서 실시해야 하는 벤치마킹 프로젝트의 설립

한편 자사 내에서 벤치마킹활동을 하는 것이 가장 좋다고 결정한다면 중요한 단계는 다음과 같다.

- 데이터 출처의 명확화
- 데이터공유의 규약 합의
- 데이터의 수집과 분석
- 데이터 출처에 대한 발견 사안 검토

이러한 단계는 각각 다시 설명할 필요는 없을 것이다. 독자적으로 실시하는 벤치마킹 프로젝트에서 세 가지 중요한 필요사항은 (1) 목적을 명확하게 마음속에 새겨 둘 것, (2) 매일 벤치마킹의 목표에 대해서 프로젝트의 진척상태를 검사할 것, (3) 필요로 하는 충분한 시간을 할당할 것이다.

◈ 사례: 단위사업부서의 관리자를 위한 전술적인 벤치마킹

1997년 5월에 제임스씨는 미국의 지방항공회사의 운송장처리사무실 관리자로 기용되었다. 그러나 제임스 씨의 백그라운드는 재무가 아니라 IT였다. 당시 그는 몰랐지만 항공회사의 상급관리자들은 그를 기용하면서 두 가지 목적을 달성하려는 의도가 있었다. 첫째는 IT 이외의 중요한 책임을 부가시킴으로써 제임스 씨의 관리경험을 넓히려는 것이었다. 둘째는 그가 갖는 IT 경험을 통해서 최근 공급사와의 사이에서 일어난 몇 가지 문제의 원인이 되었으며 상급관리자가 비효율적이라고 느끼고 있는 운송장처리에 관한 모든 효율성 개선점을 제임스 씨가 밝혀낼 수 있는지 여부를 확인하려는 것이었다.

제임스 씨는 운송장처리의 기초를 이해하고 있어서 조달시스템에 대한 간접적인 경험을 통해 운송장처리에 문제가 있다고 인식했다. 조달부문 업무에 대해 며칠이 지나지 않아 그는 의문점이 생겼다. 직원들은 열심히 일을 하는데도 불구하고 그가 볼 때는 언제나 할 일이 쌓여 있었다. 운송장처리는 5개나 되는 IT 시스템을 이용하고 있었다. 제임스 씨는 직관적으로 운송장처리는 회사에 새로운 회계시스템 도입 검토 프로젝트의 최우선 과제로 추진해야 한다고 생각했다. 새로운 시스템은 장기간의 개발을 요하는 솔루션이지만 제임스 씨는 분석 초점을 미지급금에 맞출 수 있다면 두 개의 중요한 영역에서 바로 개선할 수 있다고 판단했다. 첫째는 현금지급 처리된 소액 운송장은 표본조사 결과 현금지급 처리가 안 된 것이 많이 발견되어 전부 현금으로 지불되어야 한다고 보았다. 다음으로 시스템 하나를 바로 제거해야 한다고 결론을 내렸다. 이를 실시함에 있어서 제거하려고 하는 기존 시스템을 사용하여 성장했고 항공회사에 영향력을 갖고 있는 엔지니어링부서가 심하게 반대했다.

그러나 어디까지나 이것은 직감에 불과한 것이었다. 그가 프리젠테이션을 진행하기 위한 근거 자료와 그의 관심영역 조사와 회계시스템 변경 연구프로젝트 설치를 항공회사의 운영위원회에 요구하기 위해서 제임스 씨는 운영위원회를 설득할 수 있는 몇 가지 자료를 마련해야 했다. 그는 빠른 시일 내에 성공을 거두어 그의 부서가 새로운 회계 패키지 소프트웨어로부터 편익을 얻는 최초의 부서 중 하나가 되기를 바랐다.

우선 제임스 씨는 같은 업종의 지인 여덟 명을 불러서 운송장 지불문제에 대한 의견을 나누었다. 동종 업계 지인 중 일곱 명은 유사한 문제를 경험한 적이 있어서 바로 비공식 정보교환협정에 합의했다. 모든 데이터는 8개의 항공회사간 기밀로서 운송장처리에 직접 관련되는 데이터만을 교환했다. 제임스 씨는 프로젝트팀 직원을 보내서 그 관리에 배치시켰다. 이로써 다른 7개의 항공회사는 희망할 때에 어떠한 문제에도 대답할 수 있는 프로젝트 직원에게 전화로 문의할 수 있게 했다. 다음으로 제임스 씨는 두 명의 우수한 대졸 연수생을 찾았다. 한 명은 약간의 재무 경험을 갖고 또 한 명은 IT 시스템 경험을 갖고 있었다. 그는 이 두 명을 다른 프로젝트에도 종사시키는 한편, 파트타이머로 일한 이 두 명을 중심으로 프로젝트팀을 편성했다.

제임스 씨는 다음과 같은 문제에 답을 찾고 싶어 했다.

- 모든 운송장은 현금지급으로 처리되는지. 혹은 소액의 운송장에 관해서는 임의의 표본을 추출하여 조사한 결과 즉시 현금지급 되고 있는지. 만약 그렇다면 소액의 금액 정의는 얼마인지. 이처럼 표본 추출 조사함으로써 어떠한 비용을 삭감했는지.
- 다른 항공회사는 운송장처리를 위한 시스템을 몇 개 이용하고 있는지. 그것은 어떠한 시스템인지. 이용되는 시스템 종류의 경향은 어떠한 것인지.
- 운송장 한 통당 직원은 몇 명인지. 처리금액 1달러당 직원은 몇 명인지. 이러한 것은 시스템 종류와의 사이에 어떠한 상관관계가 있는지.

일부 사안에 대해서는 7개 항공회사 전체가 참여하지 못한 경우도 있었으나 2개월 이내에 제임스 씨는 이러한 모든 질문에 대해서 대답을 얻었다. 이러한 과정을 통해 두 가지 시사점이 대두됐다. 첫째, 제임스 씨의 회사 종업원들의 수준이 결코 낮지 않음에도 불구하고 운송장처리 능률면에 있어서 평균보다 상당히 밑돌고 있다는 것, 둘째 능률 개선을 위해 먼저 운송장 처리수를 대폭 삭감해야 한다는 것이었다. 이를 실시하기 위해서 (1) 가능한 한 운송장을 정리하여 (2) 완벽한 처리와 동일한 수준의 부정이나 오류를 확실히 방지하기 위해서 통계조사를 하고 소액의 운송장에 대해서는 전부 현금으로 지불하도록 해야 했다. 기타 발견된 사안으로 리엔지니어링 프로젝트 완수에 의해 적어도 35%까지 운송장 처리 비용이 인하됐지만 이것은 새로운 회계시스템 연구에 포함되어야 한다는 지적이 있었다. 제임스 씨는 그 목표를 달성한 것이다.

제임스 씨가 운송장처리에 관한 IT 시스템 비용 인하 등의 주요 문제에 있어서 처음부터 직감적으로 알고 있었다는 것에 주의할 필요가 있다. 단, 벤치마킹을 했기 때문에 제임스 씨가 주요 경쟁업자로부터 신속하게 설득하는 데 필요한 자료를 모을 수 있었으며, 이 때문에 직감적으로 알고 있었던 것을 증명할 수가 있었던 것이다.

◈ 사례: 전략적인 벤치마킹-조직적인 구조 또는 주주가치

니콜라 씨는 어려운 문제에 직면했다. 재무에 관련된 건전한 의사결정과 IT에 대한 지식이 다소 풍부하다는 좋은 평가를 받고 있는 사업부장이다. 그녀는 고용자인 다국적 석유회사의 CEO에 의해 미래 IT 조직의 모습을 결정하기 위한 태스크포스를 이끌도록 의뢰를 받았다. IT 관리자는 회사가 시장 변화에 대응할 수 있도록 하기 위해서는 상층부서와 하층부서의 양쪽으로 분산된 IT 모델이 필수적이라고 생각했다. 재무담당 간부는 집중형 IT 부서 쪽이 주주가치의 최대화를 위해서는 중요하다고 주장하며 그 주장을 뒷받침하기 위해서 최근에 어느 유명한 경영컨설턴트회사를 이용하여 매우 중요한 계량적인 조사를 작성했다. 이에 대해 IT 관리자는 별도의 컨설팅회사를 이용하여 독자적인 조사를 실시했다.

이 컨설팅회사는 조사 범위를 현금흐름의 영역, 즉 EVA에 한정할 것을 주장했다. 재무부서와 IT 부서와의 관계는 미묘한 냉기가 흘렀기 때문에 솔직히 니콜라 씨는 이 일에 대해서 그다지 밝은 전망을 갖지 않았다.

CEO는 이 문제에 대해서 니콜라 씨에게 요점을 물었다. 회의를 준비할수록 그녀는 우울해졌다. 즉 양측 모두 일리가 있는 주장이라고 생각했다. CEO는 그녀의 의견을 이해했지만 실은 다른 견해를 갖고 있었다. 그리고 그녀에게 이렇게 말했다.

"니콜라, 이것은 단순한 줄다리기가 아닙니다. 그리고 그것이 당신을 선정한 이유이기도 합니다. 솔직히 나는 어느 쪽이 정확한지 모를 뿐만 아니라 관심도 없습니다. IT 관리자 몇 사람이 자신이 하고 싶은 대로 하고 있다는 것을 요즘 느끼고 있습니다. 한편 재무 쪽 사람도 IT를 재무부서로부터 가져와서 분리하는 것을 결코 이해하지 못할 것이라고 생각합니다. 그러나 그러한 논점에 지나치게 간섭하기보다 이러한 대립을 무엇인가 다른 곳에 이용해 주길 바랍니다. 우리 회사는 자본이익률이나 한 주당 이익(EPS)과 같은 몇 가지 주요 지표에서 경쟁사에 뒤처져 있어 나는 우리 회사의 IT를 어떻게 구축해야 하는지는 관심이 없지만 그 두 개 부서가 이대로 논쟁을 계속하고 그들이 본래의 업무에 집중하지 못한다면 자본이익률과 한 주당 이익은 더 나빠질 것이고 우리 회사는 매우 심각한 문제에 빠져 버릴 것이라고 나는 확신하고 있습니다."

CEO는 그의 계획에 대해서 간단히 설명했다. 그는 몇 가지 중요한 문제해결을 위한 한 가지 방법으로서 양측이 어디를 어떻게 개선해야 하는지 나타내기 위해서 벤치마킹의 실시를 바랐다. IT 부서의 구조에 대한 언쟁은 구실에 불과한 것이다. 자사가 경쟁회사와 비교해서 재무 또는 IT를 제대로 실시하지 않았던 것이 밝혀졌다면, 이러한 모든 발견 사안에 대한 코멘트가 필요한 부서에 적절하게 피드백되어야 한다. 중요한 발견사안이 자본이익률에 대한 것이라면 이에 따라서 재무부서와 IT 부서 양쪽에 대해서 즉시 자본이익률의 개선이 촉구되어야 한다.

니콜라 씨는 회사의 최고 정책을 이전보다도 명확하게 알게 됨과 동시에 CEO와의 회의가 끝날 때 즈음에는 전략 수준에서의 벤치마킹활동이 매우 중요하다는 것도 강하게 확신하고 있었다. 그녀는 프로젝트의 개요를 계획하기 위해서 3일을 투자했다. 그 프로젝트에는 프로젝트 그룹이 필요했으며 외부의 전략컨설턴트를 이용했다.

이 프로젝트는 훌륭히 진행되어 그 결과 니콜라 씨는 당사의 자본이익률과 한 주당 이익을 향상시키는 중요한 요인을 상당히 잘 이해하게 되었다. 그러나 의도했던 것처럼 다른 결과로서 IT 부서와 재무부서의 양쪽에 현존하고 있는 경영시스템에 대한 몇 가지 심각한 결점이 부상되기 시작했다. 경영자의 주의가 이러한 문제에 옮겨짐에 따라 IT 부서의 구조 그 자체에 대한 감정적인 관심은 상당히 적어지고 있었다. 여기에 18개월이 걸렸다. 사실에 근거하여 토론을 함으로써 최종적으로 합의점이 생기기 때문이다. 니콜라 씨는 현재 석유회사 본사 간부이며 그 CEO를 움직일 수 있을 정도의 지위를 확보했다.

(7) KPI는 목표에 대한 수단

KPI란 어떠한 것이며 어떻게 그것을 사용하는지 구체적으로 설명하기 위해서 KPI가 목표에 대한 수단이지 결코 KPI 자체가 목표가 되지 말아야 한다는 것을 다시 한번 강조할 필요가 있다. KPI를 실행해도 오히려 경영상태가 악화되는 최대 위험성이 여기에 있다고 생각된다. 이로 인해 위험성을 보면 다음과 같다. 회사에 있어서 유일하게 효과적인 실무는 비즈니스의 효율성 또는 효율성을 개선하기 위해서 KPI를 갖는 것이다. 그러나 만약 관리자가 품질측정기준 그 자체가 목표인 것처럼 행동하기 시작하면 품질측정기능은 거의 도움이 되지 않을 것이다. 때로는 품질측정기준 그 자체가 목표인 것처럼 지나치게 착각을 하는 관리자도 있다.

◈ 볼드리지 증후군

1990년대 초반, IBM의 업적은 저하하고 1993년에는 80억 달러라는 미국 회사 사상 최악의 회사 손실을 입게 됐다. 이러한 전무후무한 손실로 전락해가는 사이에 IBM의 상급관리자는 볼드리지상 수상을 목표로 예전에는 볼 수 없었던 정도의 필사의 노력을 하고 있었다. 볼드리지상은 미국 법률을 바탕으로 심사위원회에 의해 운영되어 왔다. 심사위원회 멤버는 비영리단체, 보건의료기관, 학술단체, 전문직업인단체와 동업단체, 정부기관, 회사 중에서 선출한다. 이 상은 심사위원회 전원의 승인이 중요한 기준이다. 볼드리지상은 제조업, 서비스업, 중소회사의 세 가지 카테고리 중 어느 한 가지를 선택하여 신청하게 된다. 실제로 볼드리지상의 중요사항으로서 회사가 품질에 관한 KPI에 대해서 이해할 필요가 있다는 것을 매우 자세히 설명하고 있다. IBM이 그랬던 것처럼 회사가 비즈니스 본래의 목적을 희생하여 볼드리지상 프로세스를 지나치게 강조하게 되면 문제가 발생한다.

IBM을 호전시킨 로우 거스너 씨 지휘 하에서 새로운 경영이 이루어지고 나서야 IBM이 볼드리지상 그 자체를 최종목표로 삼는 것을 그만두었다. 로우 거스너 씨가 재임 중 이루어진 최초의 혁신 중 하나는 경영자가 볼드리지상 수상에 중점을 두는 것을 중지하는 것이었으며 그 대신 기술을 혁신하고 판매하는 데 중점을 돌리는 것이었다. 이것은 당시 IBM에서 이루어진 많은 변화 중 하나에 불과하며, 이 하나의 변화가 IBM이 좋은 방향으로 발전하기 위한 변화의 유일한 원인은 아니었다. 그러나 회사의 경영상태는 좋은 상태였지만 창조성이 결여된 IBM사의 중견관리자들은 "볼드리지, 볼드리지"라고 주문을 외우듯 반복하여 강조하였지만 볼드리지상이 어떻게 IBM이 고객에게 서비스를 제공하는 데 확실히 도움이 되는가는 전혀 고려하지 않았다. 이 이야기는 매우 현실성 없고 악몽 같은 이야기이며, 볼드리지상 때문에 매우 큰 이익을 잃었다는 것을 아는 모든 사람의 기억에 남아 있다. KPI 그 자체를 최종목표로서 생각할 정도로 어리석은 관리자는 해고시켜야 한다. 그렇지 않으면 자사가 관료주의에 빠지게 되며 결국에는 도산해버릴 것이다.

IBM은 그래도 운이 좋았다. 로우 거스너 씨와 그가 이끄는 팀에 의해서 IBM은 스스로 방향전환을 할 수 있었다. 한편 웰레스사는 불행한 결과를 초래했다. 모든 측정기준을 바르게 설정할 수 있어도 이러한 측정기준은 최종목표를 위한 수단에 불과했으나 볼드리지상 수상을 최대의 회사목표로 삼아 결국 1990년에 볼드리지상을 획득했다. 그러나 그 결과 막대한 손실을 입게 됐으며 1991년에 도산했다. 웰레스사의 경우 KPI를 제대로 이용하지 못한 극단적인 예이기 때문에 그 문제는 경영자에게 공통된 결점으로서 KPI 때문이라고는 생각할 수 없다. 그러나 중요한 것은 제대로 운용되는 회사라도 KPI를 이용할 것이라면 효율적으로 이용해야 한다는 것이다.

2. 표준화/복잡도 평가에 의한 방법

IT 표준화는 비용을 절감하고 복잡화는 비용을 증가시킨다. 회사는 이러한 기본적인 원리에 근거하여 대량생산에 의해 비용을 절감하고 효율성을 높여왔다. 예를 들어 엘리 휘트니 씨는 부품을 표준화시키고 대량생산했다. 즉 저비용생산을 했기 때문에 1978년에 미국육군에 소총 10,000정 납품계약을 할 수 있었다.

표준화는 "결정적으로 가장 미국적인 혁신"이라고 불려왔다. 표준화는 디스크 드라이브, 실리콘 칩, 다리 또는 자동차와 같은 유형적인 엔지니어링과 마찬가지로 소프트웨어와 같은 무형적인 엔지니어링에도 적용된다. 비용을 절감하는 표준화의 메커니즘을 이해하기 위한 하나의 방법은 학습곡선 모델을 사용하여 집근하는 것이다 이 어프로치에 의해 지금까지 확립되어 왔던 엔지니어링과 마찬가지로 표준화가 소프트웨어를 포함하는 IT 관리에 주요한 요소가 된 이유 몇 가지가 제시되고 있다.

생산재나 소비재에 대해 생각하는 것이 가장 간단하지만 표준화는 유형물일 뿐 아니라 IT 소프트웨어 이외의 무형물에도 적용되어 왔다. 1950년대부터 1960년대에 미국 제네럴 일렉트로닉(GE)사에서는 경영자의 훈련을 표준화하고 이에 따라 GE에서는 사업부서에서 실시되는 사업 전문가가 아니라 기능전문주의를 초월하는 제네럴 매니저가 사업을 운영하게 됐다.

이러한 GE의 어프로치에는 효율성을 창출하는 요인이 적어도 세 가지 있었다. 첫째 대량생산을 실시함으로써 경영자 및 관리자 훈련비용이 절감됐다. 둘째, 표준화된 공통 훈련을 받은 관리자는 용이하게 직무를 서로 교환할 수 있으며, 니즈가 발생한 동료 관리자와 간단히 교대할 수 있기 때문에 관리자를 더 잘 활용할 수 있었다. 셋째로 공통 개념과 모델의 이해를 공유함으로써 보다 원만한 의사소통이 가능해짐에 따라 관리자간 팀워크가 개선됐다. 이 최종점은 취향에 따라 요구되는 "팀워크"가 아니라 "시너지", "효율" 이라는 말로 전환할 수 있다.

물론 이러한 주장에는 논란의 여지가 전혀 없는 것은 아니다. 인간의 본질을 고려하여 훈련에 의해 어느 정도까지 표준화될 수 있을까에 대해서는 연구 주제가 될 만하다. IT 비용을 관리하는 것이 목적이기 때문에 무형자산, 특히 IT 생산과 관리에서 표준화나 대량생산 등과 같은 기법을 학습함으로써 효율성이 다소 높아진다는 것을 가정해둘 필요가 있다. 법률사무소에서조차 낡은 사제제도를 대신하여 젊은 법률가를 위해 표준화된 훈련을 사용하기 시작했다는 사실을 참고하길 바란다.

주로 미국과 유럽에 지점이 있는 국제적인 상업은행의 경우를 생각해 보자. 이 은행의 중추적인 사업은 개인예금의 획득, 당좌예금(수표구좌)의 운용, 상업대출이다. 이러한 활동은 표준화 뱅킹시스템, 즉 SBS(Standard Banking System)로 일반적으로 알려진 시스템을 이용하여 실시되고 있다. 신용거래나 외화보유액거래 등 그다지 중요하지 않는 상품은 다양한 플러그인 소프트웨어 컴퍼넌트(plug-In Software Component)에 의해 다뤄졌다. 이 은행이 사업을 하고 있는 나라에는 두 대의 메인프레임이 운용되고 있으며 그 중 한 대는 다른 백업이었다. 이 은행의 전략계획을 기획하고 있는 부서는 효율을 검토함에 있어서 우선 각 사업에 왜 두 대의 메인프레임이 필요한지를 조사했다. 이용량에 관한 통계에 의하면 어떠한 때라도 각국의 메인프레임 중 한 대는 이용되지 않는다는 것이 밝혀졌다. 이것은 두 번째의 메인프레임이 백업으로서, 즉 IT 용어로 말하면 "재해복구" 목적으로 보유하기 때문이다.

지진, 테러리스트에 의한 폭파가 중대한 위험이라고 판단되는 나라도 있지만 위험 관리에 있어서는 이러한 종류의 재해 중 가장 가능성이 높은 것은 화재 발생이라고 생각되었다. 전략계획 기획자는 생각할 수 있는 위험에 의해 미치는 영향에 대처하는 것은 메인프레임 1대면 충분하다는 이유에서 많은 재해복구기를 정지시켜야 하는가를 결정하는 데 고민을 하지 않을 수 없었다.

그러나 현재는 장거리 통신과 데이터 네트워크의 성능이 최근 크게 개선됨에 따라 한 국가의 주요기기의 예비 용량을 타국가의 재해복구를 위해 이용할 수 있게 됐기 때문에 막대한 원가절감이 이루어졌고 경영상태도 호전되었다. 이용하고 있는 메인프레임은 두 종류 밖에 없으며 또한 각각의 종류가 필요한 재해복구 용량을 충분히 제공할 수 있기 때문에 처음에는 변경이 용이하다고 생각되었으나 몇 개 국가의 데이터보호법에 의해 타국으로의 개인 데이터 전송이 금지되어 어려움이 있었다. 그러나 이것은 비교적 가격이 싼 데이터 암호화에 의해 해결되었다. 필요한 데이터 전송 또는 암호화 기술을 도입하기 위한 비용은 도입연도에는 350만 달러였으나, 절약할 것으로 예상된 돈은 3주간 약 1500만 달러였다.

각국에서 이용되고 있는 OS의 종류 또는 OS의 버전이 달라지거나 SBS 소프트웨어의 버전이 달라지는 것은 문제가 있다. 설정된 소프트웨어 버전을 어느 해외지점에서도 이용할 수 있더라고 경제적으로 이익이 없다는 것이 밝혀졌으며, 소프트웨어의 취득과 업그레이드에 대한 표준적인 어프로치가 없었기 때문에 대부분의 경우, 동일 소프트웨어 버전을 사용하지 않았다. 모든 지점에서 두 그룹의 소프트웨어를 하나로 하기 위해 노력했으며 300만 달러의 추가투자가 이루어졌다. 그러나 그 결과로써 잉여 메인프레임을 매각하여 생각지도 않았던 230만 달러의 자금을 얻었으며, 보수 또는 운용비용을 연간 400만 달러 이상 절감할 수 있게 되었다. 또한 각 해외지점에서 시작한 비용이 소요될 것으로 예상되었던 일부 프로젝드를 취소할 수 있었다. IT 관리에 있어서의 표준하로 큰 효과를 거둔 예이다.

● **IT 부서는 어느 정도 표준화 되었는가**

IT 부서에 사업을 지원하는 다양한 시스템에 관해 상세한 정보를 문의해 보자. 이것은 간단하게 실시할 수 있는데 표 2-6과 같은 것이 요구된다. 큰 회사에서는 하드웨어와 소프트웨어의 완전한 재

표 2-6 IT 하드웨어 표준화/복잡도에 관한 표

설비	캐나다/미국	남미	유럽
메인프레임			
IBM 9670	1(자금조달요청+3)	22	6(8월부터는 5)
DEC VAX 4000시리즈	16	3	8
DEC VAX 3000시리즈	6	0	2
후지쯔	3	1	–
LAN 서버			
HP	22	7	12
IBM		8	6
Trandem		5	3
PC			
Apple Power PC	200	3	26(회사재무만)
Dell	853	–	–
IBM Thinkpad	약 70	대수미확인	652
IBM PC	다수	대수	34
Compaq	–	771	

고수, 또한 이 도표의 견적과 개략적인 계산서를 얻는 것이 언제나 가능하다고 할 수 없다. 한편 이 데이터수집에 있어서 신규설비의 구입과 설비의 폐기 예정도 포함되도록 언제나 주의를 기울여야 한다. 다른 모든 경영활동과 마찬가지로 IT 비용 관리의 비결은 현재가 아니라 미래를 관리하는 것이다.

소프트웨어 도구와 OS 등의 소프트웨어에 관해서도 같은 도표가 작성되어야 한다. 복잡화에 의해 정말로 많은 비용이 들며 표준화에 의해 정말로 비용이 상당부분 절감되는 것일까? 이러한 질문의 답은 무조건 그렇다고 할 수 있다. 경영학 문헌에는 이 주장을 뒷받침하는 사례가 헤아릴 수 없이 많다. 예를 들어 IT 비용관리의 베테랑은 자신의 경험 이상의 것에 대해 느끼지 못하고 대규모 경영컨설턴트회사는 고객이 소프트웨어의 표준화에 소극적이었기 때문에 발전했다는 견해도 있다.

미국, 영국, 홍콩, 싱가포르에 지역공장을 갖는 미국의 대규모 제조회사(여기서는 X사라고 부르기로 한다)를 고찰해보자. X사는 세 곳의 지역에서 동일 제품을 생산하고 있으며, 수요가 일시적으로 변동하고 있는 지역에서 공장의 생산능력을 넘어섰을 때에는 다른 제조공장에서 만든 제품으로 그 지역의 시장에 판매하고 있었다.

모든 공장이 동일 기능을 실시하고 있으며 IT 하드웨어도 대부분이 같은 메이커의 같은 시리즈임에도 불구하고 이용하고 있는 소프트웨어는 달랐다. 유럽과 아시아에서는 자사개발 소프트웨어가 이용됐지만 버전은 달랐다. 또한 미국에서는 제3자의 메이커 소프트웨어가 이용됐다. 표준화를 언급했을 때, 상급관리자는 유럽과 아시아에서 같은 소프트웨어가 이용됐다고 말했다.

1982년 시점에서는 소프트웨어도 하드웨어도 동일했던 것은 사실이지만 몇 년 정도가 경과한 뒤, 두 개의 버전은 각각 독자적으로 수정되어 이에 따라 큰 차이가 발생했다. 예를 들어 그것들은 칼마르크스와 크라우처 마르크스 정도로 달랐다. 즉 유럽과 아시아에서 이용된 소프트웨어는 같은 이름이지만 동일한 것이 아니었던 것이다. 사실, 상급 관리자가 유럽과 아시아에서 이용되는 소프트웨어가 동일하다는 것을 증명할 때에는 언제나 소프트웨어명이 같다는 것을 지적했다. 이것은 중견관리자를 매우 혼란스럽게 했다. 이 때문에 제3의 다른 시스템인 미국의 소프트웨어에 대해서는 동일한 업무를 실시하지만 완전히 이름이 다르기 때문에 상급관리자는 고민조차 하지 않았다.

이러한 사례에 대해 어처구니없다고 생각하기 전에 여러분은 이와 같은 종류의 문제가 자사에 연간 몇 백만 달러의 불필요한 비용을 낭비하고 있는 것은 아닌지 조사해 보아야 할 것이다. X사의 IT 중견관리자는 주로 두 가지 비효율성에 의해 연간 수백만 달러를 낭비하고 있다는 것을 알고 있었다. 첫째로 하나가 아니라 세 곳의 보수비용이 발생하고 있었다. 둘째로 업계표준 시스템 대신에 유럽과 아시아 시스템에서는 자사개발의 OS를 운용하고 있었다. 이것은 자사개발의 OS가 타사와는 공유되지 않는다는 것을 의미하고 있다. 사실 모든 프로그래머는 자신이 X사에 있어서 불가피한 존재라는 것을 알고 있었기 때문에, 원래 공급사를 퇴직하고 프리랜서로서 보통 임금의 3배에서 4배를 받고 일을 하고 있었다. 즉 X사는 전 세계에서도 비용이 가장 많이 드는 생산시스템을 갖고 있었던 것이다.

그렇다면 왜 상급관리자는 아무것도 하지 않았던 것일까? 그것은 두 가지 이유 때문이다. 첫째로 지금까지 보아온 것처럼 상급관리자는 IT 부서의 두 가지 시스템이 같은 이름이라고 하는 사실 이외의 것을 이해할 자신이 없었기 때문이다. 둘째로 과거 Y2K 비용이 당초 견적의 10배 이상 부풀려져 IT 예산의 나머지 부분의 대부분을 차지해 버려 상급관리자가 혼돈했기 때문이었다.

여기까지의 설명으로 대규모 IT 부서의 비용 통제 수단으로서의 표준화 이점이 명확해졌을 것이다. 이 장의 목적 중 하나는 관리자가 대처할 수 있는 사안에 관해서 건전성검사의 정보에 의해 IT 비용에 무엇이 발생하고 왜 발생했는지 아느냐 라는 질문에 대답하는 것이다. 이 질문 중 IT시스템의 복잡화 또는 표준화에 관한 것에 대해서는 다음에 말할 제3의 건전성검사-IT의 물적 재고 자산의 검사-에 갈 때까지 다룰 것이지만 보다 많은 판단과 제3의 건전성검사보다도 상당히 많은 작업이 필요해진다. 그 목적은 단순히 복잡도를 측정하고 사업부서가 비용을 부담하는 IT 지원에 복잡화를 위해 많은 IT 비용을 지불하고 있는지를 확인하는 것이다. 즉 표준화를 강력하게 추진함으로써 비용을 절감시키는 기회가 존재하는가. 존재한다면 비용절감의 기회는 주로 아래와 같은 영역에서 발생할 것이다.

① 모델과 버전수를 감소시킴으로써 시너지효과가 발생하기 때문에 하드웨어, OS, 어플리케이션의 요구를 삭감할 수 있다.
② 업계표준의 소프트웨어를 많이 이용하고 커스터마이즈된 소

프트웨어에 대한 의존도를 줄임으로써 유지보수비용을 절감한다.

③ 자체개발의 소프트웨어가 아니라 표준화된 설비와 소프트웨어를 이용하는 경우, 보다 많은 취업후보자 집단으로부터 직원을 채용할 수 있으며, 보다 광범위한 작업에 직원을 배치할 수 있기 때문에 작업의 유연성을 높일 수 있다.

④ 표준적인 설비는 자체개발 설비보다도 재판매가 용이해지고 시장에서 가격이 결정되기 때문에 경영상태를 개선시킬 수 있다.

사업부서의 관리자는 시스템 복잡도의 척도를 발견해야 하지만 보통 IT 부서에는 이전에 비슷한 종류의 일을 한 직원도 있을 것이며, 대개는 현재 그 작업을 하고 있는 직원도 있을 것이다. 가령 없다고 한다면 다수의 IT 컨설턴트회사나 경영컨설턴트회사를 이용할 수도 있다. 필요하다고 예상되는 한 예로서 표 2-7의 평가표를 제시했다.

● **표준화/복잡도 평가**

표준화/복잡도를 평가할 경우 그 점수를 얻기까지 1개월이나 2개월은 걸린다. 표 2-1과 표 2-7에 제시한 두 가지 건전성검사에 관한 표와 같은 평가표를 이용하면, 표준화/복잡도 평가는 표 2-8에 제시된 것과 같은 건전성을 나타내는 상태가 된다.

표 2-7 시스템의 복잡도 평가표

결 과	득 점
메인프레임과 중형컴퓨터 중 80% 이상이 같은 모델 또는 같은 시리즈다. 또한 컴퓨터와 노트북 컴퓨터의 60% 이상은 같은 메이커다.	18
동일 목적으로 이용된 소프트웨어 어플리케이션과 OS 중 80% 이상이 같은 타입 또는 같은 버전이다.	12
IT 담당간부 또는 CIO나 CFO에 의해 지원되어 향후 12개월 사이에 현재 상황을 개선할 계획이 있다.	8
동일 목적으로 이용되고 있는 소프트웨어 어플리케이션과 OS 중 50% 이상 80% 미만이 같은 타입 또는 같은 버전이다.	6
LAN/WAN 서버 중 80% 이상은 같은 메이커다.	5
메인프레임과 중형컴퓨터 중 50% 이상, 80% 미만이 같은 모델 또는 같은 시리즈다. 또한 컴퓨터와 노트북 컴퓨터의 25% 이상은 같은 메이커다.	4
LAN/WAN 서버 중 적어도 30%는 같은 메이커다.	2

이러한 평가는 IT 효율에 관한 조사의 일부분에 대한 대략적인 수치에 불과하다는 것을 기억해 두자. 이 시험에서는 보다 질적인 측면이 다뤄지고 있으며 어떠한 접근법을 사용해도 위의 단락에서 요약된 것으로 나타난다. 특히 가능한 한 신속히 비용을 절감하기 위해서는 모든 일을 IT 부서와 협력해야 한다는 것을 잊어서는 안 된다.

표 2-8 표준화/복잡도 평가

득 점	결 과
50점 이상	IT 부서는 특별히 잘 운영되고 있다.
40~49	IT 부서는 매우 잘 운영되고 있으며 대개 큰 문제는 일어나지 않을 것이다.
30~40	IT 부서는 다소 비용 절감을 실시할 여지가 있으며 경영자가 주의를 기울여야 할 영역이 있지만 상당히 잘 운영되고 있다. 그러한 영역에서 이루어지고 있는 것과 어떤 비효율적인 면에 비용이 투자되고 있지는 않는지를 확인해야 한다.
20~30	IT 비용을 삭감하기 위한 큰 기회가 존재한다.
20점 미만	확실히 비용을 삭감해야 할 주요 영역이 존재하며, IT 부서의 일부 또는 전부를 외주하기 위한 조사를 실시할 가치가 있다.

3. IT의 물적 재고자산검사

IT 효율개선의 대부분은 중복 배제에 관한 것이라는 것을 지금까지 보아왔다. 실제로 경영자는 무형자산의 중복보다도 유형자산의 중복을 즉시 배제하는 경향이 있는데, 이것은 특히 IT 자원에 적용할 때 문제를 일으킨다. 전통적인 제조공장 또는 설비의 100% 중복이 어느 정도 기간 용인되는지를 상상해 보자. 수백의 고가 예비 기계공구, 더러워지지 않았지만 운전도 하지 않는 포크리프트, 1년에 한번 회전하는 산처럼 쌓인 재고는 JIT, TQM, BPR 등 그 시대에 유행하는 기술 지원이 있든지 없든지 경영자에 의해 바로 삭감

될 것이다. 오늘날 많은 관리자는 보관, 유통, 제조공정 또는 인적자원관리와 같은 확립된 관리수단의 비효율을 인식하기 위해서 중복을 발견하기보다는 IT의 비효율을 인식하는 쪽이 훨씬 더 어렵다는 것을 알고 있다.

메인프레임과 서버가 배치된 데이터센터를 IT 이외의 관리자가 방문하는 것은 유익한 경험이 될 수 있다. 데이터센터에 가서 각각의 장치와 기기가 실행하고 있는 것을 질문할 뿐만 아니라 장치와 기기 수도 세어보자. 이러한 방문을 함으로써 이전에 매각되었든지, 폐지되었든지, 자매회사에 이관되었던 사업을 지원하고 있었던 장치나 기기가 의외로 같은 일을 하고 있는 것을 알게 되는 관리자도 있었다.

유럽 어느 회사의 관리자는 경쟁상대의 통화를 녹음하는 설비를 위해 비용을 부담하고 있었다는 것을 알았다. 그 경쟁상대는 독립된 업체로서 매각되기 이전에는 그 관리자 조직의 일부였다. 그 사업이 매각됐을 때, 배업용 통화녹음설비에 관해 무엇인가 하려고 계획했던 사람은 없었기 때문에 매각 후에도 콜 센터에 걸려온 전화라든가 거는 전화가 모두 이 부서 관리자가 비용을 지불하고 있던 설비에 녹음되어 있었다. 이 비용은 지불되면 안 되는 것으로서 양측은 중대한 소송 위험에 노출되었으며, 누군가가 조기에 간단한 IT 자산의 물적 검사를 실시하고 있었더라면 예방할 수 있었을 사건이었던 것이다.

큰 회사에서는 직원으로서의 일과 보고서 작성은 스스로 하더라도 실제 조사를 다른 사람에게 맡기는 경향이 있다. 그러나 IT에 정통하다고 생각하지 않는 관리자에 있어서도 몇 시간을 할애하여 데이터센터 또는 그와 관련 있는 장치들을 돌아보는 것은 가치 있는 일이다. 데이터센터가 멀리 떨어져 있다 하더라도 자주 방문하지 않는 관리자에게 있어서도 여전히 가치 있는 일이 될 수도 있다.

실제로 데이터 센터의 관리자가 자신의 일을 제대로 하고 있지 않으면, 회사 전체가 심각한 타격을 받을 수 있음에도 불구하고 회사의 다른 부서는 데이터센터의 관리자에게 거의 아무런 관심도 갖지 않는 것이 보통이며, 대개는 데이터수집이나 백업의 감시자에 불과하다고 본다. 이 때문에 보통은 현지방문을 하지 않는 관리자도 있으나, IT 관리자는 자사의 데이터센터를 방문하여 점검할 필요가 있다.

현지 방문을 할 때 하는 질문과 주의해야 할 점은 다음과 같다.

① 각각의 장치와 기기에서 어떠한 일이 이루어지고 있는지.

② 거기에는 컴퓨터가 몇 대 있는지, 그리고 컴퓨터 모델은 몇 종류 있는지.

③ 예를 들어 장치와 기기 배치 방법을 바꿈으로써 공간의 이용도가 개선되는지.

④ 백업은 어디에 보관되는지.

⑤ 이용되지 않는 중요한 설비, 예를 들어 특수한 프린터 또는 백

업용 데이터드라이브는 있는지. 이것들은 어느 정도 중요한지.

⑥ 데이터센터의 직원은 비용 절감에 대해 어떤 아이디어를 갖고 있는지.

이 장에서는 비즈니스관리자가 IT 지원 효과를 예측하기 위해 이용할 수 있는 세 가지 시험에 대해 말했다. 이들 시험을 사용함으로써 IT 지원의 가치에 관한 자신의 의견을 가질 수 있게 될 것이다. 이 장에서는 예를 들어 레드뱅크 등 현실적인 사례를 들어서 IT 효율의 상당한 개선이 가능하다는 것을 제시했다. 중요한 것은 실패를 다시 조사해 보거나 발견해 보는 것이 아니라 미래의 IT 이용에 더 효율적인 방법으로 초점을 맞추는 것이다. 많은 회사에서는 대규모로 투자된 고가프로젝트에 의해서가 아니라 낮은 비용으로 가치를 창조할 수 있는 상급관리자의 지원을 받는 소규모 팀에 의해 IT 효율에 대한 커다란 가치가 초래된 경험을 갖고 있다.

비용을 부담하는 IT 자산을 검사하는 것은 가치 있는 일이다. 지금까지 이러한 물적 검사를 실시하는 관리자는 별로 없지만 검사를 하는 것은 그다지 어려운 일이 아니며, IT를 어느 정도 효율적으로 운영하는가를 점검할 수 있는 기회가 될 수 있으며, 시스템을 운영 유지하기 위해서는 어떠한 비용이 지불되는가를 이해하게 된다. 우수한 관리자는 이러한 간단한 테스트를 실시하는 데 있어서 중요한 기술을 모두 갖추고 있어야 한다.

Innovation Management!!

IT Cost Management

03

IT 비용 효율화

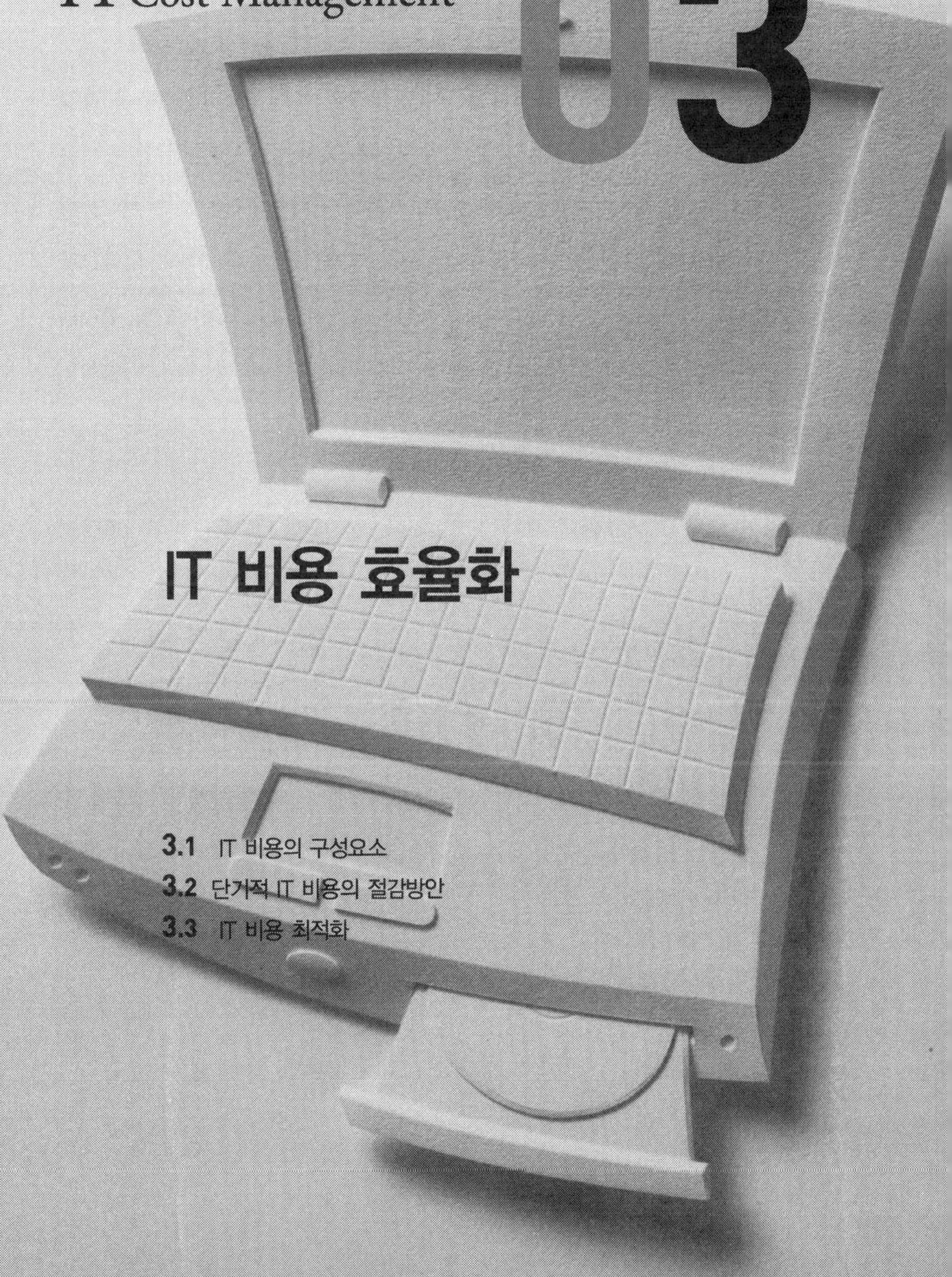

3.1 IT 비용의 구성요소

몇몇의 미국 리서치회사나 전문잡지 등이 IT 비용모델을 발표하고 있으나 각각의 전제조건, 모델화의 방법, 포함되어 있는 비용항목의 정의 등에 차이가 있고 그 결과도 다양하다. 그 중에서도 현재는 IT 비용분석에 있어서는 미국 대형리서치회사인 가트너그룹이 구성하고 있는 컴퓨터 대수와 사용하고 있는 오퍼레이팅 시스템(OS)별로 구체적으로 분류하여 IT 비용 모델을 산정하는 방식이 일반적으로 널리 알려져 있다.

가트너그룹의 모델에 의한 PC 한 대당 IT 비용은 7,000달러~1,3000달러라고 보고되었다. 이에 대해 미국 포레스터 리서치는 8,200달러, 인터내셔널 데이터 코퍼레이션(IDC)은 5,100달러, 포춘지는 9,000달러, 이코노미스트지는 6,400달러라고 보고했다. 정리해 보면 약 5,000달러~1,3000달러까지 폭넓게 분포하고 있는 것을 알 수 있다. 또한 미국의 메타그룹에서는 정확하게 정량화할 수 있는 비용항목에만 초점을 맞춘 RCO(Real Cost Ownership) 모델을 주장했다.

업계에서 표준화된 정의와 방법론이 존재하지 않기 때문에 정식 IT 비용모델이라는 것은 존재하지 않으며, 각 기관이 각각의 정의와 방법론을 기본으로 모델화하고 있기 때문에, 자사에서 IT 비용을 측정하거나 업계 데이터와 비교하는 경우는 그 모델의 산정 방식을 확인할 필요가 있다. 또한 IT 비용을 업계모델이나 조사평균과 비교한다는 목적이 아니라, 스스로의 개선에 이용하는 경우에는 자사의 시스템 환경과 운용관리체제에 적합한 비용항목의 추출에 근거하여 IT 비용모델을 독자적으로 정의할 수도 있다. 현재 미국에서는 이러한 노력이 적극적으로 이뤄지고 있다.

그럼 업계에서 가장 많이 인용되는 가트너그룹의 PC/LAN의 IT 비용을 살펴보자(그림 3-1). 이 예에서는 2500대의 윈도즈 3.1을 탑재하여 네트워크에 접속된 컴퓨터, 8개의 어플리케이션, 15명에 한 대의 레이저프린터라는 식의 모델의 전제조건이 되는 시스템 구성을 정의하고 있다. 인건비 등에 대해서도 축적된 산업데이터를 근거로 전형적인 회사를 상정하고 있다.

일반적으로 IT 비용모델이라는 것은 어디까지나 모델이기 때문에 이러한 전제조건을 설정하여 사용자에 대한 설문조사와 공급사

그림 3-1 PC/LAN의 IT 비용

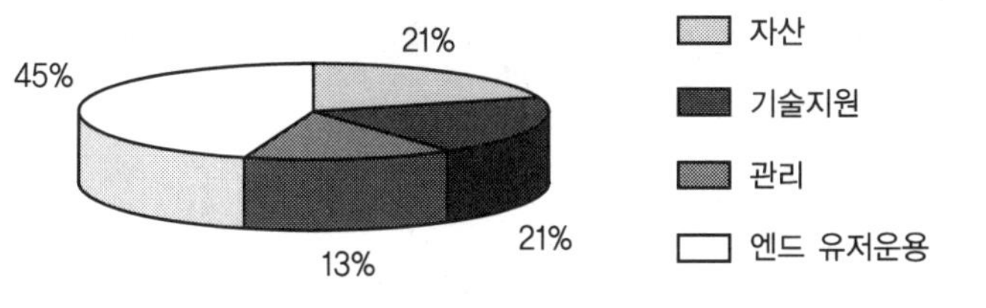

출처: 가트너그룹 GG98 - TCOB - 001

가 제시하는 제품가격 등을 기본으로 비용을 축적해 나간다는 방법을 취한다. 이 모델에서는 1년간 컴퓨터 한 대당 IT 비용은 약 12,000달러로 산정되어 있다.

가트너그룹에서는 IT 비용을 4개로 크게 나눴다(그림 3-1). 각각의 비율은 하드웨어나 소프트웨어의 구입 등을 의미하는 자산 부분이 21%, 관리가 21%, 기술 지원이 13%, 그리고 사용자의 오퍼레이션에 관한 비용이 45%로 되어 있다. 즉 회사의 컴퓨터에 드는 비용의 약 80%가 운용과 관리에 관한 비용으로 차지하고 있다는 것을 나타내고 있는 것이다.

각 IT 리서치 회사에 의해 IT 비용에 포함시켜야 할 구성요소와 그 분류는 다르지만, 다시 분류해 보면, 그림 3-2와 같이 정리할 수 있다. 물론 이것은 IT 비용의 구성요소에 관한 분류 예이며 고정적인 것은 아니다. 그러므로 자사 정보시스템에 관한 비용을 폭넓게 파악하여 개선하고 싶다는 생각으로 회사가 IT 비용 측정을 실시할 경우 업계의 IT 비용 정의와 분류를 참고하거나 비용항목의 추출과 정의를 독자적으로 실시하는 것도 효과적인 방법 중 하나이다. IT 비용 그 자체의 사고방식은 눈에 보이지 않는 비용도 포함한 정보시스템에 관한 비용을 종합적으로 파악하는 데 있지만 이에 반드시 집착할 필요는 없다. IT 비용은 정보시스템 비용과 운용시스템 비용을 채점 평가하는 것이 아니라, 회사의 의식개혁이나 개선의 일환

그림 3-2 IT 비용의 구성요소

출처: ITR 컨설팅

으로 파악하면서 자사의 상황에 따라 주목해야 할 비용항목으로 집약하여 분석하는 것도 하나의 방법이다.

여기서는 이해를 돕기 위해서 IT 비용의 구성요소를 하드웨어 또는 소프트웨어 및 통신비, 개발비, 관리비용, 지원비용, 사용자비용, 또는 다운타임에 의한 기회손실이라고 크게 나눠서 설명하려고 한다.

1. 하드웨어, 소프트웨어 및 통신비

하드웨어 또는 소프트웨어에는 구입비용, 임대료 또는 소모품이 포함되어 있지만 그 대부분은 직접비용으로서 정보시스템부문이 지금까지 정확하게 파악해온 비용항목이다. 하드웨어에는 컴퓨터와 서버와 같은 시스템 기기 이외에 메모리, 자기디스크, 프린터, 네트워크기기 등과 같은 주변기기도 포함되어 있다. 소프트웨어에는 오퍼레이션 시스템 등과 같은 기본 소프트웨어, 업무 어플리케이션, 개발용 소프트웨어 등 모든 소프트웨어가 포함된다. 구입비용 이외에도 업그레이드비용이나 폐기비용도 이 비용항목에 포함된다. 단, 구입이나 업그레이드를 위한 작업이나 관리업무는 지원비용 또는 관리비용에 포함된다. 고액의 하드웨어는 통상 고정자산으로 계상되며 매년 감가상각이 발생한다. 어느 해에는 대규모 기기의 도입 등으로 인해 일시적인 비용이 발생한 경우에도 5년 정도 일정 기간을 정해서 그 사이에 총비용을 계상한 다음, 1년 정도의 비용을 구하는 방법을 취함으로써 그것을 평균적으로 볼 수가 있다.

대부분의 IT 비용조사 결과나 모델에서는 하드웨어 또는 소프트웨어가 IT 비용 전체에 차지하는 비율은 1/5에서 1/3 정도로 보고 있다. 즉 정보시스템부서가 정확하게 파악해온 비용은 그 정도라고 할 수 있다.

통신비에는 관리업무와 지원업무로 이용되는 전화요금을 포함하지 않고 데이터통신을 위해 지불되는 것만을 계상하는 것이 일반적이다. 구체적으로는 전국 영업소 간을 연결하는 WAN(광역네트워크)을 위한 전용선 이용료 또는 통신비의 과징금, 외부 온라인 서비스 등을 이용하는 경우의 접속료, 인터넷 서비스 업자에게 지불하는 비용 등이 포함된다. 최근에는 외출이 많은 영업담당자와 보수작업자 등이 노트북이나 휴대정보기기 등을 갖고 다니며 외부로부터 공중회선 등을 사이에 끼고 회사의 네트워크에 접속하거나, 인터넷 서비스업자를 이용하여 전자메일을 송수신할 수 있는 업무형태가 보급되고 있으며 모바일 워커(mobile-worker)라고 불리고 있다.

또한 위성사무실 설치와 재택근무 등의 취업형태를 도입하는 회사도 증가하고 있으며, 이러한 작업자를 모바일워커와 함께 텔레워커(teleworker)라고 부르고 있다. 일본의 경우 사단법인 일본위성사무실협회의 조사에 따르면 1주일에 한 번 이상, 재택이나 본래 할당된 사무실 이외에서 근무하는 "정기적인 텔레워커" 인구는 1996년 시점에서 68만 명이었으며, 2001년에는 약 250만 명까지 증가할 것으로 예상되었다. 이러한 상황에서 컴퓨터 네트워크의 이용도는 더욱더 높아질 것이며 통신비용도 증가경향에 있다. 또한 회사의 국제화에 따라서 해외와의 데이터통신도 많아질 것이다.

2. 개발비

개발비용에는 사내 직원의 인건비와 외부에 위탁하는 경우의 계약비가 포함된다. 또한 신규 개발뿐만 아니라 기존 소프트웨어의 변경, 프로그램 오류의 수정, 프로그램간의 상호 연계통합 등도 개발비용이라고 생각할 수 있다. IT 비용의 비용항목으로서 개발비용의 범위를 생각할 경우, 몇 가지 고려해야 할 점이 있다. IT 비용에서는 업무 어플리케이션 개발은 포함하지 않고 시스템관리나 지원업무용 소프트웨어, 사용자의 컴퓨터 환경의 인프라로서 이용되는 소프트웨어만을 계상해야 한다. 그 이유는 업무 어플리케이션 개발은 비즈니스의 특정 니즈를 기본으로 하여 프로젝트화되는 것이므로 이것만 독자적으로 투자효과의 평가가 이뤄져야 하며, 표준적인 IT 비용에 포함시키면 전년도와의 비교나 당해연도 업무평균과의 비교가 어려워진다는 생각에 근거한다.

실제로 어느 대규모 업무 어플리케이션의 새로운 규모개발을 개발비용에 포함하게 되면 그 시점에서 갑자기 개발비용이 증가하여 IT 비용의 대부분을 개발비용이 차지하게 되는 경우도 있다. 그러나 업무 어플리케이션 개발도 정보시스템투자의 커다란 비용요소이기 때문에 앞에서 서술한 대형 하드웨어의 구입과 마찬가지로 어느 정도 기간을 정해서 그 사이에 총비용을 계상한 다음에 1년 정도의 비용을 구하는 방법을 취함으로써 그것을 평균화하여 IT 비용으로 계상하는 방법을 사용할 수 있다.

3. 관리비용

관리비용은 주로 정보시스템부문에 소속되는 종업원의 인건비가 중심이 되며 정보시스템에 관한 계획 실행 관리 감사, 시스템관리, 네트워크관리, 자산관리 또는 보안과 같은 관리업무에 투자되는 시간을 비용으로 환산한 것이다. 관리업무에 시스템관리 도구와 같은 소프트웨어를 이용하는 경우가 증가하고 있으나 이러한 소프트웨어의 구입에 드는 비용은 하드웨어 또는 소프트웨어의 비용항목으로서 계상되기 때문에 관리비용에는 포함되지 않는다. 다만 관리업무를 외주 등으로 인해 외부에 위탁하는 경우의 계약비용은 관리비용에 포함시켜야 할 것이다.

정보시스템부문 이외에도 컴퓨터자산의 구입에 구매부문이 관여하거나 소프트웨어개발 계약에 법무부서가 관여하는 경우는 이러한 부서에서 투자하는 시간도 관리비용인 것이다. 또한 중앙 정보시스템부서 이외에 사업부와 영업소 등에서 정보시스템 운용관리를 하는 전문 부서와 직원이 존재하는 경우에는 거기서 사용되는 관리업무를 위한 시간도 포함시켜야 한다. 다만 사용자부서에서 정보시스템 전문직원이 아닌 종업원이 자원봉사자로서 행하는 관리업무에 대해서는 사용자비용 쪽에 포함된다.

● **계획 실행관리 감독**

예산책정을 포함하는 정보시스템에 관한 계획입안, 가이드라인 작성, 시스템 감시 등을 행하기 위한 정보시스템부서 등의 직원이 투자하는 시간이 이 비용항목에 계상된다. 정보시스템부서의 핵심역량이라는 관점에서 보면 가장 핵심적인 기능으로서 자리매김하고 있는 부분이다. Plan(계획) – Do(실행) – See(평가)라는 일반적인 사이클에서 보면 수요 파악이나 동향 조사, 정보전략 책정, 기반기술이나 표준 평가 또는 선정이라고 하는 전략적인 계획에 관한 부분과 시스템감사, 운용효과에 대한 벤치마킹평가, 이용자 만족도 조사와 같은 평가 부분이 중심이 된다.

실행에 대해서는 시스템관리와 네트워크관리, 자산관리, 보안과 같은 구체적인 관리업무 그 자체가 아니라 이러한 것을 실행하기 위해서 방법을 결정하거나 이용자 부문이나 공급사와의 조정을 실행하는 실행관리 부분이 이 비용 항목으로서 포함된다. 계획 실행관리 감사에서는 외부의 컨설턴트나 감사원이 지원하는 경우가 많지만 그 계약서도 이 비용항목에 포함된다.

● **시스템관리와 네트워크관리**

시스템관리 또는 네트워크관리는 폭넓은 관리업무 중에서 실행부분의 주요 요소이며, 비용의 대부분은 정보시스템부서의 직원 인건비가 차지한다. 시스템관리에는 하드웨어 플랫폼, 기본 소프트웨어, 어플리케이션 소프트웨어, 데이터 등과 같은 각 수준별로 도입 구성 또는 재구성 등과 같은 관리와 일상 관리업무가 포함된다. 또한 파일관리, 용량관리, 데이터 접속관리와 같은 스토리지(기억장치)관리도 시스템관리에 포함된다.

네트워크관리는 네트워크구성관리, 네트워크 트래픽(네트워크상의 데이터 교통량) 계획 관리 또는 감시, 사용실적관리, 네트워크 어드레스 또는 이용자 등록이나 변경과 같은 업무가 포함된다. 컴퓨터시스템과 네트워크가 불가분의 관계에 있는 현재 네트워크관리와 시스템관리를 나눠서 생각한다는 것은 그다지 큰 의미를 갖지 않는다.

시스템이나 네트워크가 고장이 날 경우의 대처는 나중에 설명한 지원비용에 포함되지만 장해를 피하기 위한 사전계획이나 장해가 일어난 경우의 대처계획에 대해서는 관리업무로서 다뤄야 할 필요가 있다. 대규모 시스템을 고용하고 있는 회사에서는 기존의 대형 메인프레임을 중심으로 한 시스템 관리에 대해서는 경험이나 노하우를 갖고 있지만, 새로운 분산시스템 관리에 대해서는 자사 내에서 기술을 갖고 있지 않는 경우가 많다. 이러한 사실이 관리 작업을 복잡하게 만들고 비용을 증대시키는 큰 요인이 된다. 자사 운용상황이나 시스템구성에 적합한 분산시스템 운용관리모델을 작성하여 관리프로세스와 관리 도구의 이용 등을 포함하는 관리 인프라를 확립해 나가는 것이 IT 비용을 최적화하는 데 있어서 중요하다.

● 자산관리

회사 내에 배치된 컴퓨터 대수가 늘어나거나 소형 컴퓨터 서버가 각 부서나 영업소에 분산되어 다수 설치되면 자산관리가 큰 문제가 된다. 자산관리의 전체상으로서는 하드웨어의 물리적인 재고나 시스템구성, 또는 하드웨어의 버전과 인프라에 관한 정보와 이용하고 있는 이용자를 연결시키는 것이 기본이 된다. 즉 어느 컴퓨터를 어떠한 구성으로 누가 어디서 이용하고 있는지와 같은 정보를 관리하는 작업이다.

구체적으로는 정보시스템기기와 소프트웨어와 같은 자산에 대해서 구입, 설치, 이용, 이동, 폐기와 같은 자산 라이프스타일을 통해서 추적할 수 있는 것처럼 데이터베이스로 정보를 관리한다는 것을 의미한다. 따라서 자산 상황에 어떠한 변경이 있는 경우 적기에 데이터베이스로의 등록, 변경 또는 삭제를 하게 된다.

소프트웨어에 관해서는 설치 또는 업그레이드 작업, 이용자수를 모니터링하거나 계약된 사용권 수를 추월하지는 않았는지를 평가하는 작업도 자산관리로 파악할 수 있다. 또한 지금까지 이러한 데이터베이스와 자산관리 소프트웨어를 사용하여 기존 자산관리를 하지 않고 컴퓨터가 많아진 단계에서 이러한 것을 도입하게 되는 경우에는 회사 내에 남아 있는 다양한 자산을 조사하여 데이터를 입력해야 된다.

● 보안

보안에는 기밀보호나 부정접속 방지를 의도한 것과 컴퓨터 바이러스 등에 의한 안전가동 방해방지를 의도한 것이 있다. 시스템 사용자 ID 혹은 패스워드관리, 네트워크를 통한 외부로부터의 접속에 대한 인증, 어플리케이션에 대응한 이용승낙관리, 데이터베이스에 대한 접속제어, 데이터암호화 등이 전자에 해당된다. 시스템이나 네트워크에 보안 침해 등과 같은 문제가 발생하는 경우의 대응작업은 지원비용에 포함되지만 이러한 상황을 피하기 위한 사전 계획이나 발생시의 대처계획에 대해서는 보안관리업무로서 취급해야 한다. 보안관리업무에는 기술을 사용하여 대처하는 측면과 가이드라인이나 교육 등과 같은 인적인 측면이 존재한다. 보안에 관한 정책 책정이나 문서화 등에 투자하는 시간도 이러한 비용항목으로 취급해야 할 필요가 있다.

컴퓨터 네트워크화의 급속한 발전과 인터넷 보급 등으로 인해 외부로부터 보안 침해와 바이러스의 위협은 증가하고 있다. 재해 등과 같은 다른 위험과 마찬가지로 보안에 관한 위험을 정량화하는 것은 쉽지 않는 일이다. 따라서 이러한 위협에 대해 어느 정도의 비용을 투입해서 대책을 수립할지에 대한 항구적인 대답은 없다. 그러나 위험이 존재한다는 것을 전제로 생각해야 한다는 것은 확실하다. IT 비용분석이나 정보시스템의 비즈니스에 주는 충격에 대한 평가는 보안 위험대책을 위한 투자 균형을 검토하는 데 있어서 가장 중요한 정보를 제공한다.

4. 지원비용

지원이란 사용자가 정보시스템을 원활하게 이용하는 것을 지원하기 위한 실질적인 작업을 말한다. 앞에서 서술한 관리업무에서 계획 또는 설정된 사안에 대해 구체적인 실행을 실시하는 것이다.

지원비용은 주로 정보시스템부서에 소속된 종업원의 인건비가 중심이 되며 헬프데스크, 보수 또는 장해대응, 교육 등과 같은 작업에 투자하는 시간과 비용을 환산하는 것이다.

또한 하드웨어나 소프트웨어의 보수요금이나 지원에 관한 작업을 외주 등으로 위탁하는 경우의 계약서도 지원비용에 포함된다.

또한 중앙의 정보시스템부서 이외에 사업부와 영업소 등에서 사용자의 지원을 돕는 전문부서와 직원이 존재하는 경우 지원 작업을 위해 투자되는 시간도 포함해야 한다. 다만 사용자부문에서 정보시스템 전문직원이 아닌 종업원이 자원봉사자로서 행하는 지원 작업에 대해서는 사용자비용 쪽에 포함된다.

● **시스템운영 인건비와 계약비용**

시스템운영은 앞에서 설명한 관리비용으로 정의한 정보시스템에 관한 계획 실행관리 감사, 시스템관리, 네트워크관리, 자산관리 또는 보안과 같은 관리업무를 받아 사용자가 이용하는 경우에 행하는 구체적인 작업 수준을 말한다. 예를 들어 자산관리에서는 정보시스템기기와 소프트웨어와 같은 자산에 대해서 구입, 설치, 이용, 이동, 폐기와 같은 변동정보를 데이터베이스로 관리하는 것은 관리업무로서 취급할 수 있지만 실제로 기기와 소프트웨어를 설치하는 작업은 시스템운영 인건비로서 지원비용에 반영된다. 또한 시스템관리, 네트워크 관리 또는 보안에 대해서도 일상적인 관리업무로서 행하는 부분에 대해서는 관리업무에 포함되지만 시스템이나 네트워크에 장해가 발생하거나 보안침해가 발생하는 경우의 구제적인 대처작업은 지원 작업으로 취급하게 된다.

사용자가 이용하는 데이터를 요구에 따라 다른 시스템이나 보관해둔 스토리지(기억장치)로부터 준비하거나 출력장표의 배포 등과 같은 작업도 사용자의 지원 작업으로 볼 수 있다. 회사에 따라서는 사용자에 대한 지원범위와 제공되는 서비스 수준이 명확하게 정의되지 않아 사용자 만족도 저하와 지원비용의 증가를 초래하는 경우도 많다. 정보시스템부문에서는 지원비용을 파악하는 가운데 본래 어떠한 지원을 제공하는 것을 전제로 하는 것인가를 정비할 필요가 있다.

● 헬프데스크

헬프데스크란 사용자가 정보시스템을 이용하는 데 있어서 발생하는 분쟁이나 질문을 받는 대응창구를 가리킨다. 기존에는 정보시스템부문의 지원인 시스템관리자나 지원요원이 보통 업무를 겸임하면서 내용에 따라서 대응한다는 방법을 취하는 회사가 많았지만,

개인 컴퓨터가 많이 보급되고 초보적인 사용자가 증가함에 따라서 전임 헬프데스크 창구를 설치하는 회사가 늘고 있다. 사용자로부터의 문의는 시스템상의 분쟁에 대한 대처요구에서 소프트웨어 조작에 대한 질문에 이르기까지 매우 다양하다. 또한 많은 사용자는 컴퓨터를 조작하여 어떠한 일이 일어났을 때, 그것이 컴퓨터 하드웨어 장해인지, 네트워크의 이상인지 아니면 자신의 조작실수에 의한 것인지와 같은 문제를 확실하게 나눌 수 있는 것은 아니다. 이 때문에 다양한 문의를 받는 1차 창구로서 헬프데스크를 설치하는 것은 사용자지원에 있어서 매우 효과적인 방법이다.

헬프데스크는 모든 사용자의 문의를 접수하지만 이것을 모두 헬프데스크 직원이 해결할 수 있다고는 단정 지을 수 없다. 기술적으로 복잡한 질문이나 구체적인 장해 복구 작업을 해야 하는 문제에 대해서는 전문적인 기술직 직원이나 공급사에게 넘겨지며, 헬프데스크는 그 진척도와 완료 상황을 파악하는 역할을 지니게 된다. 또한 헬프데스크에 문의되는 질문이나 자주 발생하는 문제에 관한 정보를 사용자나 지원직원이 공유할 수 있도록 데이터베이스화하는 것이 시스템 운용을 원활하게 하고 헬프데스크의 지원비용을 더욱 더 절감하는 데 있어서 효과적이다. 이러한 시스템을 운용하는 것도 헬프데스크의 업무다.

● **교육과 훈련**

정보시스템에 관한 교육에서 지원비용에 포함되는 범위는 정보시스템부문 직원의 정규훈련 또는 임시 훈련, 사용자의 정규교육에 관한 기획, 지원 또는 실행에 따른 내부 인건비 그리고 이러한 실행에 필요한 외부경비 또는 교통비 등이다. 정보시스템부문의 직원 정규훈련은 외부가 제공하는 유상세미나 등을 수강하기 위한 비용 이외에 컴퓨터업체나 세미나 회사 등이 운용하는 교육 또는 회사 교육계획의 일환으로서 사내의 상급기술자 등이 제공하는 교육을 정보시스템부문의 직원이 받는데 투자하는 시간을 인건비로 환산한 것이 포함된다.

이에 대해 회사로부터의 정식적인 지시에 관계없이 업무상 니즈나 직원의 자기계발로 정보시스템부문의 직원이 외부세미나에 참가하거나, 정보시스템부서의 직원끼리 상호 교육하거나(피어교육이라고 한다), 개인적으로 매뉴얼이나 해설서 등으로 학습하는(셀프교육이라고 한다) 등과 같은 활동을 임시 훈련이라고 한다.

또한 사용자에 대한 교육을 기획, 개발, 검증하거나 교육용 교재를 제작하여 개정하기 위해 투자하는 내부인건비 또는 외부경비도 이러한 비용항목에 포함된다. 사용자의 범위가 확대되는 가운데 정보시스템에 관한 교육은 지원비용의 억제와 원활한 정보 활용의 추진 방향이라는 면에서 더욱더 중요해지고 있다.

5. 사용자비용

사용자비용은 대부분이 정보시스템부서 이외에서 투자되는 눈에 보이지 않는 비용이기 때문에 IT 비용의 구성요소 중에서 가장 파악하기 힘든 비용항목이다. 또한 정보시스템부문도 사용자 자신도 의식하지 않는 사이에 시간을 투자하고 있는 경우도 많다.

예를 들어 사용자가 한 달 전에 워드프로세서로 작성한 컴퓨터 디스크의 어딘가에 저장해둔 문서 파일을 찾는다는 작업도 자신도 모르는 사이에 인건비를 투자하고 있는 셈이 된다.

사용자비용에는 피어지원, 셀프지원, 정규훈련, 임시 훈련, 사용자개발, FUTZ팩터라고 불리는 시간을 낭비하는 다섯 가지가 포함되어 있다. 과거의 관행이나 회사문화 등의 이유 때문에 정보시스템에 관한 업무를 정보시스템부문에 의존하지 않고 의식적으로 사용자가 실시한 경우이다.

또한 정보시스템부문에 할당되는 예산이나 인원 등과 같은 자원의 한계 때문에 사용자부문이 그 일부를 담당하는 경우도 있었다. 이러한 상황이 사용자비용을 증가시키는 원인이었다. 사용자비용은 분산된 시스템이나 한 사람당 한 대의 컴퓨터 설치와 같은 정보화의 매스 커스터마이제이션(mass-customization)에 의해 얻을 수 있는 많은 이점의 대가로 받아들일 수도 있으며, IT 비용의 최적화에 있어서 가장 중요하게 생각해야 하는 비용항목이라고 할 수 있다.

● 피어/셀프지원(Peer/Self Support)

피어지원(Peer Support)은 "peer"가 갖는 동료 및 지위가 동등한 사람이라는 의미대로 정보시스템부서의 직원이 아닌 동료의 지원을 말하며, 셀프지원은 사용자 스스로 자신에게 지원하는 것을 의미한다.

회사에서 컴퓨터를 사용하기 시작한 초기의 사용자 상황을 떠올리면 피어지원과 셀프지원에 많은 시간을 투자하는 것을 쉽게 상상할 수 있을 것이다. 정규 교육을 받아 컴퓨터를 이용하기 시작했다고 해도 사용자는 자주 어떤 문제에 직면하게 된다. 회사가 전문 헬프데스크를 설치하여 이러한 문제에 대응하는 창구를 준비했다고 하더라고 많은 사용자는 평소에 함께 일을 하고 있는 주변 직원에게 우선 도움을 청하게 된다.

초보자가 헬프데스크의 상황을 정확하게 설명하는 것은 쉬운 일이 아니며 또한 헬프데스크 직원이 지시하는 해결책을 스스로 이해하고 대처할 자신이 없는 경우도 많다. 이럴 때, 잘 알고 지내던 동료나 부하 중에서 컴퓨터 조작 등에 자신이 있는 직원에게 도움을 청하는 것은 자연스러운 현상이다. 이용하던 프린터에 종이가 껴서 출력을 할 수 없게 됐을 때도 사용자는 헬프데스크나 전문기술지원 직원에게 문제를 보고하고 대처를 요구하기보다 스스로 대처하는 쪽이 해결하는 데 시간이 덜 걸린다고 판단하는 경우도 있다. 이러한 작업에 투자되는 작업시간이나 앞에서 설명한 문서파일을 찾거나 보관 장소를 정리하는 작업은 셀프지원에 포함된다.

IT 비용의 한 모델에서는 이러한 작업에 투자되는 시간도 비용으로서 취급해야 한다고 생각되지만, 피어지원이나 셀프지원을 전면적으로 나쁘다고 생각해서는 안 된다. 이러한 것이 사용자의 원활한 이용을 지원하고 있는 것도 사실이며, 피어지원이나 셀프지원을 완전히 없애는 것이 불가능할 뿐만 아니라 없애는 것이 효과적인 방법이라고도 할 수 없다. 이러한 비용 중에서 효과적인 부분과 낭비가 되고 있는 부분을 확실히 구분하여 생각할 필요가 있다.

● 정규 훈련과 임시 훈련

사용자의 정규 훈련에는 외부가 제공하는 유상세미나 등을 수강하기 위한 비용 이외에 컴퓨터 업체와 세미나회사 등이 운영하는 교육 또는 회사 교육계획의 일환으로서 정보시스템부문 등이 제공하는 교육을 사용자가 받는 데 투자하는 시간을 인건비로 환산한 것이 포함되어 있다. 이에 대해 회사루부터의 정식저인 지시에 상관없이 업무상의 수요나 자기계발로 인해 사용자가 외부세미나에 참가하거나, 사용자부문의 직원끼리 상호 교육하거나(피어교육이라고 한다), 개인적으로 매뉴얼이나 해설서로 학습하는(셀프교육이라고 한다) 활동을 임시 훈련이라고 부른다. 워드프로세스 등을 조작하는 와중에 조작방법을 알 수 없을 때 소프트웨어기능으로서 제공되는 온라인 헬프창을 열어서 참조하는 경우도 사용자의 셀프교육으로서 임시 훈련에 포함된다. 사용자의 임시 훈련도 앞에서 설명한 피어지원이나 셀프지원과 마찬가지로 전부 나쁘다고 볼 수 없다.

정보활용도 향상을 위해 가장 중요한 것은 사용자 자신이며 교육이나 훈련은 본래 실시하는 측과 받는 측 양쪽 노력에 의해 실현되어야 한다. 다만 제공하는 측은 사용자의 부하를 되도록 경감하고 습득효과를 향상시킴으로써 IT 비용의 사용자비용을 최적화해 나가도록 명심해야 한다.

● 사용자개발

사용자개발이란 정보시스템부서나 전문 어플리케이션 소프트웨어개발부서 이외의 사용자부서의 직원이 소프트웨어개발을 위해 투자한 인건비 또는 외부위탁비를 말한다. 소프트웨어개발이라고 해도 그 규모는 매우 다양하며, 사용자개발대상이 되는 것은 개인이나 그룹이 이용하는 소규모 소프트웨어인 경우가 많다. 최근에는 워드나 표계산 소프트웨어의 대부분이 스크립터언어나 매크로와 같이 초보 사용자라도 쉽게 작성할 수 있는 간단한 소프트웨어언어를 기능으로 갖고 있다. 또한 그룹 내의 작업을 그룹웨어나 인트라넷을 사용하여 공통되는 시스템을 만들거나 데이터베이스의 입력화면이나 전표를 부문별로 커스터마이즈(customize)한 작업을 사용자부문의 예산으로 외부위탁을 하거나 그 부문의 직원이 실제로 개발하는 경우도 있다. 전사적 수준의 업무 어플리케이션 개발프로젝트 등과 같은 경우, 사용자부문이 외주비용을 지출하거나 실제로 개발 작업을 실시하지 않아도 정보시스템부문에서 의뢰가 들어와 사용자의 요건을 정리하거나 기획회의에 참석하는 등과 같은 프로젝트에 대한 참가가 요구되는 경우도 많다. 이러한 것에 투자되는 인건비도 사용자비용으로서 취급할 필요가 있다.

● FUTZ팩터

FUTZ라는 단어는 쉽게 들을 수 없는 단어지만 원래는 "시간을 낭비한다"라는 뜻의 유태어라고 한다. 즉 회사의 컴퓨터나 인터넷 등을 사용하여 시간을 낭비하는 요소를 가리키는 말이다.

회사 자산인 기기와 소프트웨어를 취미나 개인 업무에 이용하는 요소이며 알기 쉬운 예로서는 개인적인 내용의 전자메일, 문서작성, 게임 또는 허가 받지 않은 아르바이트 등에 투자하는 시간 등을 들 수 있다. 또한 확실히 낭비라고 단정 지을 수 없지만 필요 이상으로 기호가 많이 들어간 문서나 그림이 회전하는 등과 같은 표시효과를 구사한 프리젠테이션 작성 등도 FUTZ팩터로 취급할 필요가 있다.

예를 들어 사내보고서를 워드프로세서로 작성하는 경우에는 일반적으로는 한 시간 정도로 완료할 것이라 생각되는 작업을 상식을 넘어선 복잡한 도표 작성을 위해서 5시간이나 투자를 했다고 한다면 4시간의 시간을 낭비했다고 간주하고 그 사이의 인건비를

FUTZ팩터로서 계상하는 것이다.

컴퓨터를 개인당 한 대 배치하거나 네트워크에 접속할 수 있게 되면 사용자는 이것을 활용하여 본연의 업무를 할 수 있게 되지만 동시에 개인적인 용도로 이용하는 것도 쉬워진다. 또한 전자메일이나 인터넷 보급으로 인해 조직 안에서 개인이 사내외와 자유롭게 정보교환을 할 수도 있게 된다.

컴퓨터는 고기능화하고 CD-ROM, 사운드 기능, 선명한 그래픽 기능 등이 장비되어 유례가 없는 "장난감 상자"로서 인기를 얻고 있다. 또한 인터넷을 이용한 전자쇼핑과 개인적인 포럼이 개인적인 이용을 촉발시키고 있다. 가상 회사로 대표되는 지리적인 제약을 초월한 비즈니스 형태가 대두함에 따라 회사의 종업원은 회사에 있으면서도 회사 이외의 업무를 할 수도 있게 된다.

이러한 상황은 급속도로 침투되고 있으며 귀속의식이 높은 동양권의 회사에서도 더 이상 비약한 발상이라고 볼 수만은 없게 되었다. 자신의 부하가 하루 종일 컴퓨터 앞에서 열심히 보고서를 쓰고 있다고 생각했는데, 사실은 아르바이트로 잡지원고를 쓰고 있는 등과 같은 상황은 이미 주변에서 일어나고 있을지도 모른다. FUTZ팩터는 눈에 보이지 않는 비용 중에서도 특히 파악하기 어려운 항목이라고 할 수 있다.

FUTZ팩터는 컴퓨터를 이용하지 않는 경우에도 발생하는 업무상 인적 문제이기 때문에 IT 비용에 포함하면 안 된다는 주장 때문에 FUTZ팩터를 비용항목에서 제외한 IT 비용 모델도 있다.

6. 시스템 다운타임에 의한 기회 손실

원인은 다양하지만 컴퓨터시스템이나 네트워크는 어떠한 장애로 인해 정지하는 경우가 있다. 이것을 시스템다운 또는 네트워크다운이라고 하며 이 때문에 작업을 할 수 없는 시간을 다운타임이라고 한다. 다운타임에는 정기보수나 소프트웨어의 버전업그레이드를 위해 미리 통보되는 계획적인 다운과 하드웨어, 소프트웨어 또는 통신회선 등의 장해에 의한 예고 없는 다운이 있다.

다운타임에 의한 기회손실이란 이러한 다운 때문에 사용자가 시스템을 이용할 수 없어서 업무가 정체되는 시간을 인건비로 환산한 것이다. 또한 시스템다운은 아니지만 헬프데스크나 보수요원이 문제에 대처하는 시간이 사용자에게 대기 시간이 되는 경우도 그 시간을 기회손실로서 계상하는 경우도 있다.

다운타임으로 인한 기회손실을 생각할 때, 매출액, 고객만족도, 회사의 신뢰도 저하와 같은 비즈니스상의 기회손실까지 고려해야하는가라는 의문도 있다. 일반적으로는 IT 비용에서는 비즈니스상의 기회손실은 포함하지 않고 어디까지나 종업원의 시간급을 환산한 수치를 계상한다. 이처럼 다운타임의 위험에 대해 다양한 해석이 존재하고 시스템이 다운된 사이에도 컴퓨터를 이용하지 않는 다른 작업을 수행할 수 있는 경우도 있기 때문에 다운타임으로 인한 기회손실을 IT 비용의 비용항목으로 취급해서는 안 된다는 의견도 있다.

3.2 단기적 IT 비용의 절감방안

"고생하지 않으면 아무것도 바꿀 수 없다"라는 것은 모든 규모 조직에서 IT비용을 절감시키려고 하는 사람 모두로부터 동감을 얻는 교훈이다. 여기에서는 오랜 세월에 걸쳐 널리 알려진 조직의 사업효과를 개선하고 동시에 IT비용을 절감하는 효과적인 수단이라고 밝혀진 6개의 항목을 소개한다(표 3-1 참조). 그러나 이러한 프로그램을 실행하기 위해서는 상급관리자의 확실한 지원이 있어야

표 3-1 효과적인 6개의 IT 비용효율화 실행항목

전술적-단기	1. 효율화와 비용절감의 실행항목을 즉시 시작한다. 2. 비용감시부서를 설치한다.
전술적-중기	3. KPI(Key Performance Indicator: 중요업적지표)를 설정한다. 4. 경쟁상대에 대한 벤치마킹 시행 5. IT 비용 최적화
전략적-중장기	6. IT 투자전략

한다. 모든 프로그램은 주로 공통인식에 근거를 두고 있으며 많은 동료나 종업원은 자기들의 경력 중에서 지금까지 적어도 몇 가지 프로그램에 대한 경험을 갖고 있다. 조직 내에서 이들 프로그램을 확실히 실행하기 위해서는 지원을 얻어야 하지만, 지금까지 IT 비용절감의 실시항목을 성공시킨 경험이 있는 관리자가 조직 내에 몇 사람 있다면 이것은 어려운 일이 아니다. IT 비용의 증대에 따른 IT 비용관련 통제 문제로 곤란을 겪었던 조직이라면 아무런 아픔도 느끼지 못했던 조직보다도 실행은 간단하다는 것을 느끼게 되는 경우가 많다. 즉 "고생하지 않으면 아무것도 얻을 수 없다"라는 것이다.

여기서는 우선 IT 비용효과를 "속성"으로 향상시킬 수 있는 가장 효과적인 두 가지 방법을 제시하고자 한다. 모든 효율화 프로젝트가 효율성을 크게 향상시켜 신속하게 실행되면 이상적이다. 물론 실제는 이런 상황이 안 되고 실행은 신속히 되지만 장기계획을 필요로 하는 다른 실행항목보다도 효율성이 향상되지 않거나 효율성 향상이 지속적이지 않은 상황이 되기 쉽다. 즉 일반적으로 단기 또는 전술적인 실행항목과 장기 실행항목과의 사이에는 상반되는 관계가 있다.

이 상반관계 외에도 IT 부서의 관리자가 제대로 실행할 수 있는 프로젝트와 다른 부서의 관리자들의 협력을 필요로 하는 프로젝트와 상반관계가 있을 수 있다. IT의 효율성을 최대한 향상시키기 위해서 회사는 단기와 장기의 실행항목을 조합시켜(전형적으로 전략적인 프로젝트와 전술적인 프로젝트와의 조합) 이것을 최적화할 필요가 있다. 주요 상반관계는 표 3-2에 요약되어 있다. 이 상반관계에 대한 최선의 해결책은 상당 부분 두 가지 부문에 의존한다. 즉 회사의 IT 부서와 그 외의 부서의 능력 또는 부서횡단적인 프로젝트에 필요한 지원이나 참여에 영향을 주는 사내 방침이다. 이것은 각각의 회사가 때로는 표 3-2에 제시된 매트릭스와 같은 것을 사용하여 다양한 효율화프로젝트의 우선순위를 결정해야 한다는 것을 의미한다.

표 3-2 IT 비용 효율화의 실행항목의 상반관계

	전술적/단기적으로 실행가능	전략적/실행까지 긴 분석과 계획 단계가 필요
부서 횡단적인 실행지원을 필요로 하는 실시 항목	· 부서횡단적인 충분한 관여가 있으면 즉시 착수해야 한다. · 단기에 많은 성과가 나타난다.	· 부서횡단적으로 충분한 관여와 기획 능력이 있으면 즉시 착수해야 한다. · 중장기에 걸친 성과가 구체화되는 경향이 있으며 몇 가지 부서 각각이 많은 편익을 획득하려고 한다.
IT 부서 관리자 자신이 실행할 수 있는 실시 항목	· 즉시 착수해야 한다. · 단기적으로 많은 성과를 나타낸다.	· 즉시 착수해야 한다. 혹은 자원에 제약이 있다면 전술적인 프로젝트 개시 후에 착수해야 한다. · 성과는 중장기에 걸쳐 구체화되는 경향이 있다.

6개의 실행항목은 각각 단독으로도 제대로 기능할 수 있으므로 예를 들어 자원제약이나 정책의 고려와 같은 개별 상황에 의해 6개 모든 실행항목을 단순히 따라하지 않아도 된다. 조직 내에서 모든 실행항목을 시행할 수 있다면 큰 시너지효과가 있기 때문에 그러한 것을 권장하고 있다.

시너지효과를 발생시키는 하나는 전술적인 프로젝트의 실행으로부터 배운 교훈이 장기 실행항목 계획에 유용하며, 또한 반대로 장기 실행항목을 계획하기 위해 작업을 하면서 의외로 짧은 기간 안에 실행항목을 발견하는 경우로 이어지기 때문이다. 예를 들어 비용감시부서에서 이루어지는 작업에 의해 IT 투자전략을 보다 신속하게 보다 구체적으로 결정할 수가 있다. 그 이유는 0으로부터 계획된 IT 전략 속에서 같은 목적으로 수집된 데이터로부터 발생한 이해보다도 IT 조직과 그 비용의 상호작용과 원가절감부서에서 발생된 회사전체의 능력에 관련된 이해 쪽이 훨씬 더 구체화되기 쉽기 때문이다. 그림 3-3에는 전술적인 실행항목과 전략적인 실행항목이 어떻게 상호작용하는가를 나타내고 있다.

프로젝트 초기에 알게 된 속성의 하나는 다른 지역 은행에 대해 유럽지역에서 사용되고 있는 프로젝트관리의 표준적인 어프로치를 실시하는 것이었다. 또 다른 하나는 복수의 서비스제공자로부터 단일의 글로벌 서비스 제공자로 변경함으로써 데이터전송 비용을 삭감하는 것이었다. 또한 이로써 보다 대량의 데이터 거래에 대한 가

그림 3-3 IT 효율화와 전술적인 실시항목과 전략적인 실시항목의 상호작용

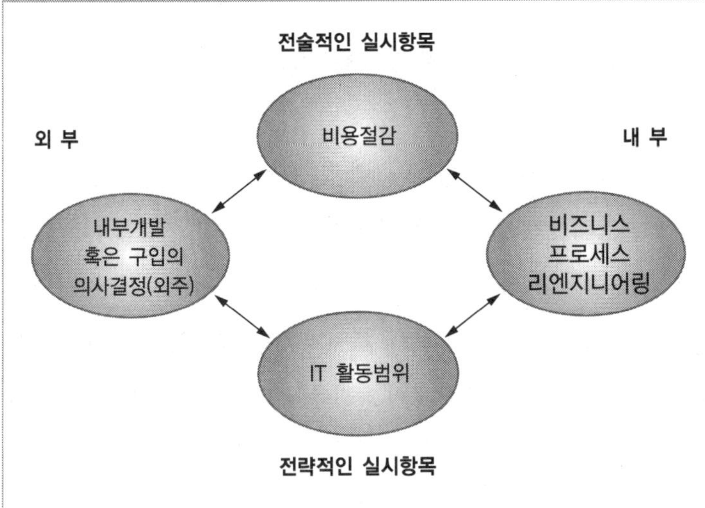

격을 인하할 수 있게 됐다.

이 두 가지를 신속히 동시에 실행함으로써 회사의 IT 전략을 합리적으로 설명하여 사업의 기술지원에 대해 단일 모델을 채용해야 한다는 생각이었다. 이처럼 IT를 어떻게 설계하고 어떻게 사업에 도입하고 어떻게 관리하는지에 관한 계속적인 전략 재검토는 몇 가지를 기초로 하여 시작되었다. 그것은 비용과 편익에 관한 적절한 일련의 데이터, 필요로 하는 중요한 몇 가지 변화 경험, 무엇을 변화시켜야 하는지에 관한 일련의 구체적인 가설로서 이러한 것들이 전사적인 경영에 대해 검증되었다. 또 다른 어프로치의 하나는 IT 전략 문제를 개별적으로 생각하는 어프로치일 것이다.

이 어프로치는 같은 해결책을 낳기는 하겠지만 상당히 긴 시간이 걸릴 것이며, 실무상 니즈에 따라 초점이 정해지지 않는 검토부터 시작해야 된다는 두 가지 결점이 있다.

IT 비용효율을 향상시키는 6개의 실행항목을 모두 시험해 보든지 아니면 제한이 있어 모든 것을 실행하지 못하든지, 노력을 어느 곳에 집중시켜야 하는가 라는 문제가 있다. 경험에 의하면 그다지 제대로 관리되고 있지 않는 IT 부서가 있는 회사는 전술적인 실행항목에 노력을 집중시킴으로써 효과를 본다. 그러나 이미 제대로 관리되고 있는 IT 부서를 갖춘 회사에서는 전략적인 실행항목에 최대의 초점을 맞추고 있는 것을 알 수 있다. 그 이유는 평균 이하 혹은 그것보다도 나쁘게 운영되고 있는 IT 부서에서는 단순한 차이를 피하는 것에만 집중함으로써 가장 높은 효율성 향상을 달성할 수 있지만, 제대로 운영되고 있는 IT 부서에서는 전략적으로 초점을 맞추는 것이 가장 큰 효율성 향상을 달성할 수 있기 때문이다.

전술적 단기적인 IT 비용효율화의 실행항목에는

1. 전술적인 효율화와 비용절감의 실행항목을 즉시 시작한다.
2. 비용감시부서를 설치한다.

의 두 가지 실행항목이 있다.

이 두 가지 실행항목은 잠재적으로 같은 행동으로 이어지지만 필요로 하는 경영구조에는 차이가 있다. 이들 실행항목에 필요한 경영관리에는 다음과 같은 두 가지 큰 차이가 있다.

1. 비용감시부서는 IT 부서 전체에 권한을 갖는 전문 경영구조여야 하며 회사의 주요 사업부서와 공식적인 관계를 갖는 것이 바람직하다. 따라서 비용감시부서를 설치하기 위해서는 어느 정도의 시간이 필요하다. 한 달 이내에 실행되어야 하지만 보다 큰 효율화의 실행항목은 실행을 위해 새로운 경영구조를 필요로 하지 않는 실행항목이다.
   이 실행항목은 각각의 관리자가 자신의 책임 영역 내에서 착수하고 실행에 옮길 수 있는 실행항목이다. 일단 비용감시부서가 설치되어 효율적으로 운영되게 되면 보통은 그 부서가 전술적인 실행항목을 조정하는 쪽이 합리적이다.
2. 많은 전술적인 실행항목에는 회계직원의 지원은 필요 없지만 비용감시부서는 소수의 회계담당 직원의 지원을 필요로 하는 경우가 있다.

전사적 관점에서 보면 비용삭감의 필요성은 실제로 어떤 외부로부터의 충격에 의해 자극을 받아 나타난 경우가 많다. 예를 들어 주요 고객의 상실, 비용이 너무 많고 표적이 된 회사에 예상되는 적대적인 공개매수, 혹은 중요한 수익 흐름의 붕괴다. 마찬가지로 회사의 하위부서에서는 어떤 단위사업부서가 자기 단위사업부서에서의 특별한 마이너스적인 쇼크에 대응하여 비용삭감 프로그램을 결정하는 경우가 있다. 이러한 충격에 즉시 대응하는 것은 모든 관리자에게 있어서 모든 비용을 검토하고 비용삭감의 기회를 파악한다는 일반적인 교육기회가 될 수도 있다. 그러나 지금까지 보아온 것처럼 비용삭감의 결과는 효율화에 의한 효과에 미치지 못한다.

IT 비용효율화에 관한 경영자의 전략적인 기능 중 하나는 비용절감의 실행항목을 일반적인 효율성 향상의 장기적인 프로그램으로 연결시키는 것이다. 즉시 원가절감의 실행항목을 실행하는 이점은 첫째로 조직 내의 전원에게 긴급사태의 의미를 전달하는 것이며, 둘째로 비용을 삭감하는 것을 생각하도록 모든 계층의 직원에게 촉구하는 것이다. 새로운 경영구조를 조직하고 혹은 전사적인 어프로치가 기능할 때까지 기다릴 필요는 없다(표 3-3).

표 3-3 전술적인 효율화와 비용삭감의 실행항목

달성 가능한 절약액 (IT 예산대비)	달성 가능한 절약기간	필요한 자원	주요성공요인
10~15%	6개월~1년	· IT 비용삭감특별팀: 최대 6~8명 · 재무부서에서 필요에 따라서 1~3명의 재무분석자(IT 부서에 재무분석 능력이 없는 경우)	· CEO, CFO의 지원 · IT 비용의 데이터와 높은 수준의 분석능력

1. 전술적인 효율화와 비용절감의 실행항목을 즉시 시작한다

전술적인 실행항목을 시작하는 방법 중 하나는 모든 관리자에 대해 비용절감 검토를 시작하도록 지시하는 것이다. 이 지시는 특히 IT 비용의 검토로 정리할 수 있다. 이러한 일반적인 지시를 특정 개인에 보낼 때 각 관리자가 일주일 동안에 세 가지 아이디어를 제출하도록 요구하면 보다 효과적이다.

IT 부서 내에서는 전술적인 비용삭감 실시항목이 관리자 개인에게 맡겨지는 경우가 있지만 활동을 감독하는 소수 특별팀을 구성하는 것이 보통이다. 사실 이 특별팀이 제2의 효율화 실행항목에서 설치되는 IT 비용감시부서의 가장 중요한 핵심이다. 또한 특별팀은 IT 비용삭감에 대해 회사 내의 다른 관리자로부터 받은 아이디어에 쉽게 접할 수 있는 접속점이기도 하다. 특별팀 구성은 IT 부서장 또는 부서장으로 지명된 자, 하위의 IT 부서 모두를 이해하는 관리자로서, IT 부서에 의해 직접 통제되지 않는 회사의 모든 IT 자산을 이해하고 있는 관리자여야만 한다.

전형적인 IT 부서에는 네트워크, 데이터센터, 어플리케이션개발, 헬프데스크/사용자지원, 경영자지원, 데이터베이스관리와 같은 하위 부서가 있다. IT 부서의 상세한 구조가 어찌됐든 간에 IT 예산의 10% 이상을 투자하는 IT 부서 내의 하위 부서, 그룹 혹은 기능이 특별팀의 대표가 되는 것이 확실하다. 또한 IT 부서 이외의 사람이 특별팀에 들어와 같이 일하는 것이 바람직하다. 또한 전략계획부서의 관리자에게 빨리 결과를 내도록 프로젝트를 촉구하고 회사전체의 방침과 전략에 계속해서 초점을 맞추는 것이 바람직하다. 만일 부서의 중요한 일부업무를 외주처리하고 있으면 외주업자 대표자를 풀타임 또는 파트타임으로 특별팀에 들어오도록 하는 것도 효과적이다.

특별팀은 약 6명, 많아도 8명 정도의 소규모여야 한다. 그것보다도 많아지게 된다면 효과가 낮아진다. 인원수를 늘리고 싶으면 6명부터 시작하여 그 후 적어도 4개월 후에 다른 멤버를 가입시키면 된다.

1) 목적에 합의한다

이 특별팀의 목적은 간단하다. 현행 IT 예산에 대해 IT 비용을 10%, 혹은 15% 삭감하면 된다. 런 레이트를 고려하면 10%의 삭감이 상당한 양이라는 것을 주목해 두자.

● 런 레이트(Run Rate)

런 레이트란 지출이 증가하는 비율이다. 많은 회사에서 IT의 런 레이트는 상당한 것이며 예를 들어 IT 예산이 2000년도에 100만 달러였을 때, 그 연도 도중에 실제 IT 지출이 증가하여 115백만 달러가 되면 런 레이트는 15%가 된다. 이것은 예산에 대해 10%(10백만 달러)삭감하는 것이 실제로는 115백만 달러에서 90백만 달러가 되므로 22%의 원가삭감이 된다는 것을 의미한다.

특별팀 전원이 목적을 확실히 이해하고 그에 완전히 합의하는 것이 중요하다. IT 부서가 회사 모든 부서에 영향을 미치는 IT 변혁을 실시할 수 있을지 여부가 많은 회사에 있어서 주요 관심사인 경우가 많다. 예를 들어 전 직원의 PC 사용방법을 바꾼다, 혹은 워드프로세서를 하나의 브랜드로 표준화한다는 등과 같은 의사결정은 회사 전 직원의 업무 방식에 영향을 미치게 된다. 반대로 메인프레임을 유지 보수하는 IT 직원의 야간근무에 대한 시간 외 비율을 바꾼다는 의사결정에 있어서는 그렇게 영향이 크다고 볼 수 없다.

IT에 일어나는 변화에는 언제나 다양한 수준의 가시성이나 영향이 있다. 몇몇 조직에서는 IT 효율화를 위한 특별팀의 목적을 표명할 때는 이와 같이 확실히 해 둘 필요가 있지만 경험에 의하면 "IT 비용을 10% 삭감한다"와 같은 가장 단순하고 실행 가능한 미션보고서를 작성하는 것이 가장 좋다. 특별팀과 그 리더는 회사조직을 충분히 잘 이해하고 어떤 변화가 이사회나 경영위원회와 같은 높은 계층의 전사적인 조직의 승인을 필요로 하는지 또는 필요하지 않는지를 알아야 한다.

비용은 효율화를 위한 이야기의 반 정도에 불과하기 때문에 비용에만 초점을 맞추는 이러한 단순한 목적은 효율화를 향상시키는 의도와 합치하지 않는 것 같다는 생각을 할 수도 있다. 그러나 비용이 효율화의 반 정도에 불과하지만 효율화의 또 다른 한편의 반인 성과도 비용과 관련이 있다. 자원이 한정돼 있을 때, 비생산적인 자산과 활동에 대한 지출을 줄임으로써 생산적인 자산과 활동에 대한 지출을 늘릴 수 있다. 특히 IT에서는 적어도 어느 회사의 IT 조직이 세계적인 IT 조직의 상위 4분의 1이 될 때까지는 지나치게 현명한 판단을 하려고 하기보다는 틀리지 않도록 집중하는 것이 생산성향상을 위한 방법이다.

"비용이 투자되었지만 사업 가치를 증가시키지 못하는 IT 프로젝트의 반만이라도 피할 수 있다면 IT에 의해 구현된 회사가치가 누구의 눈으로 보더라도 확실히 분명해질 것이다(미국 대형업체의 상무이사)."

"20년간 나는 방침도 없고 예측도 하지 않는 IT 투자의 예를 본 적이 없다. 나를 고민하게 하는 것은 20년 후에도 여전히 어느 IT 프로젝트가 돈 낭비이며, 어느 IT 프로젝트가 제대로 운영되고 있는지를 알지 못한다는 것이다. 적어도 다른 자본적인 지출 프로젝트에 대해서는 나는 몇 가지 깨달은 것이 있다(상위 10위 단체에 들어가는 세계적인 친선단체의 재무담당이사)".

“지난 번 경기후퇴기에 우리는 IT 예산을 10% 삭감했다. 전원이 5분간 불만을 토로했다. 그러나 이상하게도 사업이 효율적으로 운영되었다. 그래서 다음 해에도 동일한 예산삭감을 실시하며 다시 사업을 계속했다. 그 후 이 삭감액이 이익으로 나타난 것을 확인할 수 있었다(국제적인 브랜드를 가진 소매업체의 제너럴 매니저).”

즉 성공한 IT 효율화의 실행항목을 경험한 많은 회사들로부터 얻은 메시지는 비용에 집중하면 효율화에 따라 얻을 수 있는 것도 많아지며 확실해진다는 것이다. 따라서 단순히 비용삭감 목적을 선택한 후 특별팀의 각 멤버가 그 목적을 이해하고 합의하고 실행하는 것을 확인해야 한다는 것이다.

2) 비용삭감활동의 실행

특별팀은 다음과 같은 세 가지 일부터 시작해야 한다.

- 비용삭감을 위한 핫라인과 추진기구를 만든다.
- 현재와 미래의 모든 IT 관련프로젝트의 리스트를 검토한다.
- IT 부서(또는 IT 조직이 매우 분권화되는 경우에는 IT에 중요한 책임을 갖는 모든 그룹)에서 실시되고 있는 모든 기능 또는 활동의 비용대비 편익을 검토한다.

(1) 비용삭감을 위한 핫라인과 추진기구를 만든다

비용삭감의 핫라인은 IT 비용을 삭감하는 방법에 대한 아이디어를 갖고 있는 종업원, 컨설턴트 등으로부터 제공되는 아이디어의 경로이다. e메일의 핫라인은 필수적이며 FAX와 보이스메일의 핫라인을 제공하는 회사도 있다. 이때 고려할 것은 핫라인에 아이디어를 제공하는 익명의 사람들과 아이디어가 나온 발상지를 알고 싶어 하는 경향이 있는 상급관리자와의 균형이다. 중요한 것은 최선의 아이디어를 제공하도록 직원들에게 촉구하는 것이다. 또한 그 아이디어가 기존 방침을 비판하는 이미지를 주게 되면 상급관리자로부터 처벌을 받을 수 있다는 불안감을 갖게 만들 수도 있다. 따라서 이러한 이유로 의욕을 상실하지 않도록 조치를 취해주는 것이 매우 중요하다.

◈ 사례: 비용삭감 아이디어는 심각하게 받아들여야 한다

소프트웨어 테스트를 실시하는 세계적인 어느 대기업이 1995년 도산위기에 처한 적이 있다. 비용 효율성에 관한 아이디어를 요구하는 상급관리자의 요청에 응하여 인터넷을 이용해 비즈니스를 추진하자고 제안했던 어떤 젊은 종업원이 해고됐다. 그 종업원은 한 비즈니스 모델을 통해 단기적으로 인터넷을 이용하여 소프트웨어의 유통비용을 얼마나 삭감할 수 있는지, 장기적으로 인터넷 어플리케이션의 시험을 어떻게 하면 거대한 시장이 되게 만들 수 있는지에 대해 제안을 했다. 그러나 이 종업원의 제안은 인터넷이 시간 낭비라고 생각하는 CEO와 연구부서장이 발표한 보고서를 반박하는 결과를 초래했다. 그 젊은 종업원을 해고한 뒤 바로 그 CEO와 연구부서장 자신도 화가 난 주주에 의해 해고됐다. 이때 이미 회사는 도산 상태에 빠져 있었다(그러나 인터넷은 유행하기 시작했다).

상급관리자의 권력은 언제나 이런 행동을 취하며 이 예로 확실해진 것처럼 CEO는 연구부서장의 견해만을 믿기 쉽다. 일반적으로 핫라인은 많은 젊은 직원이 아이디어를 제공하도록 용기를 주고 있다는 것을 우리 모두 알고 있다. 실제로 IT 최신 기술을 이해하는 것은 역시 젊은 직원이라는 점도 분명하다. IT 변화는 매우 빠르기 때문에 대학 졸업 5년 후에 어느 IT 전문가가 IT 아키텍처와 오퍼레이팅시스템을 이해하는 수준으로서는 시대에 뒤처진다고 할 수밖에 없다.

유럽의 선진 대학에서는 1996년부터 상당 기간 학부 필수과목에 인터넷을 포함시키지 않았다. 그러나 그때 이미 인터넷은 회사가 IT에서 가치를 얻을 수 있는 방법을 변혁시키는 가장 기본적인 능력 중 하나가 되어 있었다. 이상에서 배운 메시지는 많은 젊은 IT직원에게 아이디어를 제공하도록 하는 것이 IT 비용을 삭감하기 위해서는 필수불가결하다는 것이다.

이 소프트웨어 테스트회사의 경영자가 보여주는 것처럼 젊은 종업원으로부터 제시된 효율성과 IT 전략에 관한 새로운 아이디어에 대한 부정적인 자세는 가장 성공하고 있는 회사 경영자의 태도와는 현저히 대조적이다. 빌 게이츠와 마이크로소프트사의 상급관리자도 인터넷의 중요성을 이해하고 있지 못했으며, IT 관리에 대한 그들의 어프로치를 보면 당초 그 중요성을 이해하고 있지 않았음에도 불구하고 마이크로소프트사는 확실히 그 잠재적인 가능성을 믿고 개발을 계속했다는 것을 알 수 있다.

"마이크로소프트사의 인터넷에 대한 대응 추진력은 나나 다른 상급간부로부터 나온 것이 아니다. 새로운 개발을 이해한 소수의 사람들로부터 나온 것이다. 조직 내의 곳곳에 있는 우수한 사람들이 실행항목을 추진하는 능력을 갖지 않으면 안 된다(빌 게이츠)."

아이디어를 내는 것 그 자체가 원가삭감이나 효율성 성과를 달성하는 것은 아니다. 아이디어는 평가받아야 하며, 그 평가에 합격한 아이디어가 보상을 받고 실행되어야 한다. 직원은 그 아이디어가 평가 받았을 때, 그 아이디어에 채택되어 실행되고 있는지, 경영자로부터의 아이디어의 요구가 단지 일시적인 것에 불과한지를 바로 감지하고 있다.

원가삭감을 위한 핫라인으로부터 아이디어의 흐름을 관리하는 메커니즘은 다음과 같은 세 가지 니즈에 초점을 맞춰야 한다.

- 정보흐름을 관리할 것
- 아이디어를 평가할 것
- 평가에 합격한 아이디어를 보상하고 확실히 실행할 것

① 정보의 흐름을 관리할 것

정보의 흐름을 관리한다는 것은 아이디어를 받도록 지시를 받

은 누군가에 대해서도 직원이 아이디어를 보낼 수 있는 경로를 정비해 두는 것을 의미한다. 아이디어를 받는 것은 본사의 비용삭감 혹은 효율화 위원회 또는 단독의 개인이거나 IT 전문 실행항목의 경우는 IT 특별팀일 수도 있다. 그 경로의 예로는 전화의 핫라인, 보이스메일의 수취함 혹은 오퍼레이터담당자 , 인터넷 혹은 e메일 주소 등이 있다. 우수한 전사적 e메일시스템을 가진 조직은 95% 이상의 제안이 e메일을 통해 이루어지고 있으며, 그것만으로도 충분한 경로가 될 것이다.

② 아이디어를 평가할 것

아이디어 평가는 두 가지 단계에서 이루어진다. 아이디어 사전심사에 책임을 갖는 담당자가 있으며, 그 후에 사전심사에 통과한 아이디어를 위원회에서 평가한다. 사전심사에서는 아이디어 기안자와 연락을 취해서 그 아이디어를 명확하게 하고 타당한 평가를 실시하기 위해 필요한 정보를 입수할 필요가 있다.

어떠한 단계에서도 평가 기준에 합의하는 것이 중요하다. 이론적으로 생각할 수 있도록 각각의 아이디어의 순현재가치(Net Present Value: NPV)를 계산하고 이에 따라서 아이디어를 평가해야 한다. 적어도 평가의 초기단계에서는 이러한 어프로치를 어렵게 하는 적어도 세 가지 실무적인 과제가 있다. 첫째 아이디어의 대부분은 조직에 부적당하다든지 다양한 이유에서 방침으로서 받아들여

질 수 없다. 그 이유는 예를 들면 이러한 실시항목을 전년도에 시행해보고 불충분하다는 것을 알았기 때문이다. 둘째 단순한 아이디어를 제외하고 모든 아이디어에 대해 순현재가치를 계산하는 것은 어려우므로 분석을 위해 이용되는 자원을 다른 것 보다 유망한 실행항목에 집중시킬 필요가 있다. 셋째, 공식 투자평가를 실시하고 순

표 3-4 프로젝트 평가의 프레임

정보	상세 데이터	평가/코멘트
아이디어 식별 번호 제출된 데이터 요약 타이틀 수취 데이터 기안자 기안자 부서 예상이익액 단기/중기/장기?		
분석에 2일 분 이상의 업무량이 들지 여부 실행의 용이성 – 고/중/저 과거에 유사한 것이 실시됐는지		
평가		
중요성공요인		
A 즉시 행동		
B 더 필요한 한정된 분석		
C 전략적인 검토에 대한 언급		
X 조치 필요 없음		

현재가치를 계산할 가치가 있다고 생각될 때조차 회사는 장기적으로 이익을 내는 전략적인 프로젝트를 추진하기 전에 빠른 시간 내에 효과를 내는 분석을 시작하고 싶다고 생각할 것이다. 몇몇 조직에서 사용된 프로젝트 평가 중 한 프레임워크가 표 3-4에 제시되어 있다.

③ 아이디어를 확실히 실행할 것

실행을 확실히 하기 위해서는 실행에 착수하도록 약속을 한 뒤에 개개의 관리자에게 실행 책임을 할당하고 또한 실행계획에 비추어 그 실행을 감시할 필요가 있다.

(2) 현재와 미래의 모든 IT 관련 프로젝트 리스트를 검토한다

전사적으로 진행 중인 모든 IT 프로젝트에 대한 완전한 리스트가 있는 회사는 이미 비용을 제대로 관리하고 있다. 아직도 많은 회사에서 이러한 리스트가 없는 곳이 적지 않다. 현재 회사에서 IT 프로젝트는 비용과 위험의 주요 원천이다. 사업을 운영하는 경영관리자팀은 종업원, 회사에 대한 법적 조치, 회사의 경영정보인 고객에 대한 완전한 리스트를 갖고 싶어 한다. 이것이 중요 리스트, 수익, 비용 등의 잠재적인 원천이라고 생각하고 있기 때문이다. IT 프로젝트도 또한 리스트, 수익, 비용의 주요 잠재적인 원천이며 다른 리스트, 수익, 비용의 원천과 마찬가지로 기록 보관되어야 경영자가 입수할 수 있는 것이어야 한다.

20년 전 IT가 아직 상급관리자에게 새로운 것이었을 때는 이러한 정보를 문서화하지 않는 것에 대한 수많은 변명이 있었지만 오늘날은 회사가 IT 지출과 위험의 주요 항목을 추적할 수 없는 이유를 설명하는 것이 어려워지고 있다. 회사는 어떠한 프로젝트가 있는지, 그 비용은 무엇인지, 왜 그 프로젝트를 시작하는지 누가 그 프로젝트의 책임을 지고 있는지를 알 필요가 있다.

미국의 모 대형전기통신회사에서는 비즈니스 사례나 후원자가 존재하지 않는 모든 IT 프로젝트를 단순히 중지시킴으로써 그로 인해 100백만 달러 이상을 절약했다. 아무도 명확히 책임을 지지 않은 경우라든가 회사 안에서 그 프로젝트에 대해서 아무도 프로젝트가 가져다줄 경영상의 이익을 명확하게 말할 수 없는 경우에도 적지 않은 IT 프로젝트가 계획되거나 실행된다는 것이 알려져 있다.

IT에 관련된 종업원은 모두 일상의 보통 업무 혹은 어느 프로젝트에 종사하고 있다. 전형적인 프로젝트에는 시스템강화프로젝트, 어플리케이션 개발프로젝트, 레거시시스템 축소프로젝트, 새로운 설비프로젝트 등이 있다. 모든 프로젝트에 후원자, 종료일, 프로젝트계획, 비즈니스 사례, 프로젝트관리자를 설정하지 않으면 안 된다. 회사에서 실행 중 혹은 계획 중인 모든 IT 관련프로젝트에 대해서 완전한 리스트를 작성하고 각각의 프로젝트에 대해서 지금 언급한 상세한 사항을 명시해야 한다.

이러한 데이터 수집에는 시간이 걸리며 그 자체가 미니 프로젝트이다. 상급 IT 관리자가 적거나 혹은 상급 IT 관리자의 경험이 적은 회사에서는 대개 3주 정도는 걸릴 것이다. IT 프로젝트의 관리경험이 풍부한 회사에서는 비교적 원활하게 진행이 되어 일반적으로 모든 데이터를 수집하기 위해 1~2주 정도가 소요된다.

가장 훌륭한 실적을 내는 회사에서는 IT 프로젝트와 그에 관한 모든 세부 사항 리스트를 본사에서 보유하고 있다. 이 리스트는 정기적으로 재검토되었으며, 사업 사이클에 따라서 프로젝트에 투자할 노력을 증가 혹은 감소시킨다는 사실이 알려져 있다.

① 프로젝트분류

IT 프로젝트 검토를 실시하고 있는 많은 회사는 모든 프로젝트를 다음과 같이 분류하고 있다.

- 계속해서 주목한다/사업에 있어서 중요
- 실행하지 않으면 안 된다/규제 있음.
- 매우 바람직함.
- 어떤 점에서는 실시할 필요가 있다.
- 그 외

프로젝트를 분류하는 데 있어서 중요한 것은 가장 낮은 분류단

표 3-5 IT 프로젝트의 주요내용

프로젝트명	내 용
프로젝트 후원자	
프로젝트 관리자	
목표로 하는 성과	최종적인 프로젝트의 목표로 하는 성과의 요약. 예를 들어 "하루 평균 100달러인 단가의 50,000건 고객주문에 대응할 수 있는 기능을 구현하는 인터넷상의 홈쇼핑주문이행시스템"
목표로 하는 성과 종료일	
다음 기한	날짜
프로젝트가 일정계획보다도 더 진행되고 있다/지연된 일정	다음 프로젝트기한과의 관련에서 매우 실무적으로 결정된다.
프로젝트의 추진 또는 이론적인 근거	이것은 순현재가치 혹은 규정요건이 있는 경우에는 프로젝트에 요구되는 그 규정의 명칭
총비용 내용	프로젝트비용, 되도록 프로젝트관련 직원/자원과 프로젝트 비관련직원/자원으로 분해한다.
부속물	
수요 문세와 위험	
분류	1. 계속해서 주목한다/사업에 있어서 중요 2. 실행하지 않으면 안 된다/규제 있음. 3. 상당히 바람직함. 4. 어떤 점에서는 실시할 필요가 있다. 5. 그 외 중 하나
분류 이유: 분류증거를 제시한 담당부서	이것은 프로젝트의 적절한 분류를 보증하려는 것이다.

표 3-6 2000년 문제프로젝트의 주요데이터의 예

프로젝트명	글로벌 2000년 문제대응 프로젝트
프로젝트 후원자	진 브로디 씨
프로젝트 매니저	존 마하틸 씨
목표로 하는 성과	회사에서 사용되는 모든 IT 하드웨어와 소프트웨어(OS를 포함)에 대해서 1999년 9월까지 2000년 대응인 것을 확인하든지 회사에서 뺀다.
목표로 하는 성과 종료일	1999년 9월
다음 기한	1999년 7월~2000년 비대응 모든 시스템의 스위치를 끊는다.
프로젝트가 일정계획보다도 더 진행되고 있다/지연된 일정	(16주 동안)
프로젝트의 이론적인 근거	2000년 문제는 기능 기한이 있는 것뿐만 아니라 많은 회사부서에 있어서 규제 당국(예를 들어 의료 안전)이 요구한다.
총비용 견적	420만 달러
부속물	1999년 5월까지 새로운 데이터교환 표준에 관한 산입전제의 합의
주요 문제와 위험	
분류	실행하지 않으면 안 된다/규제 있음
분류 이유: 증거를 지지하는 담당부서	1995년 2월의 주요 이사회지시

계로 구분되는 프로젝트가 있다는 것을 인식하는 것이다. 모든 프로젝트가 최종적으로 "계속해서 주목해야 한다" 혹은 "실행하지 않으면 안 된다"에 분류되는 위험은 언제나 존재한다. 이러한 위험을 관

표 3-7 e커머스 프로젝트의 주요 데이터의 예

프로젝트명	e회사
프로젝트 후원자	요랜터 쿠멜 씨
프로젝트 관리자	마이켈 브레어 씨
목표로 하는 성과	모든 관련된 주문이행 또는 신용카드 거래 서비스를 포함하여 회사의 고객부서의 제품라인 50%에 대한 인터넷에서의 점포전시를 파일럿 적으로 도입. 하루 20,000건의 주문 처리 능력
목표로 하는 성과 종료일	2005년 1월
다음 기한	2004년 6월 – 보안 서버의 스트레스 테스트
프로젝트가 스케줄보다도 더 빠르게 진행되고 있다/지연된 일정	2주일 선행되고 있음.
프로젝트의 이론적인 근거	1. 주요 라이벌의 대부분이 유사 활동을 하고 있다. 2. 110만 달러의 순현재가치가 산출
총비용 견적	50만 달러
부속물	마케팅, 구매, 전략적 유통파트너로부터의 자원투입
수요 분세와 위험	
분류	매우 바람직하다.
분류 이유: 증거를 지지하는 담당부서	모든 주요 경쟁상대가 유사 활동을 실시하고 있다. CEO는 2003년 12월 주요간부회의에서 이 프로젝트를 승인

리하기 위해서 프로젝트에 관한 어느 특정 사항을 이해하면 편리하다. 그것은 표 3-5에 정리되어 있다. 이 포맷의 이용 예가 표 3-6과

표 3-7에 제시되어 있다.

프로젝트에 관한 데이터를 입수한 후, IT 비용삭감팀은 각각 프로젝트를 한 건 한 건 검토하여 프로젝트를 앞으로도 계속할 것인지, 몇 가지 점을 수정할 것인지, 종료시킬 것인지를 경영자에게 제안한다. 이를 위해서 각각의 프로젝트에 제시된 이론적인 근거와 비즈니스상의 편익을 충분히 이해할 필요가 있으므로, 프로젝트의 기초 데이터를 일단 입수하면 IT 비용삭감팀은 개개의 프로젝트에 대해서 후원자, 프로젝트관리자 등에게 질문해야 한다.

② 프로젝트 우선순위부여 활용방안

어느 특정 프로젝트나 활동이 필요불가결하든지("계속해서 주목한다"), 단순히 바람직한가에 대하여 IT 관리자 등으로부터 제공되는 정보를 신뢰할 필요가 있다. 그 정보를 이용하여 프로젝트별 순위를 부여하는 것이다. 이것은 모든 프로젝트나 활동에 대해서 가장 필요한 것을 최우선으로, 그다지 필요로 하지 않거나 긴급성이 없는 것은 마지막에 순위 매김을 한 것이다. 리스트상의 어떠한 프로젝트에 있어서도 개개의 프로젝트나 활동을 모두 같은 순위로 매길 수는 없다. 반드시 프로젝트들의 우선순위를 구분해야 한다. IT 상급관리자의 워크숍에서 실시되는 순위 매김에서 각각의 프로젝트를 비교함으로써 어느 개인에게 있어서 "바람직한 프로젝트"를 "계속해서 주목해야 하는 프로젝트"로서 우선순위가 뒤바뀔 기회는 매우 적어질 것이다. 다음에는 각각의 프로젝트를 삭감하는 데 나타날 수 있는 가치를 각각의 프로젝트에 따라서 기술한다. 이러한 사전에 합의된 삭감 비율에 따라 리스트 아래부터 프로젝트를 삭감 혹은 연기한다.

표 3-8에 제시한 것은 효율화 향상과 원가삭감에 대한 가능성이 있는 모든 영역을 식별하기 위해 개개의 프로젝트에 대해 알 필요가 있는 항목의 검사리스트다.

IT 비용삭감팀은 모든 프로젝트를 재검토하고 충분히 잘 이해하여 회사에 실행방안을 제시해야 한다. 일반적으로 IT 프로젝트의 비용을 삭감하는 실행방안에는 다음과 같은 것이 있다.

- 지출을 증가시킨다고 인식되는 편익의 순현재가치를 증가시킨다.
- 프로젝트를 바꾸지 않고 비용을 삭감한다.
- 두 개 이상의 프로젝트를 병합한다.
- 프로젝트예산을 삭감한다.
- 프로젝트를 늦추거나 혹은 무기한 연기한다.
- 프로젝트를 중지한다.

경영층이 일단 제안을 승인하면 IT 비용삭감팀에서는 변혁을 위한 실행지원을 감시하고 필요하면 간섭해야 한다. IT 비용삭감팀

표 3-8 효율성 향상과 원가삭감 검사리스트

1. 프로젝트는 여전히 가치가 있는지	· 당초 승인된 프로젝트의 비즈니스 사례가 여전히 타당한지. 그 전제는 무엇인지. 변화됐는지
2. 프로젝트를 늦출 수는 있는지	· 프로젝트의 사업가치의 변화를 어떻게 늦출지. 3개월, 6개월, 혹은 1년 늦출지 · 프로젝트를 늦추면 얻을 수 있는 이점과 결점은
3. 프로젝트 간에 잠재적인 시너지효과는 있는지	· 왜 시너지효과가 있는지. 누가 그렇게 생각하는지. 대략적 가치는 · 프로젝트관리의 간접비를 삭감하기 위해서 다른 프로젝트와 병합시킬 수 있는지 · 그 외의 프로젝트가 유사한 목적을 갖고 있는지. 모두 필요한지
4. 프로젝트의 구조를 변화시켜야 하는지	· 프로젝트의 목적은 명시적 혹은 암시적으로 변화됐는지 · 프로젝트의 범위는 변화시켜야 하는지 · 보다 상위 혹은 하위의 프로젝트관리자가 임명되어야 하는지 · 프로젝트의 후원자를 바꿔야 하는지
5. 투자액을 늘리면 프로젝트가 초래하는 가치를 크게 할 수 있는지	· 다른 프로젝트는 이 프로젝트로부터 어떠한 편익을 얻을 수 있는지 · 프로젝트는 보다 철저하게 실시해야 하는지 · 지금까지 프로젝트의 위험과 실행가능성에 대해 무엇을 학습해 왔는지

은 이 모든 변화와 관련된 비용절감금액을 추적하여 기록을 보유하고 그 결과를 경영층에 보고해야 한다.

(3) IT 부서에서 실시하고 있는 모든 기능 또는 활동의 비용대비 편익을 검토한다

앞에서 언급했듯이 IT 부서(IT가 매우 분권화된 경우는 유사실체) 전원이 프로젝트와 일상 업무 어느 쪽에 종사하고 있을 것이다. 따라서 이론상으로 보면 어느 쪽도 아닌 경우는 없을 것이다. 이것은 모든 프로젝트의 검토에서 언급되지 않았던 조직에 대해 가치를 갖고 있는 종업원 혹은 임시직사원이나 계약사원 전원이 위에서 제시한 것처럼 IT 조직에서 일상적인 기능 속에서 움직이고 있다는 것에 관해 IT 비용삭감팀의 검토에 포함시켜야 한다는 것을 의미한다. 이것이 전체의 IT 부문의 비용과 편익을 검토하는 목적이다.

원칙적으로 이것은 간단하고 또한 실행하기 쉬워야 한다. 처음에는 예산에 대한 모든 IT 하위부서와 그룹에 관한 조직도에서 시작된다. 각각의 그룹은 비용편익의 기준에 의해 검토된다. 즉 각각의 측정그룹이 회사에 있어서 가치가 있는 것인지, 회사에 초래하는 것은 무엇이며 삭감된 예산으로 만족할 만한 회사의 편익을 초래할 수 있는지 등과 같은 것이다. 실제로 초점을 맞춰야 할 영역에는 인원수, 계약자, 설비와 같은 세 가지 영역이 있다. 가슴 아픈 사실이지만 원가절감은 상당한 범위의 인원수 삭감을 의미한다. 사람에게는 비용이 들며 그들은 설비를 이용한다. 모든 IT 부서의 비용편익을 검토하는 하나의 어프로치는 단순히 모든 IT 하위부서의 관리자에게 인터뷰를 하고 그 예산에 대해 둘 혹은 세 단계(예를 들어 5%, 10%, 15%)의 삭감을 어떻게 실행할지 또는 사업에 대해 어떠한 결과를 초래할지에 대해 설명을 의뢰하는 것이다.

이 단계에서 IT 비용삭감팀의 주요한 업무는 프로세스 진행에 있어서의 성실함을 유지하는 것이다. 우수한 IT 관리자는 프로젝트 추진에 대해서 적절한 태도를 제시하고 중요한 항목보다도 우선 중요성이 낮은 항목을 예산에서 삭감하는 것을 제안한다. 직원이나 예산을 삭감하는 것은 아무도 원하지 않지만 상황이 어려울 때에는 모든 관리자의 임무 중 하나가 된다.

직원에 대한 잘못된 동정심 때문에 혹은 무능력 때문에 예산 중에서 비교적 중요한 영역을 최초로 삭감할 것을 제안하는 관리자도 있다. 그렇게 함으로써 자신의 부서를 지킬 수 있다고 기대하기 때문이다. 혹은 원자력 시설의 안전상 중요한 프로젝트와 같이 전혀 삭감할 수 없는 프로젝트도 물론 있을 수 있다. 그 사례를 한 번 보자.

◈ 사례: 독일 대형은행의 읽히지 않는 보고서 삭감

1998년의 러시아 금융시장의 붕괴 후, 금융 파산한 전 세계의 은행이 원가삭감프로그램을 책정했다. 은행의 이러한 프로그램에서는 건물비와 인건비를 공제한 뒤의 가장 큰 무이자비용인 IT 비용에 자연스럽게 초점이 맞춰지기 마련이었다. 브라운 씨는 IT 부서에 배속되어 러시아 위기가 발발하기 수개월 전에 IT 비용에 관한 전략적인 재검토에 착수했다. 러시아의 채무불이행을 거쳐 그는 보다 빠르게 전술적인 IT 원가삭감의 실행항목을 작성하도록 다시 업무지시를 받았다.

독일의 은행은 정기적으로 다수의 보고서를 작성하는 것으로 유명하다. 매년 작성되는 일별, 주별 월별 보고서는 매년 수천 개에 이른다. 각각의 보고서가 다양한 방법으로 비용을 발생한다. 시스템은 데이터를 기록하도록 유지되며 이용자는 데이터를 데이터기록시스템(자동적으로 데이터가 기록되는 일은 없다)에 입력하도록 훈련되어야 한다. 데이터기록시스템이 그 보고서를 작성하는 시스템에 링크하지 않는 일이 많아 그 결과 또 다른 사람이 다시 입력하는 경우가 많다.

예를 들어 외화준비고의 거래 데이터는 은행본체의 한 컴퓨터로부터 해외 사업소에서 프린트 아웃되는 경우도 많으며, 또한 그 후 본사에 팩스로 송신되며 본사에서는 학교를 졸업한 연수생이 묵묵히 그 데이터를 은행별 컴퓨터에 입력하고 있었다. 사실 해외 지점에서도 소프트웨어와 이를 작동하는 방법은 같았다. 보고서의 대부분은 종이로 인쇄되었다. 몇 개의 보고서는 매우 길며 EU가 손으로 운반할 수 있는 것을 규제하도록 도입한 건강과 안전에 관한 규제에 반하는 중량제한이 있기 때문에, 우체국에서는 그 보고서를 나눠주기 위해 새로운 설비를 도입해야만 했다.

사실 브라운 씨는 12년 전에 같은 은행의 연수생이었으며, 수개월간 데이터 재입력 작업을 경험하고 미국의 은행에서 일하기 위해 파견된 많은 연수생 중 한 명이었다. 지금은 데이터 재입력은 감소했지만 대폭적으로 적어진 것은 아니다. IT 비용의 전략적인 재검토에 착수하려고 한 브라운 씨의 당초 프로젝트는 귀찮은 데이터 재입력을 없애기 위해서 은행 내의 프로세스를 리엔지니어링하는 계획이었다. 그는 이것이 은행 업무에 맞지 않는다는 것을 알고 있었다. 그는 경영컨설턴트로서 세계적인 렌터카회사, 미국의 대형항공회사, 빅 식스의 회계사무소에서 유사한 대규모 비효율성을 봐왔다. 그러나 러시아 위기에 의해 발생한 원가삭감의 긴급성에 의해 비즈니스 프로세스를 리엔지니어링하는 어프로치는 인정받을 수 없게 됐다. 리엔지니어링 어프로치는 회사가 부담할 수 없을 정도의 막대한 투자를 해야 하며 다른 대형 프로젝트를 추진하고 있었으므로 변화에 대한 자원과 기기의 성능이 제한되어 둘 다 6개월 혹은 1년간 성과를 내기가 어렵다.

CFO는 바로 성과를 내지 않으면 브라운 씨의 직무가 없어진다는 것을 개인적으로 밝혔지만 큰 비용삭감을 현실화시키기 위해 무엇을 하면 되는지 전혀 알 수 없었다. 이 문제에 관한 4일간의 브레인스토밍을 끝내고 어느 프로젝트를 삭제할 수 있을지를 알기 위해서 진행 중인 모든 IT 프로젝트에 대해서 조사하고 재무 담당자와 밀접하게 공동작업을 해도 브라운씨는 은행이 요구하는 비용삭감액을 달성하리라 여겨지는 해결책에 아직까지 다가가지 못하고 있었다. 브라운 씨는 은행에 대해서 그다지 신경 쓰지 않았으며 자신의 직무에 대한 것을 더욱더 걱정하기 시작했다. 그는 부인과 태어난 지 얼마 안 된 아이에 대해서 생각했다.

이때 브라운 씨는 어느 의뢰회사의 IT 담당임원과의 회의를 위해 뉴욕으로 파견을 나갔다. 그 담당임원은 그 독일은행과 합의 하에 공개매수에 관심을 가지고 있어서 두 개 은행의 IT 조직을 융합하기 위해 필요한 노력을 알고 싶어 했다. 은행 비용 문제로 여전히 고민하고 있을 때, 브라운 씨는 비행기 비즈니스석에 다른 회사의 IT 관리자가 옆에 앉아 있다는 사실을 깨달았다. 여러 비행기에서 비즈니스석의 적어도 반은 전 세계를 왕래하는 IT 전문가라고 생각되기 때문에 이것은 그다지 놀랄 만한 일은 아니었다. 브라운 씨는 IT시대의 이러한 작은 사실로 비디오와 목소리로 재빠른 글로벌 커뮤니케이션이 가능해진다는 사실을 깨닫지 못했지만, 옆에 앉은 사람이 IT 비용을 삭감하는 철저한 계획의 초안을 검토하고 있었다는 사실은 깨달았다. 그가 옆에 앉은 캐나다 사람과 이야기를 시작하자 그 캐나다 사람은 바로 브라운 씨와 브라운 씨의 회사 니즈에 대한 대답을 제시해 주었다. 그 대답은 모든 보고서를 없애는 일이었다.

그 캐나다 사람은 재입력 문제도 해결하려고 했지만 보고서의 대부분이 단순히 거의 읽혀지지 않거나 혹은 읽힌다 하더라도 작성되는 빈도수보다는 훨씬 적다는 결론을 내렸다. 처음에 그는 배포를 위해 메일실에 보내려고 했었던 책상 근처에 있는 산더미서류에서 세 개의 일별 보고서를 없앴다. 이 보고서를 매일 작성하는 것만을 하고 있었던 종업원은 아무도 불만을 토로하지 않았다. 캐나다 사람은 상사를 통해서 은행 경영위원회에 다가갔다. 모든 보고서를 하루만 스톱시키고, 그 보고서를 요구하는 불평전화를 받을 사람을 대기시키는 데 합의를 얻었다. 이것은 모든 필요한 정비가 갖춰진 다음 주에 이루어졌다. 사실 보고서의 약 10%가 송부됐지만 그 보고서는 그 은행을 운영하는 데 있어서는 확실히 필요 없는 것이었다. 나머지 중 약 40%는 결코 필요하지 않았다. 보고서의 35% 이상이 하루 밤 사이에 사라졌다. 더욱 구체적으로 조사하여 이에 따라 보고서를 요구하는 전화를 거는 사람의 대부분은 그 보고서 이용자가 아니라 보고서를 받았다는 것을 검사하는 책임이 있는 관리자라는 것을 알았다. 보고서의 최종적인 이용자를 식별하고 이야기를 하기 위해 더욱더 작업이 이루어졌다. 그 결과 프로젝트 종료까지 보고서의 50% 미만이 없어지거나 상당한 분량이 줄어들었다. 비용 삭감의 성과를 정식으로 계량화하지는 않았지만 상급관리자 이하의 전원이 몇 백만의 독일 마르크의 보고서 작성비용이 삭감되는 것에 동감했다.

브라운 씨는 자신의 은행에도 이러한 실행항목을 제안하고 완전히 똑같은 결과를 얻었다. 4개월 후, 그는 IT 부서의 최고대리로 2단계나 승진을 했으며, 세계에서 가장 큰 비즈니스프로세스 리엔지니어링 프로젝트의 하나를 추진하고 있다.

2. 비용감시부서를 설치한다

● 비용감시부서의 역할

"비용과 수익을 검토한다"는 것은 어떤 의미에서는 사업경영의 기본이지만 실제로 실시하기에는 매우 어렵다. IT의 비용과 수익을 검토할 때 먼저 해야 할 부문은 투자 우선순위나 프로젝트 종료에 대해서 무엇인가 합리적이며 확실한 변화가 식별되도록 하는 것이다.

그리고 그것은 주로 경제와 시장상황 등 어느 하나가 변했기 때문이라든지 예전에는 유망해 보였던 프로젝트가 어떠한 이유든지 문제에 직면했기 때문이다. 마찬가지로 단축시키는 것은 어리석은 짓이라고 누구나 생각하고 있는 중요한 프로젝트도 있으며, 이미 계획된 이상 더 투자해야 할 이점이 있는 중요 프로젝트도 있을 것이다. 그러나 IT 지출의 대부분은 그 중 어느 쪽 카테고리에도 들어가지 않는다. 비용과 이익, 특히 비용이 확실하지 않기 때문이다. 이제 부터 비용감시부서가 나설 차례다.

이 장 처음에 전술적인 원가삭감의 실행항목과 비용감시부서의 업무와의 구별을 해 보았는데 양자의 조직구조에 차이는 있어도 업무 내용은 중복되어 있다는 것을 확실히 했다. 여기서는 회사가 (전술적인 원가삭감의 실시항목에서) 다음 단계로 나아가기 위한 발전의 방향에서 생각해 보자. 이때 회사는 많은 조직구조 중 그 실시항목에 필요한 조직구조가 어떤 것인지를 알게 된다. IT 비용삭감팀과 같이 전술적인 원가삭감의 실행항목을 통제하기 위해서 설치된 조직구조는 비용감시부서의 기초가 된다.

● 비용감시부서의 분석적인 역할

전술적인 IT 비용삭감의 실시항목과 비용감시부서의 업무 내용은 중복되지만, 실시되는 분석의 종류에는 다소 차이가 있다. 이 차이점을 여기서 간단하게 설명해 둘 필요가 있다. 비용감시부서는 다음과 같은 두 가지 목적을 갖고 있으며, 그것은 비용삭감의 실행항목에 의한 체계적인 방법으로는 충족되지 않는다.

- 회사의 IT 이용에 관한 주요 비용발생요인의 분석과 이해
- 비용삭감 기회의 전사적인 관점

표 3-9 전형적인 주요 IT 비용발생요인

발 생 요 인	세 부 항 목
1. 보수비용	인원감소율 임시직 상근직비율 관리직직원 비율
2. 자산임대료	용지 밀도 – 평방피트/책상 밀도 – 사람/책상
3. 이용자의 능력	이용자 훈련 헬프데스크의 이용가능도 GUI으로의 변화
4. 구조상의 복잡함	다른 중핵시스템의 다양성 시스템의 평균연수(가중)
5. 경영자 및 관리자 보고서 요청	비용의 투명성 통제의 변경수 시스템 문서화

(1) 회사의 IT 이용에 관한 주요비용발생요인의 분석과 이해

비용감시부서는 IT 비용을 결정 혹은 발생시키는 요인을 식별하고 그것을 될 수 있는 한 세부요소로 분해하여 분석해야 한다. 예를 들어 부동산 임대료는 보통 IT 비용의 주요 비용발생요인이 된다. 부동산관련 비용 요소는 사무실의 크기와 직원의 밀도이다. 시내도심의 사무실은 교외나 지방의 거점보다도 높은 임대료를 지불해야 한다. 전형적인 주요 비용발생요인이 무엇인가를 이해하고 각각 어느 범위까지 어떻게 통제할 수 있을지를 알아야 한다. 그렇게 함으로써 비용감시부서는 회사전체의 IT 비용을 얼마나 제대로 관리하고, 효율성 향상을 얼마나 달성할 수 있을지에 대해 무엇인가 새로운 관점으로 보아야 한다. 예를 들면 IT 부서직원의 배치가 향후 5년간 가장 중요한 단일 비용발생 요인이 될 것 같으면, 개발담당자를 역외로 옮김으로써 효과를 높이는 기회가 있는가를 조사할 가치가 있다. 한편 레거시 시스템이 관리가능한 비용의 주요 원천이 된다고 생각된다면 비용감시부서는 레거시 시스템으로부터 탈피하는 선택안에 대해 조사해야 한다.

비용감시부서는 비용삭감의 실행항목 개시 1개월부터 6주간 이내에 설치되어야 한다. 그 일의 일부로서 지불조건에 있어서도 우선 어느 특정 IT 비용을 검토할지를 정확하게 결정할 때는 비용삭감의 실행항목에 대해서 보다 상세한 분석을 해야 한다. 이 역할은 재무담당부서에서 실시되어야 한다고 생각하는 관리자도 있다.

실제로 IT 비용의 복잡도에 따라 IT 비용감시부서에서도 가장 성공한 시도는 IT 부서의 운영통제 하에 있는 직원에 의해 이루어진 일도 있다. 이것은 IT 부서의 상급관리자로 전환 배치된 재무담당부서의 직원일 수도 있으며, 재무담당부서와 IT 부서 합동워킹그룹이거나 재무담당부서 내의 특별팀이 될 수 있다. 중요한 것은 기존의 재무담당조직이 조직상의 변경이 없이 서로 다른 비용데이터와 비용분석을 작성하기 시작하는 것을 기대하지 말아야 한다는 것이다. 또한 IT 비용을 감시하고 원가삭감프로그램을 지원하기 위한 필요한 구체적인 비용분석을 실시하기 위해서는 단순한 조직변경에 의해 몇 명(큰 조직에서는 4~8명)을 IT 부서와 밀접하게 공동작업을 시켜 IT 부서장에게 직접 보고하는 것이다.

(2) 원가삭감 기회의 전사적인 관점

대부분의 대규모 회사에서는 우선 고객이 세계화되고 있으므로 세계적인 IT 공급사와 서비스 파트너관계를 갖고 싶어 한다. 회사가 내부의 경영관리측면보다도 고객 대응측면 활동에서 세계화 되려고 하는 것은 당연한 일이며, 거기에 원가삭감의 기회가 많이 있을 수 있다. 비용감시부서는 어떠한 IT 설비와 IT 서비스를 누가 구입하는지를 명확하게 하여 하나의 지점에서 계약을 체결하게 하고 구입 창구를 일원화하여 협상함으로써, 전 세계의 IT공급사와 보다 좋은 거래를 할 수 있는 기회를 찾을 수 있다. 모든 국가나 지역에서 독자적으로 조정하려고 하는 것이 아니라 세계적인 책임을 갖는 단일 부서를 통해서 IT 제품과 서비스를 공급할 수 있도록 협상함으로써 회사에서는 커다란 경제적 효과를 얻을 수 있다.

필연적으로 강한 지역성을 갖는 제품과 서비스도 있다. 예를 들어 임시직원이나 종업원 알선회사 등이다. 한편 텔레커뮤니케이션, PC 소프트웨어와 같은 더욱더 세계화되고 있는 상품도 있다. 이 경우는 하나 혹은 소수의 공급사가 모든 회사의 수요에 맞춰 전 세계 시장을 대상으로 제공할 수 있다.

일반적으로 고유 IT 제품과 서비스에 대해 단일 또는 몇 개의 세계적인 공급사가 있으나 독자가 소속된 회사의 경우 개별 지역에서 협상한 복수의 공급계약자가 있을지도 모른다. 이러한 중복을 파악하여 IT 공급사와의 협상 효과를 향상시키는 것이 비용감시부서의 역할이다. 조직이 지역별 구조로부터 세계적 구조로 이행하는 과정에 있기 때문에 복수의 계약자가 적합한 경우도 많다. 또 지역 담당 관리자가 자신이 담당하는 지역에서의 공급사와 관계를 계속적으로 유지하려고 하는 자연스러운 경향 때문에 세계적인 조달활동으로의 이행이 방해를 받는 경우도 많다.

공급사와의 세계적인 조정이 적합하기는 하지만 보통 비용감시부서는 그것을 제대로 이용하는지 감시하는 데에 도움이 되는 일을 할 수 있다. 공급사와의 세계적인 계약이 존재하는 경우는 많은데 지역 경영자는 그 계약을 알지 못하거나 계약 자체를 방해하는 경우도 있다.

● 비용감시부서의 직원배치

비용감시부서의 직원은 어떠한 사람이어야 하는가? 능력과 경험을 겸비한 관리자 외에 팀의 직원은 회계기법의 훈련을 받고 IT 비용관리에 대한 경험을 보유한 자이어야 한다. 8명이 한 팀이라면 대강 다음과 같은 조합이 대부분의 조직에서 제대로 기능을 한다고 볼 수 있다. 그 8명이란 관리자 1명, IT 비용관리 경험과 회계 훈련을 받은 4명의 회계담당자, 1~2명의 IT 비용통제 담당자, 1~2명의 IT 전문가이다.

많은 조직에서 이러한 팀의 반 혹은 그 이상을 계약직, 그 외의 임시직으로 배치로 하는 경우가 있다. 대부분 프로젝트 종료 후 임시직원이 정직원이 되는 경향이 있다고는 하지만 팀의 반 이상을 이러한 구성으로 배치하는 것에는 반대한다. 일반적으로 비용감시부서 설치 후, 수개월 동안 부서간 조정 등 힘든 업무를 처리해야 하기 때문에 중복업무나 파트타임으로 팀을 구성하는 것은 대부분의 조직에서는 적절하지 않다.

3.3 IT 비용 최적화

다양한 리서치기관에서 이루어지고 있는 IT 비용분석에서 다음과 같은 내용이 발표되었다.

- 분산시스템은 집중형시스템과 비교하여 반드시 저렴하다고 할 수 없다.
- 미국의 세계적인 리서치회사인 가트너 그룹은 1990년대 초에 메인프레임/단말기 방식의 집중형 시스템의 IT 비용과 클

라이언트/서버방식의 분산형 시스템의 IT 비용을 비교분석하여 분산형이 집중형보다 1.7배의 비용이 소요된다는 연구 결과를 발표했다.

- 클라이언트 한 대당 IT 비용은 PC 한 대 구입가격의 2배 이상이다.
- 관리, 지원 또는 사용자 관련 비용은 IT 비용의 70% 이상을 차지한다.
- 지금까지 충분히 파악하지 않았던 눈에 보이지 않는 비용은 무시할 수 없을 정도로 크다.

따라서 IT 비용을 최적화하려고 생각하는 경우 우선 충분히 고려하지 않았던 눈에 보이지 않는 비용의 존재를 파악하는 것부터 시작할 필요가 있다. 그리고 관리, 지원 또는 사용자에 관한 비용을 삭감하는 것이 가장 효과적이다. 눈에 보이지 않는 비용을 파악하는 것은 정보시스템 관리와 지원체제 또는 프로세스, 사용자에 제공하는 서비스의 수준, 사용자의 기술 등 회사 정보시스템에 관한 다양한 상황을 재고 조사하고 재평가하는 것을 의미한다. 이에 따라 얻어진 상황에서 관리, 지원 또는 사용자에 관한 비용을 증가시키는 원인을 알아보아야 한다.

1. IT 비용 최적화 프로세스

IT 비용을 최적화하고 정보투자의 효율을 향상시키는 방법은 한 가지가 아니다. 또한 어프로치는 BPR 활동과 마찬가지로 한 번 했다고 끝나는 것이 아니라 계속적으로 이뤄져야 하는 프로세스이어야 한다. 왜냐하면 회사가 정보시스템으로부터 얻을 수 있는 가치를 향상시키기 위해 실시하는 다양한 활동－즉 새로운 기능의 추가, 신규 어플리케이션 도입, OS나 미들웨어소프트웨어의 버전업그레이드, 사용자범위의 확대 등－을 행할 때마다 IT 비용은 일시적으로 상승하는 경향이 있다(그림 3-4).

예를 들어 문서공유에 의한 협조적인 작업환경 정비를 하기 위해 그룹웨어제품을 신규 도입하고 모든 회사의 직원이 참여하는 경

그림 3-4 시스템가치와 IT 비용 추이

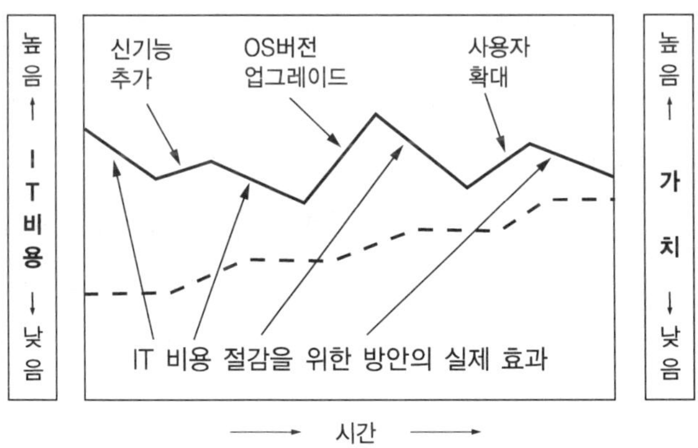

출처: ITR 컨설팅

우 도입에 따라 정규도입교육, 임시 훈련 등이 필요하며 헬프데스크로 전화가 증가하고 피어지원이나 셀프지원에 할애되는 사용자의 인건비의 상승도 예상된다. 따라서 언제나 IT 비용 최적화의 노력을 계속하지 않는다면 비용이 증가한다는 것이 자명하다.

비용을 억제하면서 정보화를 추진해나가는 지침은 첫째, 정보화에 의한 가치향상을 대전제로 깔 것, 둘째, 투자효율향상에 대한 목표를 가질 것, 셋째, 목표를 명확하게 하기 위해서 정량적인 지표를 가질 것 – 목표에 대한 달성평가를 위해서도 지침이 필요하다 – 그리고 넷째, 개선은 회귀적인 프로세스일 것 등 네 가지 점이 있다.

여기서 말하는 정량적인 지표가 IT 비용이다. 회귀적인 프로세스란 그림 3-5에 나타나는 것과 같이 IT 비용을 측정하고 최적화 목표를 달성하고 개선을 위한 방책을 제안하고 그것을 실행한 다음 다시 IT 비용을 측정하고 달성도를 평가한다. 또한 다음 목표를 설정하고 되풀이해서 개선을 해나간다는 것이다. 나중에 언급할 IT 비용 최적화를 위한 방안 중에서 효과적인 개선방법을 복수로 선정하고, 우선순위에 따라서 잇달아 실행해 나가는 것이 중요하다. 개선방법 중에는 프로젝트를 조직하고 어느 시점에서 집중적으로 실시해야 할 어프로치와 언제나 끊임없이 실시해야 하는 어프로치가 있다.

그림 3-5 IT 비용 개선의 회귀적 프로세스

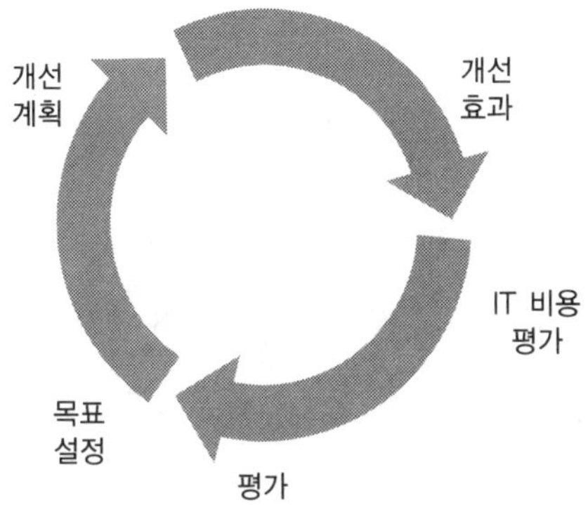

출처: ITR 컨설팅

2. IT 비용 최적화의 지름길

IT 비용 최적화를 위한 방안을 몇 가지 소개했는데 한 가지 분명한 것은 IT 비용의 최적화를 위한 특효약은 없다는 것이다. 여기서 소개한 개개의 방안을 선별적으로 조합하여 적절하게 실시한다면 IT 비용이 낮아질 가능성은 높다. 그러나 어떠한 방안을 우선적으로 추진하면 IT 비용의 최적화에 가장 효과적인지는 각각의 회사의 시스템 환경, 사용자의 기술수준, 정보시스템부서의 체제 등에 따라 크게 달라진다. 따라서 투자나 사용자에 대한 영향의 작은 방안부터 추진하여 실적을 냄으로써 경영자로부터의 지원과 사용자의 협력을 서서히 얻어나간다는 "크게 생각하고 작게 시작하고 (Think big, start small)"의 어프로치가 효과적이다.

회사는 자사의 IT 비용을 측정하고 업계 평균 등과 비교하여 어떠한 부분이 증가하고 있는지를 파악한 뒤 복수의 최적화 방안을 조합하여 자사 상황에 가장 적합한 개선계획을 선택해 실행해야 한다.

개선책 중에는 정보인프라 변경에 따라서 별도의 투자가 필요한 경우나 사용자 업무프로세스에 영향을 미치려다가 내부 반발을 사는 경우도 있다. 따라서 실적을 냄으로써 협력을 얻으면서 한 번에 종료하지 않는 회귀적인 개선 프로세스를 계속적으로 실행하는 것이 현명한 방법이다.

3. IT 비용 최적화 추진 방안

이러한 상황을 감안하여 IT 비용 최적화를 위한 방안을 정리하면 크게 세 가지 어프로치를 생각할 수 있다. 그것은 시스템 환경 재정비, 관리방침이나 관리어프로치의 재고, 지원과 사용자의 부하경감 세 가지이다.

첫 번째의 시스템 환경의 재정비에는 시스템 환경 또는 기기의 표준화, 시스템구성의 복잡도 경감, 시스템 또는 네트워크관리환경 정비, 보안 또는 고가용성 확보와 같은 사항이 포함된다. 즉 관리나 지원을 하기 쉬우며 사용자가 쾌적하게 이용될 수 있는 건전한 인프라를 만든다는 것을 의미한다.

두 번째의 관리방침이나 관리프로세스의 재고에는 관리규범과 이용가이드라인의 명확화, 기기구입의 일원화와 자산관리의 자동화, 데이터보전 또는 충실한 재해방지계획, 관리업무의 적절한 외주 이용과 같은 사항이 포함된다. 여기서는 하드웨어나 소프트웨어가 아니라 인적측면에 착안하여 상기의 건전한 인프라가 실제로 기능하도록 하는 것을 의미한다.

세 번째의 지원과 사용자의 부하경감에는 헬프데스크의 정비, 분쟁이나 질문에 관한 노하우 축적, 적절한 교육과 훈련 실시, 사용자 지원업무의 적절한 외주 이용, 이용자의 비용에 대한 의식향상과 같은 사항이 포함된다. 여기서는 두 번째 관리방침이나 관리프로세스가 실제 현장에서 잘 이용할 수 있도록 지원하면서 추진한다.

이러한 IT 비용의 최적화 방안을 보면 그것은 단순한 시스템 교체나 소프트웨어 도입만으로 실현할 수 없다는 것을 이해할 수 있을 것이다. IT 비용의 최적화는 기술, 프로세스, 기술을 재고 조사하는 것부터 시작되며 회사 정보 전략의 다양한 측면에서 연구 분석하고 개선을 해야 한다.

1) 시스템관리환경의 재정비

(1) 시스템환경 또는 기기의 표준화

이용되고 있는 시스템기기의 종류가 다양하면 관리가 힘들다는 것은 쉽게 상상할 수 있을 것이다. 예를 들어 사용자가 이용하는 컴퓨터의 오퍼레이팅시스템의 버전이 다르거나, 워드프로세서가 사내에서 세 종류 이용되고 있다든가 하는 상황이다. 이러한 상황은 교육, 사용자지원, 자산취득 관리 보수, 어플리케이션개발 등 다양한 면에서 중복된 작업이나 비용이 발생하는 원인이 된다.

비용과 관리라는 측면에서 생각을 하면 사용자 전원이 완전히 똑같은 PC 환경을 갖는 것이 가장 바람직하다고 할 수 있다. 그러나 사용자의 이용 목적, 주로 이용하는 어플리케이션 종류, 시스템에 대한 의존도, 기술이 모두 같지 않거나 회사가 한 번에 모든 사용자의 시스템을 바꿀 수 없다는 이유 때문에 각각의 사용자 시스템 환경이 다른 것은 피할 수 없다.

예를 들어 워드프로세서나 표계산 소프트웨어와 같은 오피스 소프트웨어와 함께 그룹웨어나 데이터 분석도구를 사용하는 지식 근로자라고 불리는 사용자와 특정 업무의 어플리케이션에 대해 단순한 입력 자업만을 하는 사용자와는 PC에 요구되는 사양과 사용법은 다르다.

또한 오퍼레이팅 시스템 공급사와 어플리케이션 소프트웨어 공급사가 자주 실시하는 소프트웨어의 버전업그레이드도 시스템 환경을 통일하고 싶다고 생각하는 시스템관리자의 고민거리가 되고 있다. 따라서 시스템관리자는 각각의 사용자 수요를 충족시키면서 사내 시스템 환경을 표준화 해나가는 것이 요구되며, 사용자를 어떠한 기준으로 그룹화하고 각각 추천하는 컴퓨터기종이나 어플리케이션 소프트웨어를 제한할 필요가 있다. 이것은 많은 레가시 시스템(기존 시스템)을 보유하고 있거나 사용자 이용에 있어서의 보존이 필요한 이력사항이 있는 경우 쉬운 일은 아니지만, 나중에 설명하는 프로세스의 표준화와 이용규범의 정비와 관련하여 모든 조직이 추진하지 않으면 안 되는 과제이며, IT 비용의 최적화에 크게 기여하는 기본적인 대책이다.

◈ 사례 : PC의 일괄 교체로 PC 환경의 표준화

미국 이스트만 케미컬은 다수의 공급사로부터 여러 기종의 PC를 도입하고 헬프데스크에서는 백 종류 이상의 어플리케이션을 지원하지 않으면 안 되는 상태였다. 시스템 구성의 복잡함으로 인해 관리라든가 지원에 관한 비용이 증대된 전형적인 예라고 할 수 있다. 동사는 감가상각기간을 몇 가지 설정한다든지 하는 유형별로 비용을 계산해 본 후 1만 대의 PC 전부를 3년간 리스로 한꺼번에 바꾸기로 결단을 내렸다. 일괄 도입에 따른 수량효과에서 단계적으로 도입할 때보다도 하드웨어 가격을 저렴하게 할 수 있었다. 또한 흥미로운 것은 일괄 도입한 PC는 데스크톱형 한 종류와 노트북형 한 종류로 통일되어 있어서 메모리라든지 하드디스크 등 시스템 구성도 표준화되었다는 점이다. 따라서 탑재한 소프트웨어 구성도 표준화되었다. 그것도 약 반년이라는 짧은 기간 내에 전면 교체를 완료하게 되었다.

(2) 시스템구성의 복잡도 경감

현재 많은 회사에서는 기존의 집중형 메인프레임 시스템과 분산형 서버시스템이 혼재하고 있다. 서버시스템도 그 용도에 따라서 데이터베이스 서버, 어플리케이션 서버, 메일 서버, 웹 서버, 파일

프린트 서버 등이 각각 운용되고 있으며, 오퍼레이팅 시스템도 UNIX, 윈도즈 NT, Net Ware 등 복수로 존재하는 경우가 많다. 클라이언트/서버 방식도 클라이언트 측에 자원부하가 큰 이층 방식과 서버 측에 자원부하가 큰 삼층 또는 다층방식 등이 복합적으로 사용되고 있으며, 아키텍처구성이 복잡해지는 경향이 있다.

시스템 아키텍처의 복잡도 경감을 의도하여 개발된 모델이 서버통합과 신 클라이언트라고 불리는 배치 모델이다. 서버통합은 다수의 소규모 서버로 운용되는 어플리케이션을 보다 성능이 높은 소수의 서버에 집약시키고 서버 수를 물리적으로 줄이려는 것이다. 이에 따라 아키텍처의 복잡함이 경감되고 다수의 서버를 관리, 운용 또는 보수하기 위해 필요한 작업을 한 번에 실시함으로써 노력과 비용 면에서 규모의 이익(scale merit)을 기대할 수 있다.

또한 서버통합과 같은 목적으로 스토리지(기억장치)통합이라는 개념이 부상하고 있다. 지금까지는 복수의 소규모 서버를 서버통합으로 집약해도 각각의 서버기능은 분할되며, 서버시스템 내에서 구분(파티셔닝)되어 관리되기 때문에 각 서버 별로 스토리지를 갖는 구성이 일반적이었다. 게다가 복수의 오퍼레이팅 시스템에서 운용되는 개별 서버시스템은 각각 스토리지를 갖고 개별 관리하는 것이 통상의 형태였다. 스토리지 통합은 다른 서버의 용도나 다른 서버 OS에도 하나의 대규모 스토리지 시스템에 접속할 수 있으며, 일원적인 관리가 가능한 시스템이다.

◈ 사례 : 해리스사의 시스템 간소화

마이크로소프트사의 홈페이지에는 IT 비용 최적화 사례로 세계적인 규모의 대기업인 해리스사를 소개하고 있다. 이 사례는 자사의 IT 비용 모델을 정의하고 조사하여 통합적인 최적화방안을 시행하여 효과를 얻은 성공사례라고 하겠다. 이 회사는 "업계에 소개되어 있는 사용자의 눈에 보이지 않는 비용을 고려한 IT 비용은 계량화하기가 어렵기 때문에, 계량화가 가능한 비용만으로 IT 비용모델을 만들었다"고 말하고 있다. 실제로 해리스사의 IT 비용 모델에서는 개발비용, 사용자비용 또는 다운타임에 의한 기회손실은 IT 비용항목에 포함시키지 않는다. 그래서 이 모델에서 산정된 IT 비용은 PC 한 대당 3700달러로서 업계의 다른 IT 모델과 비교해 훨씬 적다. 해리스사는 지역적으로 분산되어 있는 15,000대의 PC를 운용하고 있으며, PC의 기종이나 공급사, 네트워크, OS의 종류, 버전 등이 서로 상이한 다양하고 복잡한 시스템으로 구성되어 있었다. 다른 회사와의 벤치마킹을 통해 그 결과를 수용하여 장해 대처요원이 현지에 출장 가는 것을 최소화하기 위해 헬프데스크의 원격지 대처를 강화하고, 시스템구성을 간소화하기 위해 권장제품을 만들어 표준 PC를 설정하고, 도구 소프트웨어를 이용하여 자산관리의 상당부분을 자동화하도록 시도하였다. 이 시도에 모두 800만 달러가 투입되었지만 그 결과 PC 한 대당 IT 비용이 2900달러로 떨어지고 5년간 IT 비용절감효과는 4800만 달러에 달하는 것으로 산정되었다.

(3) 신 클라이언트(Thin Client)

화제가 되고 있는 또 하나의 아키텍처상의 제안이 신 클라이언트라고 불리는 것이다. "Thin"은 "야윈, 마른, 얇은"이라는 의미이며, 신 클라이언트는 클라이언트/서버의 클라이언트 측, 즉 사용자가 직접 조작하는 컴퓨터 등에 어플리케이션 등의 자원을 탑재하지 않는 구성을 의미한다. 이것은 클라이언트/서버구성의 유연성을 살리면서 기존의 집중형시스템의 관리 향상을 추구한 구성 모델이다.

현재 이 시스템 클라이언트를 둘러싸고 두 개의 세력이 부상하고 있다. 하나는 마이크로소프트사가 주장하는 NetPC이며, 또 하나는 선마이크로시스템사, 오라클사 등이 주장하는 NC(네트워크 컴퓨터)이다. NetPC는 기본적으로 윈도우 컴퓨터와 동일 기능을 갖는, 즉 컴퓨터이지만 랜 등의 네트워크에 접속된다는 것이 전제가 되며, 플로피디스크 등의 기억장치는 갖지 않은 채 확장성이나 구성 변경을 제한한 것이다. 한편 NC는 어플리케이션 실행도 서버 측에 맡기거나, 업레트라고 불리는 어프리케이션 부품을 필요에 따라 서버로부터 클라이언트 측에 다운로드하여 실행하는 방식을 취함으로써, 서버의존도가 보다 높은(즉 Thin 한) 구성이라고 할 수 있다.

신 클라이언트 구성은 서버통합과 마찬가지로 시스템 아키텍처의 복잡함을 경감시키고 관리나 보수 등에 드는 비용과 노력을 삭감하는 효과를 가져온다. 미국 대형리서치회사인 가트너그룹의 분석에 따르면 NC는 보통 윈도우컴퓨터를 이용하는 경우와 비교하여 41%의 IT 비용절감 효과가 있다고 한다. 이용하는 어플리케이션 수가 한정되어 있는 사용자나, 특정 업무 어플리케이션에 대해 단순한 입력 작업만을 실시하는 사용자에게 있어서 NC는 효과적이라고 할 수 있다.

그러나 앞에서 설명한 것처럼 특정 업무 어플리케이션에 대해 단순한 입력 작업만을 실시하는 사용자로부터 다양한 어플리케이션을 이용하는 사용자까지 다양하며, 각각의 클라이언트 시스템에 대한 요구가 서로 다르기 때문에 모든 사용자에게 NetPC나 NC 등의 신 클라이언트가 적절하다고 할 수 없다. 따라서 신 클라이언트를 부분적으로 사용하는 경우 회사 내의 PC가 혼재하는 환경이 예상되며, 앞에서 설명한 시스템 환경의 표준화라는 점에서 IT 비용의 절감을 방해하는 요소가 될 수 있다. 사용자는 신 클라이언트를 이용함으로써 기대되는 IT 비용 절감효과와 복수의 PC 환경을 유지함으로써 발생하는 IT 비용 증가를 고려한 뒤 전체 IT 비용을 최적화하기 위한 균형이 맞는 PC 구성을 검토할 필요가 있다.

◈ 사례: 신 클라이언트 활용

미국 캘리포니아주 하우징 파이넌스 에이젠시에서는 클라이언트/서버를 도입하기 전에는 소형 메인프레임과 더미 단말(PC 기능이 없는 단순한 입출력장치)을 운용했다. 이 시스템의 운용관리는 한 명의 직원이 하고 있었다.

현재 이 회사에서는 6대의 유닉스 서버, 2대의 Windows NT 서버와 180대의 PC가 LAN(구내 네트워크)에 접속되어 운용되고 있지만, 시스템 운용관리는 전과 동일하게 한 명의 직원이 담당하고 있다. 시스템관리에 대한 경험이나 지식이 있는 사람이라면 이러한 구성을 한 명의 관리직원으로 운용한다는 것이 힘들다는 것을 알 것이다. 어떻게 이런 일이 가능한 것일까? 그것은 이 회사의 시스템 구성이 신 클라이언트로 구성되어 있고, 데스크톱 머신은 하드디스크나 플로피디스크가 없는, 말하자면 네트워크 컴퓨터(NC)와 같은 구성으로 되어 있기 때문이다.

이 회사는 1994년에 소형 메인프레임에서 클라이언트/서버시스템으로 이행할 때에 클라이언트로서는 Windows PC가 아닌 X-Window 단말(Window 기능을 가진 유닉스 전용단말)을 선택했다. 이 회사의 CIO인 도미니크 마이오 씨는 "당시는 네트워크 컴퓨터라고 하는 개념을 알지 못했지만 Windows 기능의 안정성에 불안을 느껴 X-Window 단말을 선택했다"고 말하고 있다.

이 회사는 예상치 못한 OS의 버전 업, 다양한 업무 어플리케이션의 지원, 사용자 하드디스크의 고장을 복구하는 등의 관리나 지원에서의 악몽에서 벗어날 수가 있게 되었다.

(4) 시스템 또는 네트워크관리환경 정비

분산시스템에서 시스템이나 네트워크관리를 지원하는 소프트웨어 도구가 여러 회사에서 제공되고 있다. 분산하여 배치된 복수의 서버 시스템관리와 네트워크 가동상황을 원격지에서 일원화하여 실시하기 위한 원격지 시스템관리 도구나 네트워크 모니터링 도구가 이에 해당한다. 그 밖에도 실적 모니터링, 시스템운용의 자동화 도구, 스토리지관리 도구, 소프트웨어의 라이센스관리 도구, 백업 작업의 자동화 도구, 소프트웨어배포 도구 등 다양한 운용 관리 도구가 제공되고 있다.

회사 내에서 이용되는 소프트웨어가 다양화되고 있는 상황에서 소프트웨어의 사용권한을 관리하거나 이용도의 모니터링을 지원하는 도구는 점차 유용해지고 있다. 최근에는 회사용 소프트웨어 사용권한의 제공방법으로서 동시 실행사용자 수 등으로 인해 한 번에 계약하는 방식이 사용되는 경우가 많아지고 있다. 예를 들어 사용자 대부분이 이용한다고 상정하여 10,000 사용권한의 계약을 맺었지만, 이용을 모니터링해 보면 그 10%의 사용자가 실제로 이용하고 있지 않는 경우도 있을 수 있다.

또한 사용자수가 증가하면 사용자 등록, 변경 또는 삭제와 같은 사용자관리업무에 대한 부담감도 증가한다. 소프트웨어의 배포나 버전 업그레이드도 클라이언트 대수가 증가하고 컴퓨터에 익숙하지 않는 층에 대한 사용자 범위가 확대되면, 워드프로세서의 버전을 바꾸거나 클라이언트 OS의 변경이 있을 때마다 시스템관리자가 CD-ROM을 갖고 있어서 설치하거나, 각자가 서버로부터 적절한 설치 프로그램을 다운받아 설치하는 것이 곤란한 상황이 발생한다. 이러한 경우, 소프트웨어배포 도구를 이용해 원격지로부터 소프트웨어를 다운로드받아 설치할 수 있다.

이처럼 분산시스템의 대규모, 안정된 가동이 요구되는 사용자 환경에서 이용하는 경우 운용 관리 도구는 불가피하다고 할 수 있다. 도구를 적절하게 이용하고 관리운용환경을 정비하는 것은 관리에 관련된 IT 비용요소의 절감뿐만 아니라 시스템의 구입비용, 오퍼레이션 인건비, 다운타임으로 인한 기회손실에 이르는 다양한 비용요인에 영향을 미치는 것이다.

도구 사용에 있어서 주의할 점은 도구 도입 자체에 비용이 발생하는 것이며, 고액 도구를 많이 사용하거나 복수의 도구로 기능이 중복되면 IT 비용최적화에 있어서 역효과가 일어날 수 있으므로 가능하면 통합된 세련된 도구로 우수한 관리환경을 구축하는 것이 바람직하다.

(5) 보안 또는 고가용성 확보

분산시스템이 업무상 중요한 어플리케이션 분야에서 이용되거나 사용자 수가 증가함에 따라서 시스템 안정가동의 중요성도 높아진다. WAN에 의한 원격 사이트와의 접속이나 모바일 컴퓨터에 의한 사외로부터의 접속, 인터넷 이용 등, 네트워크 환경이 보급됨에 따라 침입자에 의한 부정접속이나 파괴의 위험성이 높아지고 있다. 전자메일 보급으로 인해 마이크로 바이러스 등 컴퓨터 바이러스의 위협도 증가하고 있다. 이런 것은 시스템 관리나 건전한 사용자지원을 저해하고 다운 타임에 의한 기회손실을 증가시키는 요인이 되고 있다. 적절한 바이러스 대책 또는 보안성 강화도 IT 비용 최적화에 있어서 고려해야만 한다.

또한 시스템구성상 디스크나 시스템 이중화에 의한 고가용성의 확보도 재해 등과 같은 장해로부터 시스템 안정가동을 유지하고 시스템다운에 의한 피해와 기회손실을 회피하는 데 있어서 중요하다. 또한 오퍼레이터의 잘못된 작업으로 시스템다운이 증가한다는 보고도 많아 운용자동화도구의 이용도 효과적이라고 할 수 있다. 시스템 다운으로 인한 직접적인 비용 상승도 있기 때문에 사용자가 이용할 수 없는데 따르는 비즈니스상의 기회손실, 고객에 대한 서비스 저하, 신용 저하 등과 같은 파급적인 영향이 크기 때문에 시스템 가용성의 확보는 매우 중요한 과제라고 할 수 있다.

한편 IT 비용이라는 관점에서 생각하면 가용성 확보에 대한 과잉 투자는 하드웨어 또는 소프트웨어의 비용 증가로 이어지기 때문에, 각각의 시스템이나 어플리케이션에 요구되는 신뢰성 정도에 맞는 가용성수준을 설정할 필요가 있다.

(6) 운용 관리 도구의 도입

또한 IT 비용 최적화 방안의 하나로서 운용 관리 도구를 도입하는 방법이 있다. 메인프레임 세계에서는 시스템 판매사나 독자적인 전문 소프트웨어 판매사가 여러 가지 도구를 제공하여 이미 성숙된 기술이 되었지만 분산시스템 세계에서는 최근 들어서야 각종 도구가 시장에 공급되어 환경이 정비되기 시작했다. UNIX 또는 윈도우 NT와 같은 분산시스템용의 오퍼레이팅 시스템으로 가동하는 운용 관리 도구는 현재 다양한 형태로 제공되고 있다.

도구의 분류는 업계에서 정해져 있지 않지만 일반적인 분류로서 스토리지관리, 실적관리, 보안관리, 데이터관리 또는 백업, 네트워크관리, 작업관리 또는 감시, 헬프데스크관리와 같은 관리대상별 개개의 도구 종류와 이러한 것들의 기능을 통합하여 서브시스템 사이에서 데이터 연계 또는 기능 연계를 실현한 통합운용관리도구라고 불리는 것이 제공되고 있다.

통합운용관리도구로 분류되는 도구도 각각이 대응하는 플랫폼이나 기능이 다르며, 서브시스템 통합정도도 차이가 있다. 다종다기능 시스템이나 네트워크가 혼재하는 현실 사용자 환경에서 하나의 통합운용관리도구로 모든 기능을 처리한다는 것은 현시점에서는 비현실적인 것이다. 따라서 사용자는 복수의 판매사로부터 제공되는 복수의 도구를 자사 시스템 환경이나 관리요구에 맞춰서 선택적으로 사용하고, 이를 통합하여 효율적인 운용관리환경을 만들어 가야 한다. 이를 위해서 우선 다양한 운용관리 도구의 기능과 상호 관계를 정리하고 이상적인 운용관리환경을 모델화할 필요가 있다.

자사 분산시스템 구성이나 운용형태에 적합한 운용관리환경을 정비해나가기 위한 큰 흐름은 다음과 같다.

① 이상적인 운용관리환경을 모델화한다.
② 모델화한 운용관리환경 구성요소 각각의 기능을 명확히 한다.
③ 자사 운용관리 현상을 파악한다.
④ ①과 ③ 사이에 어떠한 갭이 있는지를 파악한다.

⑤ 정비해야할 운용관리기능의 우선순위를 바탕으로 한 도입 마스터플랜을 작성한다.

⑥ 적용가능한 도구가 존재하는지 여부를 조사하면서 마스터플랜을 수정한다.

⑦ 도구간의 연동이나 연계를 고려하고 자사의 현실적인 운용관리환경 모델을 책정한다.

⑧ 도구 판매사에 제안을 요청하고 도구를 선정한다.

여기서 주의해야 할 점은 도구의 조사를 선행한다는 것은 도구를 적용할 수 있는 범위를 연상할 수 있다는 점에서는 의미가 있지만, 구체적인 선정은 자사가 그리는 운용관리모델이 어느 정도 굳어진 다음에 실시하는 것이 바람직하다. 적당한 도구를 이용하는 것은 확실히 효과적이기는 하지만, 자사의 운용관리체제나 운용프로세스에 영향을 미칠 가능성이 있기 때문에, 어디까지나 현실적인 운용관리환경모델을 실현하기 위한 하나의 도구로서 자리매김해야 하며 "우선 도구가 있어야 한다"라는 사고방식은 배제해야 한다.

◈ **사례: Fannie Mae 사의 소프트웨어 배포의 자동화**

미국 최대의 주택 론 투자회사로서 Federal National Mortgage Association이 있는데 이 회사는 통칭 Fannie Mae라고 불리고 있으며, 최근 10년간 1200만 채를 초과하는 마이 홈 구입을 지원한 실적이 있다. 론 투자회사이기 때문에 사내의 업무계시스템은 수많은 금융계 어플리케이션이 움직이고 있다. 하드웨어는 메인프레임, 유닉스 서버, 워크스테이션, NetWare 서버, Windows NT 서버, PC 등으로 구성되어 있다. 미국전역에 퍼져 있는 자사 네트워크인 「MornetPlus」도 운용하고 있다. 이 네트워크를 이용하는 고객은 다이얼이라든가 전용회선으로 이 회사의 서비스로 접속할 수가 있다. 이 회사의 관리자는 "이 네트워크가 없다면 자기 회사의 비즈니스는 이루어질 수 없다"고 말하고 있다.

분산시스템에서의 과제와 도전

Fannie Mae 사는 네트워크의 자동관리를 실현시키기 위해 통합 도구세트를 개발했다. 그런데 여러 가지의 도구가 개발되어도 네트워크 상에 분산배치된 컴퓨터에 설치되지 않으면 효과가 없다. 그래서 통합관리 도구에 포함된 소프트웨어 배포기능에 착안하여 MornetPlus의 시스템 관리의 일부로 집어넣었다. 이 소프트웨어 배포기능으로 관리업무의 소요시간이 대폭 감소하였다. 지금까지 소프트웨어의 이행작업에 2시간에서 3시간 소요되었는데 이 소프트웨어의 자동배포로 인해 5분에서 10분 정도로 줄어들었다. 시간의 절감뿐만 아니라 네트워크의 문제해결 속도도 크게 개선되었다.

종전에는 고객이 긴급전화를 했을 때, 처음부터 문제를 파악할 수 없는 경우도 많이 있었으나, 관리 도구를 도입하여 대부분의 문제는 고객에게 영향을 주기 전에 미연에 감지되어 자동 복구되었다.

네트워크관리센터의 효율향상

통합관리 도구를 사용하여 사내 네트워크관리센터를 구축하자 시스템 관리의 품질향상뿐만 아니라 관리직원의 인건비 면에서도 효과를 얻게 되었다. 관리센터의 인원을 증가시키지 않고 정보시스템의 처리능력을 향상시키게 되었다. 예를 들면 1년 전과 비교하면 관리대상이 되는 컴퓨터 대수는 관리직원 1인당 약 4배가 증가되었고, 어플리케이션 프로세스는 무려 10배나 향상되었다. 이러한 관리를 기존과 동일한 인원으로 실현시킨 것이다. 또한 네트워크를 3배 확장시켰는데 관리센터의 인원은 증가되지 않았다. 이것을 시스템 부문의 관리직원을 증가시켰다고 가정하고 임금으로 환산하면, 연간 약 3,000만 달러의 절감효과가 있었다고 볼 수 있다.

그림 3-6 직원 인건비의 삭감 효과

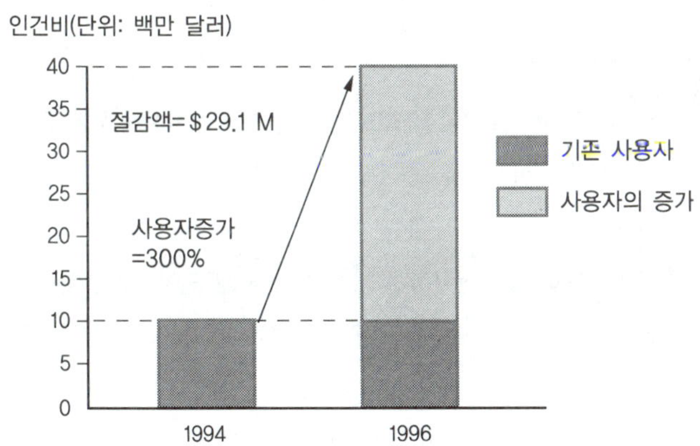

출처: International Data Corporation, 1997

◈ 사례: Cargill 사의 관리비용의 절감

미국 미네소타 주 미네아폴리스에 본사를 둔 Cargill 사는 종업원수가 약 8만 명, 연간 매출이 70조 원이 넘는 거대회사다. 이 회사는 곡물, 농산물, 식품재료의 매매나 무역 등이 주요 사업으로, 미국 내 47개 사업부와 전 세계 1,000여 개가 넘는 사업소를 가지고 있다. 내부 네트워크 규모도 거대하고, 하드웨어는 약 1,000대의 서버와 20,000대의 클라이언트로 구성되어 있다.

수년 전 정보시스템의 관리 형태를 변화시키기 위해 몇몇 회사로부터 관리 도구를 도입했다. 도구의 선정은 각 담당자가 유용하다고 생각되는 공급사의 제품을 채용하기도 하고, 타사에서 판매 실적이 있는 제품을 개별 도입하기도 하였다. 그런데 관리시스템을 구축한 초기에는 기대대로 기능을 하고 있었지만, 도구나 버전 업 등의 영향을 받아서 정합성을 유지하기 위해서 예상외의 비용과 인건비가 발생하기 시작했다. 그래서 통합관리 도구 도입을 결정하게 되었다.

통합관리 도구의 메리트

통합관리 도구는 프레임 워크(도구의 기반이 되는 부분) 위에 여러 가지의 시스템관리 어플리케이션이 구축되어 있다. 그러므로 공급사에 의해 제공된 관리 어플리케이션뿐만 아니라, 사용자 회사 자신이 독자적으로 개발한 도구세트도 유연하게 추가할 수 있게 되어 있다. 이와 같이 Cargill 사의 통합관리 도구는 버전에 관계없이 어플리케이션을 설치해도 자동적으로 다른 도구와 통합될 수 있다는 점에서 높게 평가받고 있다. 통합관리 도구를 도입하기 이전에는 분산 배치된 서버에 사용자 어카운트를 설정하기도 하고, 접근권한을 주기도 하여 어플리케이션 관리도 시스템부문의 기술자가 전부 수작업으로 하고 있었다. 그래서 사용자가 접근하는 사내의 중요한 데이터베이스의 동시수정도 수작업으로 해야 되기 때문에, 정말 필요한 데이터나 서버에 사용자가 접근하지 못하는 장애가 발생하기도 했다.

프로세스 자동화 효과

이와 같이 Cargill 사는 통합관리 도구를 도입함으로써 프로세스의 자동화에 성공했다. 다음에 실현시킨 것은 네트워크의 설계변경에 따르는 정보 배달 공정의 자동화이다. 당초의 기능개발의 요구분석에서는 이 기능의 개발은 곤란하다는 의견이 강했으나, 유닉스의 쉘 스크립트 지식을 가진 한 사람의 프로그래머가 2주간 정도의 작업으로 개발을 완료하게 되었다. 오늘날 통합관리 도구가 지닌 우수한 사용성(이 경우는 사용자의 입장에서 사용하기 쉽도록 한다든지 customize를 용이하게 한다는 등)은 높은 평가를 받고 있다.

Cagill 사는 통합관리 도구를 도입하여 종래의 사용자관리업무에 따르는 인원의 약 반수를 삭감하고, 그 인력들을 투자회수율이 높은 업무에 재배치할 수 있게 되었다. 최종적으로는 동사는 사용자 관리업무를 담당하고 있던 인원을 초기의 보유인력의 15%까지 줄이는 것을 목표로 하고 있다.

◈ 사례 : Big W 사의 분산시스템관리의 실현

호주에 있는 대규모 할인점의 체인점인 Big W 사는 종업원 약 14,000명, 점포 70개 이상으로 성장을 계속하고 있는 회사이다. 이 회사는 3년 전부터 시스템의 분산화를 추진하여 왔다. 그 결과 전 점포에서는 유닉스 서버가 설치되어 클라이언트에는 PC라든가 대규모의 POS 시스템이 연결되어 이용되고 있다. 이와 같은 분산화에 따라서 호주 각

주에 널리 분산되어 있는 시스템을 관리할 필요성이 커지게 되었다. 각 점포의 시스템 담당자는 보안이나 소프트웨어 버전관리를 하면서 기술적인 장애가 점포의 영업활동에 영향을 미치지 않도록 항상 주의를 기울이지 않으면 안 되었다. 그래서 최근 1년간 통합관리 도구를 이용하여 시스템의 성능과 장애를 감시하고 있다. 또한 각 점포에서 사용하고 있는 POS 시스템도 감시하고 있다. Big W 사는 "이런 관리 시스템의 장점은 컴퓨터의 많은 정보 가운데 정확하게 장애에 대한 보고를 하고 있으며, 각 점포의 POS에서 보내온 데이터를 관리 도구에 입력하면 필요한 감시도 용이하게 할 수 있다"고 설명하고 있다. 통합관리 도구를 이용하여 다음과 같은 성과를 얻을 수 있었다.

분산시스템을 감시

Big W 사는 통합관리 도구를 분산 서버운용에 활용했다. 또한 통합관리 도구에 있는 감시기능을 사용하여 전체 서버의 능력과 성능을 측정하

그림 3-7 연간관리비용 삭감예측

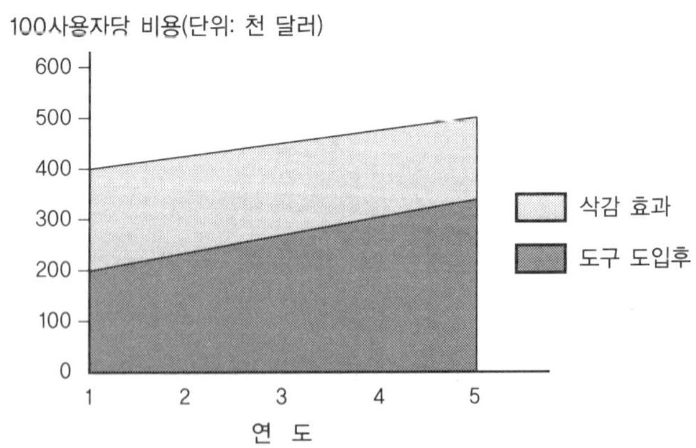

출처: International Data Corporation, 1997

고 장애가 발생하면 즉시 경고하도록 하였다. 경고설정기능을 이용하여 각 점포의 POS 장치의 화면에도 경고가 표시되도록 했다. 이 회사가 통합관리 도구를 도입하기로 결정한 이유는 설계사상이 완전한 개방형 시스템 지향이고 기능이 풍부했기 때문이었다. "통합관리 도구는 고품질로서 성능이 뛰어나다. 현재도 당사의 시스템에 필요한 새로운 기능을 개발하여 customize하고 있다. 지금까지의 결과를 보면 매우 만족스러우며 대폭적인 시간 절감 효과를 가져오는 효과가 있었다"고 Big W사는 만족을 표시하고 있다.

소프트웨어 배포

이외에 통합관리 도구에 있는 소프트웨어 배포기능을 이용하여 센터의 지원 부문 내에 어플리케이션과 데이터의 배포를 하고 있다. 평상시 영업활동에 방해가 되지 않도록 하기위해 어플리케이션 소프트웨어와 데이터의 배포를 통합관리도구의 계획수립기능을 이용하여 영업시간 외에 하도록 하고 있다.

2) 관리방침과 관리프로세스의 재고

(1) 관리규범과 이용가이드라인의 명확화

시스템 환경의 재정비뿐만 아니라 관리방침이나 관리프로세스를 재고하는 것도 IT 비용 최적화에 있어서 효과적인 방안이 될 수 있다. 다수의 사용자가 다양한 이용형태로 정보시스템을 이용하게 되면 통제(거버넌스; governance) 수준이 저하하는 경향이 있다. 규칙이 명확하지 않는 것에 기인한 부정사용이나 자원 낭비가 증가하며, 관리와 사용자 지원을 곤란하게 한다. 기존의 집중형 컴퓨팅스타일로는 얻을 수 없었던 사용자의 자유도가 분산시스템에는 존재한다. 예를 들어 전자메일로 사외와 자유롭게 의사소통 할 수 있으며, 인터넷쇼핑에 몰두할 수 있을지도 모른다. CD-ROM 탑재, 멀티미디어기능의 충실도 등으로 인해 예전에는 볼 수 없었을 정도로 컴퓨터가 장난감으로서의 매력은 높아지고 있다. 그러나 회사가 사용자에 대한 조사에 따르면 전자메일이나 인터넷 이용에 대한 규제를 설치하고 있는 예는 매우 적은 것이 현실이다.

또한 정보시스템부서가 사용자에게 제공하는 서비스에 대해서 그 대상이나 책임범위, 또는 서비스수준에 대해서 어떠한 문서를 교환하고 있는 예는 우리나라에서는 지금까지는 별로 없었으나, 최근에야 관심을 갖고 있는 기업이 늘어나고 있다. 미국에서는 서비스수준 합의서(Service Level Agreement: SLA)의 중요성이 자주 논의되고 있으며, 규칙의 명문화가 널리 이루어지고 있다. 예를 들어 고장신고 접수시간이나 응답까지에 필요한 시간, 정기보수를 위한 시스템 다운에 관한 통보 기일, 사용자의 특별한 요구에 대한 대응범위 등에 관한 사용자와 정보시스템부서와의 사이에서 이루어지는 다양한 약속사항을 규정하는 등과 같은 것이다. SLA는 사례사항에 대응하기 위해 가져야 하는 오퍼레이션이나 사용자와의 협상을 위해서 그때마다 필요로 하는 노력을 줄여준다.

또한 사용자 이용 범위, 즉 권한을 한정한다는 것도 경우에 따라서는 효과적이라고 할 수 있다. 예를 들어 업무상 필요한 사용자에게만 그룹웨어에 대한 접속을 허가하거나 플로피드라이버나 CD-ROM이 들어 있는 컴퓨터 이용을 허가하는 등과 같은 제한이다.

관리규범을 작성하거나 그것을 사용자에게 알리는 활동을 하여 적절하게 지켜지고 있는지 여부를 감시하기 위해서는 그에 상응하는 노력, 즉 비용이 발생한다. 그러나 관리규범이나 이용가이드라인의 명확화는 장기적으로 본 IT 비용에 대한 영향뿐만 아니라, 회사의 정보시스템기능에 대한 정확한 인식을 얻기 위해서도 중요한 사항이다.

단, 여기서 주의해야 하는 것은 사용자를 너무 구속하는 것이 가이드라인이나 이용범위의 목적이어서는 안 된다는 것이다. 예를 들어 "전자메일은 회사 자산이며 거기서 교환되는 정보 소유권은 회사에 있기 때문에, 사원의 전자메일 내용을 그 상사는 언제나 열람할 수 있다"라는 이용규범을 설정하는 것은 가능하다. 원칙적으로 이러한 규칙이 취업규칙에 부과되어 설정되는 것이 바람직하다. 그러나 운용상 업무효율 저하나 윤리상 문제가 없는 범위 내에서 전자메일의 개인적인 이용이 용인되어야 할 것이다. 그것은 현장의 판단에 맡겨도 상관없다.

문제가 되는 것은 아무런 규정도 없는 채 발생하는 부서간 서로 다른 대처에 의한 불평등이나, 그때마다 협상이 필요해지는 것에 의한 사용자와 정보시스템부서 간 양쪽의 시간 낭비다. 회사로서는 판단기준으로서 필요한 최소한의 가이드라인을 명문화할 필요가 있다.

(2) 기기구입의 일원화

분산시스템의 보급으로 인해 각 사업부서가 각각의 예산으로 PC, 소프트웨어, 또는 부서업무용 서버 등을 구입하여 운용하는 것이 가능해졌다. 사용자는 부서 예산에 어느 정도의 재량권을 갖고 있어서 그 부서에 최적이라고 생각되는 솔루션을 단기간에 손에 넣을 수 있게 된다.

그러나 부분최적은 반드시 전체최적과 일치하지 않는다. 제품 선정이나 판매사와의 협상, 계약 등과 같은 거래를 각 부서가 각각 실시함으로써, 중복 작업이 발생하고 관리가 힘들어진다. 또한 구입창구를 일원화함으로써 얻을 수 있는 수량 할인 기회를 놓치게 된다. 구입에 관련된 프로세스를 일원화하는 것은 앞에서 설명한 시스템 환경 표준화에 대해서도 효과적인 방법이 된다.

정보시스템부서가 정보시스템관련 구입프로세스를 일원적으로 담당하는 경우, 정보시스템부서에 있어서는 관리업무 부하는 증가하지만, 전사적인 관점에서 생각해 보면 각각의 사용자 부서에서 발생하는 업무부하에 대한 삭감효과가 크기 때문에 IT 비용의 최적화에 기여한다고 볼 수 있다.

(3) 자산관리의 충실화와 자동화

컴퓨터 대수가 증가하면 자산관리는 큰 문제로서 부상된다. 어느 부서의 누가 어떤 컴퓨터를 이용하며, 어느 정도의 메모리나 하드디스크가 탑재되어 있으며, 설치된 OS와 어플리케이션의 종류,

버전은 무엇이며, 언제 구입된 것인가 등과 같은 정보가 집중적으로 관리되지 않으면 어떤 문제가 일어날까? 기기 확장과 구입에 관한 계획, OS나 어플리케이션 버전 업그레이드계획, 소프트웨어의 사용권한 관리 등을 적절하게 실시할 수 없을 뿐더러 잘못된 고정자산 계상, 사용권한 부정사용, 도난 등과 같은 세무상 혹은 법무상 문제를 일으킬 가능성이 높아진다.

자산을 데이터베이스화하여 관리하는 것이 효과적이며 이를 위한 소프트웨어도 제공되고 있다. 자산관리를 위한 데이터베이스를 갖는 것은 자산관리 목적 이외에도 부차적인 효과를 초래한다. 예를 들어 헬프데스크 직원이 자산관리데이터베이스를 참조함으로써 사용자의 환경을 파악한 후 지원이 가능해진다는 효과도 있다(그림 3-8).

그림 3-8 자산관리 데이터베이스

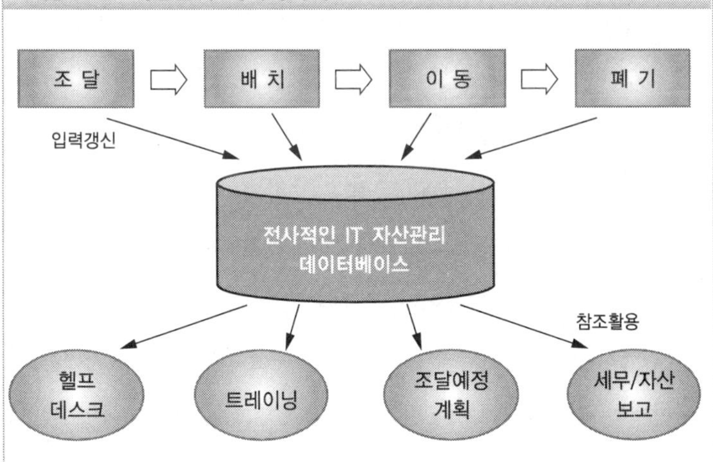

출처: ITR 컨설팅

● 소프트웨어자산관리

· 소프트웨어자산관리란 무엇인가

회사 내에 워드소프트웨어가 몇 개 있는지 파악하고 있는가? 한 개당 수백 달러가 되므로 중견회사에서도 워드소프트웨어의 자산 총액은 상당한 액수가 될 것이다. 그럼에도 불구하고 많은 회사들은 전통적인 자산을 관리하는 것과 같이 엄격한 소프트웨어자산관리를 실시하고 있지 않다.

15년 전에는 대부분의 회사에서 소프트웨어는 재무 측면에서는 중요한 자산을 형성하고 있지 않았다. 하지만 현재는 소프트웨어는 재무적인 의미로 대부분의 회사에 있어서 중요한 자산을 형성하고 있다. 평균적으로 PC에는 1000달러의 소프트웨어가 설치되어 있으며, 직원의 90% 이상이 PC를 갖고 있다. 따라서 2500명의 회사에서는 200만 달러 이상의 PC 소프트웨어자산이 있다고 생각된다.

여기에는 네트워크 소프트웨어나 서버 소프트웨어, 메인프레임, 미들레인지 소프트웨어 등과 같은 전용 PC 소프트웨어의 가격은 포함되어 있지 않다. 은행, 금융, 제약, 항공, IT 등의 정보 집약산업에서 평균적인 PC에는 1000달러 이상의 소프트웨어가 설치되어 있다. 중요한 것은 최근 소프트웨어자산관리가 비즈니스상의 중대한 문제가 되고 있다는 것이다. 원자재의 재고, 완성품 제품 등은 경영측면에서 중요 관리항목이라는 것은 누구나 알고 있는 사실이지만, 현대의 경영실무에서는 마찬가지의 방법으로 소프트웨어자산을 관리할 필요성이 커지기 시작했다.

소프트웨어자산관리의 목적은 소유하고 있는 소프트웨어자산이 무엇인가를 알고, 그것을 보다 효과적이고 효율적으로 이용하는 것이다. 전산화가 이루어진 초기에 특히 네트워크 컴퓨터 시대에는 제대로 기능이 구현되어 비즈니스 결과를 알려주는 어플리케이션을 입수하는 것으로 경영자는 어플리케이션의 효과를 중시하고 있었다. 이런 니즈가 어느 정도 충족되면서 처리와 거래의 기록을 의미하는 효율성에 초점이 옮겨지기 시작했다. 현재 소프트웨어자산관리는 그야말로 효과에서 효율 쪽으로 이제 막 움직이기 시작했다.

반가운 소식은 이런 니즈가 보다 널리 인식됨에 따라서 소프트웨어자산의 효율적인 관리를 지원하기 위해서 많은 도구를 이용할 수 있게 됐다는 것이다. 예를 들면 소프트웨어의 원격지 설치와 관리는 자동화 도구 덕분에 5년 전에 비하면 한층 더 간단해졌다. 최신 자동 소프트웨어 자산관리 도구는 일련번호, 소프트웨어의 버전과 소유데이터, 자산이용 빈도를 포함하는 자산 정보를 자동적으로 축적할 수 있다. 또한 이러한 도구에 의해 데이터를 다양하게 분석한 결과를 제시하는 보고서를 자동으로 작성할 수 있다.

· 소프트웨어자산관리방안을 수립하는 이유

자신이 소유하고 있는 것을 알지 못하면 그것을 효과적 또는 효율적으로 이용할 수 없다. 25,000대의 컴퓨터를 소유하고 있는 일반적인 회사에서는 사용자 컴퓨팅에 대해서 직접적인 비용과 숨어 있는 비용으로 연간 약 2000만 달러를 지출할 것이라고 예상된다. 즉 컴퓨터 한 대당 약 8000달러이다. 이러한 비용은 효과적인 자산관리전략에 의해서 반으로 줄일 수 있다. 즉 IT 비용 총액의 5%에서 30%를 적절한 자산관리에 의해서 삭감할 수 있다는 것이다.

자산관리에 의해 이렇게 현저히 비용 삭감이 가능한 것은 5개의 중요한 이유가 있으며, 그 이유를 아래에 제시하려고 한다.

▶ 효과성

① 거의 활용되고 있지 않는 자산의 제거

비즈니스 니즈를 지원하는 어플리케이션을 개발 또는 구입했는데, 그것을 이용할 수 있는 사람들에게 배치할 수 없다면 효과는 없어져 버린다. 자산관리가 불충분하면, 잠재적으로 유용한 자산이 이용되어야 할 장소에 소프트웨어자산이 배치되지 못하는 결과를 초래하게 된다.

② 직원시간의 이용

충분히 이용되지 않는 소프트웨어자산의 가장 명확한 비용은 구입원가다. 그러나 최대 비용 중 하나로 가장 명확하게 자주 나타나지 않는 것은 어플리케이션의 설치와 이용을 위한 교육, 유지 관리할 때 직원의 시간 낭비이다. 적절하지 않는 소프트웨어자산관리를 하고 있는 회사에서는 결과로서 발생하는 직원 시간의 비효과적인 이용은 매우 큰 숨겨진 비용이다.

▶ 효율성

③ 인원수

효율적인 소프트웨어자산관리를 하면 필요한 IT 지원을 하는 직원의 수를 감소시킬 수 있을 뿐만 아니라, 하청업자의 수를 줄이고 또한 컨설턴트에 지불되는 비용을 줄여준다.

④ 자산감사비용

프로젝트 증가에 따라 IT 자산의 전체 점검이 필요해지고 있다. 많은 회사는 IT 자산 검사를 하거나 확인하기 위해서 IT 자산의 감사를 하고 있다. 자동검사관리 도구를 사용하면 소프트웨어자산의 검사를 수동으로 할 필요성이 없어진다.

⑤ 재고관리

전통적인 공장과 설비의 재고관리는 공장과 설비를 적절히 이용가능하게 하여 노후화된 설비를 복구할 수 없을 때 교체하는 것이다. 마찬가지로 소프트웨어자산관리는 소프트웨어자산이 업무를 지원하기 위해서 사용이 되었으나, 현재는 진부해져 더 이상 사용되지 않고 있다고 판단되는 소프트웨어자산을 최신 소프트웨어로 교체하는 것이다. 실무상의 위험은 천천히 소프트웨어자산을 교체하는 것이 아니라 자주 교체하는 것이다. 기존의 시스템을 교체하기보다 업그레이드되어야 한다고 대부분의 업계 전문가들이 동의하고 있다. 이것은 비용을 대폭적으로 삭감할 수 있는 한편으로 충분한 기능성을 유지할 수 있기 때문이다. 그러나 새로운 기술은 새로운 소프트웨어를 구입하는 의사결정을 해야 하는 많은 사람들에게 있어서 견디기 힘든 유혹이다.

재고관리의 최신 발전은 선마이크로시스템이 제공하는 무료 워드소프트웨어와 오피스 어플리케이션으로 이루어졌다. 마이크로-오피스(Microsoft office)를 사용을 중지하고 선 마이크로시스템의 무료 제품으로 교체함으로써 회사는 비용을 삭감할 수 있을 것인가?

◈ 사례: 블루크로스사의 자산관리 소프트웨어 도입

미네소타 주의 블루크로스와 블루실드는 미국 북동부에 있는 헬스케어 공급사의 하나다. 1993년까지 블루크로스는 350개 이상의 메인프레임 소프트웨어의 사용권한을 보유하고 있었다. 2명의 시스템 전문가가 유지보수 기능을 수행하였지만 그 일을 하기 위해서는 불충분한 인원수였으며, 소프트웨어자산을 제대로 관리하고 있지 않았다. 한 관리자에 따르면 "우리는 기본적으로 혼란 속에 있었다. 소프트웨어 사용에 대한 청구서가 도착해도 누가 소프트웨어를 이용하고 있는지 알 수 없었으며, 같은 일을 하기 위해서 두 세 종류의 패키지를 소유하고 있었다."

블루크로스는 어느 패키지가 이용되고 있는지를 밝히고, 그 이용도를 감시하기로 하고 소프트웨어 자산관리패키지를 설치했다. 이것은 1994년부터 이루어졌으며 이 결과로 1999년까지 패키지수를 200개로 삭감하고, 소프트웨어에 대한 지출을 연간 170만 달러 절감시킬 수 있었다. 예를 들어 2개의 유사한 제4세대 컴퓨터언어가 사용되고 있었는데, 그 중 하나는 5명의 직원만이 이용하고 있었기 때문에 다른 많은 직원이 이용하고 있는 다른 언어를 사용하도록 했다. 그것은 나머지 제4세대 컴퓨터언어에 대한 사용료의 절약이 될 뿐만 아니라, 필요한 지원과 컴퓨터 성능의 감소도 의미하고 있었다. 블루크로스는 가동하고 있는 소프트웨어자산에 관한 정확한 명세를 처음으로 가질 수 있었기 때문에, 사용료를 대폭 인하시키도록 소프트웨어 공급업자와 협상할 수 있었다. 블루크로스는 소프트웨어지출의 10% 삭감을 계획했지만, 실제로는 예산을 25% 삭감하는 성과를 달성했다.

◈ 사례: 이스트 코스트 트랜스포트사

13,000대의 컴퓨터를 소유하고 있는 이스트 코스트 트랜스포트사는 한 대당 15달러로 안티바이러스 패키지를 설치할 것을 결정했다. 그러나 전자배포기능이 없어 모든 것을 수작업으로 설치해야 했기 때문에 설치비용은 250,000달러가 들었다. 당사의 다른 관리자는 전자배포기능이 없기 때문에 IT 비용의 지출과잉이라고 판단하고, 우선 안티바이러스 소프트웨어에 관해서 가격을 한 대당 10달러로 협상하고, 다음으로 소프트웨어의 설치에 드는 인건비를 90% 이상 삭감할 수 있는 소프트웨어의 자동배포기능을 사용하면 110,000달러의 비용을 삭감할 수 있다는 방안을 제시했다.

· 소프트웨어자산관리 방안 수립

① 소프트웨어자산관리가 중요한 문제인지를 명확히 한다.

적절한 자산관리를 하여 IT 비용에 10% 이상의 차이가 나오는지? 그렇지 않으면 소프트웨어자산관리방안에 대해서 시간을 투자해야 한다.

② 기존의 자산관리시스템에 대한 성능을 평가한다.

기존의 자산관리시스템은 IT 부서 혹은 재무부서의 어느 쪽인가에 놓여지는 경향이 있다. 그 시스템의 성능을 파악하고 이하의 세 가지 질문에 대한 답을 구해본다.

- 소프트웨어자산의 금액은 적절한가?
- 어느 정도의 속도로 새로운 소프트웨어를 추가하고 오래된 소프트웨어자산을 제거하는가?
- 소프트웨어는 어느 정도 집중되어 공급되는가? 즉 몇 사의 소프트웨어 공급사와 관계가 있으며 소프트웨어자산을 유지하기 위해서 가장 큰 공급사와 소프트웨어자산을 유지하기 위해 연간 얼마 정도 지출하고 있는가? (예를 들면 연간 1000만 달러를 지출하고 있으며, 10사의 공급회사와 관계가 있으며, 1000만 달러의 50%를 상위 3개의 공급사에게 지불하고 있다면 지출액의 25%를 상위 3사가 차지할 경우에 비해서 공급은 2배 집중된 상태다)

이 종류의 질문에 용이하게 대답할 수 있다면 자산관리시스템은 제대로 기능하며 자산도 적절하게 관리된다고 볼 수 있다. 즉 데이터를 기본으로 행동하는 것이다. 이러한 질문에 대답할 수 없는 것은 소프트웨어관리시스템이 존재하지 않기 때문이며, 또한 기존의 시스템이 그 질문에 적합하지 못하기 때문이다. 이 때문에 효과적인 소프트웨어자산관리시스템의 운용 실시를 고려해야 한다.

③ 소프트웨어자산의 관리방법을 결정 – 즉 계획을 작성 – 한다.

회사가 어떻게 소프트웨어자산을 관리해야 하는가 라는 질문은 이론을 기초로 하여 대답할 수 있는 독립된 질문이 아니다. 사용하는 어프로치는 회사문화에 따라 제한될 것이다. 소프트웨어자산관리라는 면에서 본다면 표준적인 업무순서에 정확하게 따져야 한다는 문화를 갖는 회사는 순서가 보다 선택적이라고 보이며, 또한 개략적으로 계산된 데이터로 보고서가 작성되는 회사와는 다른 어프로치를 취할 수 있다고 생각된다.

따라서 이상적인 자산관리플랜을 결정하는 것과 마찬가지로 소유 조직문화 하에서 무엇을 할 수 있는지를 이해해야 한다. 이것을 재빨리 실시하는 하나의 방법은 소프트웨어 자산관리시스템에 관해서 이미 어떠한 시스템이 존재하는지를 이해하는 것이다. 소프트웨어 자산관리시스템은 존재한다고 하면 일반적으로 IT 부서나 재무부서에서 볼 수 있다.

올바른 방침은 자산이 무엇에 의해 어떻게 변화하는지에 따라서도 좌우된다. 대부분의 종업원이 접속하는 데이터베이스는 어떤 작은 팀만이 접속하는 유사 데이터베이스와는 관리요건이 다르다. 두 개의 주요 문제는 다음과 같다.

- 현재 회사 내의 주요 소프트웨어 자산은 무엇인가?
- 향후 3년간 어느 소프트웨어 자산을 더 개발할 필요가 있겠는가?

- 이용할 수 있는 소프트웨어는 무엇인가?
- 신규 소프트웨어를 위한 평가프로세스
- 이용가이드라인
- 소프트웨어 사용권한에 관한 관리지침: 개별 사용권 대신에 사이트사용권 협상을 해야 하는가? 이용하지 않는 사용권을 파악하고 취소하는 프로세스는 있는가?

이 목적은 회사의 업무를 확실하게 지원하고 시스템의 불필요한 잉여자산을 없애기 위해서 충분한 소프트웨어자산을 적절히 배치하는 데 있다. 소프트웨어자산을 효과적으로 관리하기 위해서는 소프트웨어자산에 관한 데이터가 필요하며, 이 데이터를 포함하는 집중데이터베이스를 구축하든지, 또는 각 사업부나 부서에서 지역적인 데이터베이스를 구축하여야 한다.

최근까지는 집중데이터베이스가 이론적으로는 최고라고 여겨져 왔지만 데이터는 가끔 부정확하고 진부해졌기 때문에 실용적이지 못한 경우가 많다. 그러나 최근 사용자가 쉽게 집중데이터베이스의 데이터 업데이트가 가능한 인터넷 테크놀로지를 이용할 수 있게 되어 집중데이터베이스를 상당히 쉽게 실현할 수 있게 됐다고 여겨진다.

집중데이터베이스의 실행가능성에 관한 확신을 얻기 위한 하나의 방법은 회사 내에서 다른 집중데이터가 제대로 기능하고 있는지의 여부를 찾는 것이다. 많은 회사는 집중고객데이터베이스와 인사데이터베이스를 구축하려고 시도하고 있다. 이 때문에 이 문제에 초점을 맞춰야 한다. 자산관리의 전부 또는 그 일부를 외주를 주어 관리하려고 결정한 회사도 있다. 이것은 자산관리에 필요한 조직의 인재, 시스템, 전문 기술이 부족한 경우에 적절하다.

④ 소프트웨어 자산관리 계획을 실행한다.

이 계획을 실행하는 데 중요한 문제는 사용자에게 어플리케이션의 변경대응시간을 얼마만큼 주어야 하는지, 또는 경영자가 잉여 어플리케이션을 배제하는 것이다. 일반적인 회사는 PC 어플리케이션에 관해서 3개월~1년, 핵심이 되는 비즈니스 어플리케이션의 경우에는 더욱더 긴 시간을 주고 있다.

(4) 보안관리 또는 충실한 장해 · 재해대책

시스템이나 데이터를 장해와 재해로부터 보호하고 비즈니스상의 위험을 최소한으로 하기 위해서 미리 대책을 마련하는 것이 중요하다는 것은 두말할 필요가 없다. 이것은 다운타임에 의한 기회손실을 줄이는 것으로 이어진다. 보안관리 또는 장해 · 재해대책은 앞의 시스템관리환경의 재정비에서 설명한 보안 또는 고가용성의 확보와 깊은 연관이 있다. 다만, 기술적인 환경 정비만으로 시스템다운의 위험을 최소한으로 할 수는 없다. 따라서 관리방침 또는 프로세스 중에서 보안장해나 장해 · 재해에 대해서 어떤 대책을 어떤 방법으로 행할지에 대해서 사전에 계획하고, 계획대로 그것을 실행할 수 있도록 문서화, 교육 또는 훈련을 실시해야 한다.

장해 · 재해대책은 문제가 발생한 경우에 그 피해를 최소한으로 줄이고 업무의 계속성을 확보하기 위한 사전 장해 재해계획과, 업무 중단 등을 신속하게 회복해 나가기 위한 복구계획이 있다. 특히 재해대책에서는 자사 컴퓨터 시스템의 사회나 경제시스템 안에서의 위상이나, 비즈니스 또는 업무에 미치는 영향을 이해한 다음 복구 우선순위를 결정해야 한다. 이러한 계획이 사전에 철저하게 이루어지지 않는다면, 교통이 마비됐을 때 백업테이프를 수송하여 지체를 더욱 악화시키거나, 물류 자체가 중단되고 있음에도 불구하고 물류 관리시스템을 우선 복구한다는 모순된 상황이 발생하게 된다.

● 정보보안

효과적인 정보보안이란 접속해야 할 사람이 필요할 때 정보를 바로 이용할 수 있도록 하고 접속하지 말아야 할 사람을 이용할 수 없게 하는 것을 뜻한다. 실무상 정보보안에 관해서 일반적인 과오의 예가 두 가지 있다. 그것은 보안이 너무나도 복잡해서 이용할 때 정보 입수가능성을 지나치게 제한해 버린다든지 보안절차가 효과적이지 못해서 해커나 인증을 받지 않은 사용자가 기밀 데이터를 입수해 버리는 것이다.

지나치게 복잡한 보안절차의 가장 일반적인 예는 대개 비밀번호에 의한 보안이다. 즉 대부분의 조직에서 개인은 결코 자신의 비밀번호를 공개하거나 써두거나 해서는 안 된다는 취지의 엄격한 규칙이 있다. 그러나 그럼에도 불구하고 대부분의 사무실에서는 이러한 규칙이 무시되는 것 같다. 개인이 각각 타인의 비밀번호에 접속을 하든지, 비서가 모든 사람들의 비밀번호가 적힌 서류를 보관하고 있는 경우도 있다. 이것은 대부분의 사람이 규칙을 깨려고 한 것이 아니라, 그 규칙 속에서 IT 지원부서와 통신관리자가 실제로 종업원을 일하게끔 하는 방법에 관해서 실무적인 필요성을 전혀 고려하고 있지 않는 것이다.

예를 들어 IT 시스템에 의해서 데이터와 이메일의 공유가 팀 안에서 충분히 제공되고 있지 않는 경우, 직원은 필요한 정보공유와 원만한 팀워크를 달성하고 팀에 주어진 업무목표를 달성하기 위해서 비밀번호를 공유할 것을 결정한다. 이런 문제 때문에 비밀번호가 개별 사용자별로 엄밀하고 비밀리에 보존되고 있다는 것을 전제로 하는 모든 IT 보안관리의 의미가 없어지게 된다.

1999년에 IT 업계와 금융업계의 다국적 회사 10사에 대해서 실시된 비공식조사에서 비밀번호의 공유는 대부분의 회사에서 해고를 당해야하는 수준의 위반이라고 정한 명확한 규칙이 존재하고 있음에도 불구하고, 조사를 한 직원의 50% 이상이 일상적으로 비밀번호를 공유하고 있다는 것이 밝혀졌다.

정보보안의 중요성은 아래와 같다.

- 데이터의 이용가능성: 데이터의 백업과 대체 시스템 또는 네트워크의 이용가능성도 포함된다.

- 데이터의 보존성: 오래된 데이터가 확실히 최신 데이터로 치환되고 데이터간의 비정합성이 해결된다는 것을 의미한다.
- 접속통제: 누가 데이터에 접속할 수 있는지. 사용자에게 완전히 접속할 수 있는 권한을 줄 것인가, 또는 부분적으로 접속할 수 있는 권한으로 그칠 것인가. 사용자는 데이터로 무엇을 할 수 있을까. 즉 판독만 할 수 있는 것인가, 아니면 갱신도 할 수 있는 것인가.
- 기밀성: 기밀성은 데이터베이스 내와 마찬가지로 전송시에도 데이터를 보호할 수 있다.
- 인증: 인증은 요구하는 권리가 있는 사용자에게 데이터를 제공하는 것이다.

· 정보보안방안을 강구해야 하는 이유

정보보안을 다루는 IT 전략 요소를 갖는 주요한 편익은 정보보안에 관해서 확대된 자원과 회사의 실제 정보요구의 보다 좋은 균형을 유지하는 것이다. 이에 따라서 필요 없는 정보보안관리에 드는 지출을 삭감할 수 있으며, 중요 요구(중요한 데이터의 백업 등)는 충족되어야 할 것이다. 또한 정보보안을 확보하기 위해 이용되는 시스템을 합리화함으로써 비용을 절약할 수 있다. 하나의 데이터 백업 시스템이 제대로 기능하고 있을 때, 왜 다른 두 개 조의 시스템을 운용하기 위해서 비용을 지불해야 하는가?

데이터보안 침해는 현대 회사에 있어서 매우 중요한 문제다. 그럼에도 불구하고 침해사례의 상당수가 외부로 알려지지 않기 때문에 꾸준한 주의를 기울이지 않는 경우도 적지 않다. 일반적으로 IT 보안 침해의 5% 정도만이 외부에 보도되고 있다고 예측된다(설문에 답한 CIO들의 가장 많은 빈도임).

자체적으로 확실한 정보보안 전략을 갖는 것은 시스템 공급업자에게 의존하는 것보다도 바람직하다. 예를 들면 널리 이용되고 있는 Microsoft Windows NT의 오퍼레이팅 시스템은 보안문제에 너무 노출되어 있기 때문에, 오퍼레이팅 시스템에 탑재되어 있는 보안기능에 완전히 의존하는 것은 현명한 선택이 아니다. 모든 회사는 기존 시스템으로 제공되는 보안에 대해서 자사의 보안 요구를 검토하기 위해서 어떠한 갭이 존재하고 있는지를 밝히고, 위험을 평가하고 취해야할 행동이 있다면 그것이 무엇인가를 결정해야 한다.

◈ 사례: 정보보안 문제의 예

미국국방부는 정보보안과 관련해 연간 250,000회의 공격을 받고 있다고 한다. 최근 보고에 따르면 파일을 인쇄하기 위해 컴퓨터에서 레이저 프린터로 파일을 전송할 때, 모스크바의 해커가 효과적인 트랩을 걸어서 캘리포니아 주 산디에고에 있는 미국의 SPAWARSYSCOM(Space and Naval System Command)의 시스템을 공격했다고 한다. 공공부문의 보안문제는 민간부문보다도 많이 보고되는 경향이 있다. 왜냐하면 공공부문의 설명책임(어카운터빌리티)에 대한 요청이 강하며 일반적인 관심도 높기 때문이다. 다수의 공공부문의 정보보안 침해가 검증가능한 방법으로 실제로 보고되고 있으며, 공공부문에서 공표되는 문제의 규모는 민간부문과 거의 같은 규모의 문제 때문에 고민하고 있다는 것을 나타낸다. 이에 해당하는 민간부문의 예는 1999년 1월에 캐나다의 오류 마일즈의 웹 사이트에서 30,000명의 회원데이터가 해커에게 누출된 사건이 있었다. 누출된 정보 중에는 서명, 자택 전화번호, 신용카드 번호가 있었다.

이러한 종류의 침해에 의해 해커가 불법으로 전자신분증명서를 작성할 가능성이 있으며, 신용카드가 불법으로 사용되어 권리를 침해당한 시민에 의해 회사가 중대한 소송위험에 노출되는 경우도 있다.

· **정보보안을 위한 방안 수립**

위험관리는 정보보안방안의 중심이어야 한다. 하지만 위험관리가 실현된다고 해도 거의 손해가 없는 위험을 다루거나, 큰 손해를 입지만 매우 실현되기 힘든 위험을 다루거나 하는 데 시간을 할애함으로써, 너무나도 경솔하게 많은 금액을 투자하여 그 결과로 불필요하고 번잡한 절차와 관리가 발생하게 되는 경우도 있다. 예를 들면 1980년대 말, 많은 회사의 경영자는 인터넷상의 신용카드사기를 우려하여 사기예방에 많은 시간을 투자하였으나, 정작 바이러스에 의한 시스템의 위험에는 그다지 관심을 갖지 않았다. 그러나 바이러스에 의한 위험이 증대됨에 따라 예기치 못한 중대한 결과가 발생할 가능성도 있다는 것을 주의할 필요가 있다.

대부분 회사에서 왜 경영자가 부적절한 위험에 주의를 집중하며 불필요한 비용의 주요 발생 원인을 무시하는지 명확하지 않다.

문제점의 하나는 이것이 기술상의 문제라기보다도 인위적인 문제이며, 그 결과 올바른 해결책은 기술만으로 얻을 수 있다고 생각하고 있는 사람도 있으나 사실 기술적인 해결책만 시도하는 것은 부적절하다. 또한 경영자는 중대한 결과를 초래하는 높은 위험을 실질적으로 낮추어 주거나 배제할 수 있지만, 비용이 그다지 들지 않거나 또는 전혀 돈이 들지 않는 예방조치를 놓치기 쉽다. 예를 들면 이메일 필터링은 전자메일에 의해 초래되는 바이러스에 대한 비용이 들지 않는 예방조치이며, 이 문제에 대해서 종업원의 주의를 환기하는데도 거의 돈이 들지 않는다. 그러나 IT 보안에 있어서 양측의 어프로치를 사용하고 있는 회사는 거의 없다.

위험관리활동을 함에 있어 효율적으로 우선순위를 부여하는 하나의 방법은 간단한 위험검토를 하는 것이다. 이것은 회사가 직면하는 모든 주요 IT 위험에 관해서 훌륭한 판단을 갖고 있는 관리자의 소집단에 의한 4시간 정도의 워크숍 형태를 취할 수 있다. 이 워크숍의 공통의제는 직면하는 모든 위험에 관한 브레인스토밍으로 시작되며, 위험을 종류별로 나누고 최종적으로 결과가 일어날 가능성과 영향의 크기대로 각 카테고리별 위험을 평가하는 것이다. 중대한 결과를 초래한다고 생각되고 일어날 가능성이 높은 위험에는 경미한 결과밖에 초래되지 않고 일어날 가능성이 낮은 위험보다 더 깊은 주의를 기울인다. 위험검토가 어떠한 형태로 이루어지든지 결과적으로 회사가 직면하는 가장 중대한 위험에 대해서 경영자는 파악하고 있어야 한다. 때로는 외부 IT 컨설턴트나 경영컨설턴트는 위험의 검토가 면밀하게 이루어지고 손해를 입을 우려가 있는 위험이 무시되지 않도록 지원할 수 있다. 표 3-10은 위험평가의 예를 나타내고 있다.

· 위험의 검토

① 회사가 직면하고 있는 위험을 평가한다.

<주요 설문 내용>

- 지금까지 어떤 IT 보안문제가 발생했는가.
- 보안 측정에 의해 어떤 시스템을 즉시 보호하는가.
- 회사가 직면하고 있는 위험의 주요카테고리는 무엇인가. 각 카테고리의 위험이 일어날 가능성은 어느 정도인가. 각 카테고리에 사고가 일어나는 경우, 재무측면 또는, 시장의 평판측면에서 어느 정도 중대한 결과가 초래되는가.
- 업계의 주요 정보보안문제는 무엇인가.

<설문 작성자>

- IT 부서(IT 부서의 모든 사람에게 주요 위험이라고 생각되는 것을 위험으로 작성하도록 요구한다)
- 경쟁타사
- 업계단체, 산업보고서
- 외부 IT 컨설턴트

② 회사가 정보보안 위험을 관리하지 않으면 안 되는 자원이 무엇인지를 명확히 한다.

표 3-10 IT 위험평가의 예

	위 험	일어날 가능성	결 과	조 언
1	전자메일경유의 네트워크와 데이터의 바이러스감염	높음	1. 중간정도의 위험. 단, 2의 경우를 제외하고 2. 중요한 비지니스 거래내용이 담긴 전자메일의 손상	A. 바이러스 필터를 매일 업데이트하는 계약(50,000달러 비용)을 맺는다. B. 비즈니스상 중요한 시스템에 관해서 이메일 네트워크의 백업을 실시한다(300,000달러의 비용).
2	공용 인터넷으로 데이터베이스의 고객정보 누출	중간	1. 평판이 현저히 저하되고 회복에는 긴 시간이 걸린다. 2. 과실이 밝혀지면 법에 의한 제재를 받게 된다.	A. 4분기마다 외부컨설턴트에 의한 데이터베이스 보안 테스트를 실시한다(1년에 60,000 달러 비용) B. 클라이언트의 데이터를 방화벽의 안쪽에 있는 서버에 옮긴다(추가적인 비용은 발생하지 않는다). C. 인사부문이 종업원 데이터의 취급과 시스템으로의 접속방침을 검토하고 특정 조언을 2005년 3월 31일까지 실시한다.
3	데이터센터의 정지(예: 홍수, 화재, 테러)	낮음	2시간 정도면 영향은 미미하고, 하루 정지하면 중간정도다. 하루 이상이면 중대한 결과를 일으킨다.	기존의 재해복구와 데이터 백업시스템이 가동될 가능성과 결과의 영향에 대하여 검토한다.

<주요 설문 내용>

- 이 위험을 관리하기 위해서 얼마를 지출하는가.
- 유한 회사의 지출은 얼마인가(네트워크를 구축하고 있는 회사의 정보보안에 대한 평균적인 지출은 IT 예산의 5~8% 사이다).
- 이러한 위험을 관리하는 직원의 전문기술 수준은 어느 정도일까.
- 새로운 어플리케이션에 요구되는 정보특성에 관해서 어떠한 방침이 있는가.

<설문 작성자>

- IT 부서.
- 재무 담당자
- 경쟁타사
- 외부컨설턴트

③ 데이터 백업에 관한 방침

<주요 설문 내용>

- 백업 선택안은 무엇인가.
- 백업해야 하는 어플리케이션과 데이터를 어떻게 확실히 백업할 수 있을까. 시스템관리자는 원격지 백업을 할 수 있을까(사용자 어플리케이션은 다른 어플리케이션에 비하면 데이터 백업기능이 불충분한 경향이 있다).

<설문 작성자>

- 회사의 경영관리자
- IT 부서, CIO
- 주요 사용자

<예상 설문 답안 예>

- 네트워크관리자는 네트워크 드라이브 상의 모든 데이터를 매일 백업하고 있다. 따라서 네트워크 드라이브상에 존재하는 모든 사용자 컴퓨팅 데이터는 자동적으로 백업된다. 자동백업이 실행되지 않으면 사용자는 각자 데이터 백업에 책임을 져야 하며, 데이터를 백업하지 않는 것에 대한 위험을 느껴야 한다. IT 부서는 노트북 PC상에서 운용되고 있는 사용자 어플리케이션의 백업 서비스를 제공하기 위해서 전사적인 인트라넷을 이용하는 것에 대해서 어떠한 선택 안이 있는지를 조사하고 있다.

④ 정보보안을 관리하기 위해서 위협기준 전략(threat-based strategy)을 실시한다.

<주요한 설문 내용>

- 데이터와 시스템의 이용가능성, 데이터의 보전성, 접속통제, 기밀성과 인증 영역에 있어서 현재 제대로 관리되고 있지 않는 주요 위협은 무엇인가.
- 정보보안의 문제에 누가 책임을 져야하는가.
- 신규 어플리케이션의 보안설계에 관한 방침에 어떠한

변경이 필요한가.

– 이벤트에 대응한 보안기준에 어떤 것을 이용할 수 있는가.

<설문 작성자>

– IT 부서

– 외부 컨설턴트

<예상 설문 답안 예>

– 주요임원은 데이터 보안에 관한 책임을 지고 있다. 그러나 일상 관리에 관해서는 CIO를 통해서 IT 부서 관리자에게 권한이 이양되고 있다.

– 해킹에 대응하기 위해서 이벤트에 대응한 보안기준을 실행한다.

· 트래픽 급증은 해킹을 시도하는 것과 관련된 경우가 많다. 거기서 트래픽이 일정량에 달하게 되면 보안 수속을 작동시키는 것을 전제로 하고 인터넷 트래픽량을 모니터한다.

· 백업시에 데이터에 대한 위험이 증가하는 것을 전제로 하고 백업시에는 네트워크 접속을 차단한다.

◈ 사례: Pagenet 사의 서버 장애시간의 감소

미국 텍사스 주의 달라스에 본사를 둔 Pagenet 사는 통신서비스회사이다. Pagenet 사의 네트워크 시스템은 수천대의 컴퓨터로 구성되어 있고, 그 규모는 미국뿐만 아니라 캐나다에도 서버가 100대 이상 설치되어 있으며, 고객창구용으로 운영자가 조작하는 서버만도 600대 이상이나 되었다. Pagenet 사가 제공하는 것은 네트워크 서비스이므로 서버가 다운되면 고객으로부터 항의가 빗발치는 것은 물론 운영자로부터의 불만 전화가 쇄도하곤 했다.

결국 Pagenet 사의 가장 중요한 관리항목은 장애관리와 다운타임을 감소시키는 것이었다.

· 시스템 다운타임의 감소

Pagenet 사의 운영자는 서버의 장애로 인하여 월간 수백 건에 이르는 항의전화에 일일이 대응하지 않으면 안 되었다. 장애를 감소시키기 위해 어떻게 하면 좋을까? 장애의 문제 발생을 사전에 예방하는 것은 쉬운 일이 아니었다.

그러나 문제발생을 신속히 감지하여 대책을 세울 수 있다면 전체 다운타임을 감소시키고 고객의 항의를 줄일 수 있게 될 것이다.

그림 3-9 시스템 다운타임의 감소

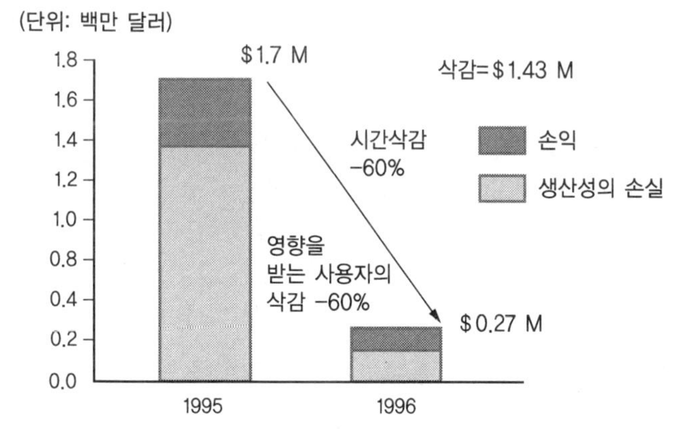

출처: International Data Corporation, 1997

그 검토 결과 통합형네트워크관리 도구를 도입하기로 결정했다. 그 결과 네트워크상의 서버에서 발생한 문제를 감지할 수 있게 되었다.

· 장애 보고서의 자동화

다음에 발생한 시스템 장애에 대하여 자동적으로 대처하기 위해 발생한 문제를 프린트하고 카테고리별로 나누어서 각각에 대응하는 프로그램을 작성했다. 서버에는 유닉스 서버도 있고 Windows NT 서버도 있었다. 이 회사의 시스템 엔지니어는 각각의 서버에 적용되는 문제해결 프로그램을 작성했다.

유닉스에는 셸 스크립트라고 부르는 프로그램을 Window NT에는 배치 파일을 만들어 넣었다.

여기에서 관리 도구의 기능이 중요한 역할을 하였다. 문제해결 프로그램을 실행하기 위해서는 유닉스인지 또는 Window NT인지를 판별해야만 했는데, 이와 같은 서버의 종류는 관리 도구를 사용함으로써 자동으로 인식이 가능하게 되었다. 그래서 다른 관리기능도 통합적으로 사용하면서 관리 도구는 문제 발생을 감지하는 동시에 각각의 서버에 따라 문제해결 프로그램을 자동적으로 실행하게 되었다.

장애 보고서를 자동화하여 장애가 발생한 서버를 수동으로 재가동시키기도 하고 고객이 통보하기 전에 장애를 인식하여 조치함으로써 다운타임이 현저히 감소하게 되었다. 운영자가 고객으로부터 접수하는 문의 건수는 월간 수백 건에서 현재는 10건 미만으로 감소되었다. 그러나 서버의 장애 발생건수는 반드시 감소한 것만은 아니었다. 중요한 것은 서버에 장애가 발생했다고 하더라도 신속하게 복구가 된다면 고객으로부터 항의를 받는 일은 없어졌다는 것이다.

· 고객의 손실 경감

관리 도구를 도입하기 전에 이 회사의 시스템 다운 영향으로 고객의 월간 수백 시간을 빼앗고 있었던 것이다. 그런데 현재 전체다운타임은 월간에 12분까지 단축되어 평균적으로 보면 고객에 있어서는 약 150만 달러의 손실을 경감할 수 있게 되었다. 또한 다운타임의 감소 이외에도 네트워크의 가용성향상, 헬프데스크나 문제해결 속도의 개선, 백업이나 응답시간의 개선 등의 효과를 가져왔다. 또한 시스템 관리자는 장애 대응에 빼앗겼던 시간에서 해방되고 네트워크의 최적화라든가 하는 본연의 업무에 전념할 수 있게 되었다.

(5) 관리와 지원업무의 외주(Outsourcing)

· 외주이용 및 외주의 취급방법

미국을 중심으로 핵심역량경영에 대한 높은 관심으로 인해 외주가 주목받고 있다. 정보시스템 관리나 사용자지원에 관련된 업무에 대해서도 많은 회사에서 핵심역량이 아닌 부분을 외주하는 경우가 높아지고 있다. 여기서 말하는 외주에는 정보시스템부서의 업무를 일괄하여 외주할 뿐만 아니라 헬프데스크나 네트워크 관리 등의 개개의 태스크를 선택적으로 외주하는 것도 포함하고 있다.

외주의 본질은 단순하다. 즉 외주란 제3자에 자신 회사의 일부(예를 들어 IT 서비스 관리)를 맡겨 버리는 것이다. 외주는 왜 성립하는 것일까? 간단하게 말하자면 외주전문회사가 외주를 인수하는 것은 그 거래로 수익을 올릴 수 있다고 판단하기 때문이다. 고객회사도 자금을 절약할 수 있다고 생각하기 때문에 외주에 동의한다. 즉 외주 의의는 외주전문기관이 고객회사보다도 효율적으로 IT를 관리하는 데에 있다.

대기업투자은행의 CFO(Chief Financial Officer: 재무담당임원)는 "저는 이러한 IT 비용에 만족하지 않지만 이익을 유지하기 위해서 자사에서 IT 비용을 보다 제대로 관리함으로써 해결하든지, 그렇지 않으면 외주전문회사에 맡기는 것이 좋다"고 말했다. 그러나 그것과 동시에 많은 사람들과 마찬가지로 외주에 대해 느끼고 있는 불안감도 언급했다. 이 은행에서는 경영자의 우수한 능력으로 IT 비용 문제를 해결할 수 있다고 생각하고 있다. 이것이 사실이라면 실제로 이 투자은행에 있어서 외주는 적절한 의사결정이 아니었음은 분명하다. 그러나 모든 회사가 충분한 수의 숙련된 IT 경영자와 전문기술자가 있는 것은 아니다.

IT 효율을 향상시키기 위해서 외주를 하는 것을 논외로 하더라도, 외주산업이 실존하는 것은 IT의 비효율을 정확하게 식별하여 개선함으로써 막대한 가치창조가 이루어기 때문이다. 이것은 특정한 경우에서 외주를 실시하는지 여부의 문제보다 중요하다.

즉 가장 중요한 문제는 그야말로 외주가 산업으로서 존재하는 것이야말로 회사가 IT를 올바르게 이해하는 데 있어서 큰 가치가 창출될 가능성이 있다는 것을 증명하고 있는 것이다. 즉 IT를 올바르게 이해할 때에 외주도 생각할지 여부를 결정할 수 있으나, IT의 올바른 이해, 그 자체만큼 중요하지 않으며 환경에 따라 달라진다. 이 문제는 매우 중요하며 다음과 같이 바꿔 말할 수 있다. 대부분의 회사에는 IT를 이해하여 현재보다도 제대로 관리함으로써 이익을 얻기 위한 큰 기회가 있다. 즉 외주는 그 기회가 매우 크다는 것을 증명한다.

회사는 평균적인 효율로 IT를 운영하면 일반적으로 약 20%의 원가절감 또는 약 20%의 가치창출을 할 수 있다. 이것은 외주산업과 그 고객의 대부분이 계획으로 설정하고 있는 일반적인 가정이다. 예를 들어 Chevron 사에서는 IT 보유비용을 연간 5000만 달러 절약하기 위한 프로그램을 실시하고 있으며, 이 프로그램의 주요 실시항목은 단순히 이용하는 소프트웨어를 표준화하는 것이다. Procter & Gamble 사의 ECR(Efficient Consumer Response: 효율적인 사용자대응)에는 네 개의 중요한 경영목표의 하나로서 IT 비용의 효율개선이 포함되어 있다. ECR 프로그램은 비용을 절약하기 위해 설계된 것이지만, 10년 동안 매출액을 배로 증가시키기 위한 계획의 일부이기도 하다.

오늘날 효율적 측면에서 큰 이익을 얻기 위해 외주전문회사를 이용하고 있는 경영관리기법은 드디어 모든 산업 또는 기능에서 틀림없이 표준적인 경영관리능력의 일부가 될 것이다.

우리나라에서도 외주에 대한 인식이 확산되고 있으며, 시스템 판매사나 정보서비스회사는 이러한 수요에 대응하기 위해서 운용서비스나 지원서비스를 적극적으로 제공하고 있다. 특히 분산시스템 운용에 관해서는 사내에 자원이나 기술이 부족한 경우가 많으며, 인재 육성이나 유지를 위한 비용이 증가하기 때문에 적당한 외주를 이용하는 것은 관리나 지원에 대한 IT 비용 절감에 효과적이라고 할 수 있다.

단, 우리나라에서는 외주에 관해서 사용자측도 공급사측도 함께 경험이 많지 않기 때문에 요건의 정의, 적절한 공급사의 선택, 계약 등에 대한 노하우가 축적되어 있지 않으며, 외주를 하는 것 자체에 큰 노력을 투자하는 경우가 있다. 사용자는 외주를 해야만 하는 업무의 우선순위를 명확하게 하고 공급사와 자사간의 책임분담을 명확하게 함으로써 외주 프로세스를 최적화하는 노하우를 익혀야 한다.

관리업무 외주에 관해 외주 공급사가 제공하고 있는 서비스에는 네트워크 감시, 원격지시스템 감시 또는 관리, 자산관리, 서버운용, 백업을 포함하는 스토리지 관리 등이 있다.

한편 지원업무에서는 헬프데스크서비스, 자산 조달 배치 설치 이동설치, 폐기 등을 대행하는 서비스, 교육 훈련, 장해대응 등이 제공된다. 외주에는 외주공급사 센터 등으로부터 네트워크를 이용하여 원격으로 대응하는 (오프라인)업무와 요원을 사용자 회사에 몇 명 파견하여 온라인으로 대응하는 것이 있으며 온라인과 오프라인을 동시에 제공하는 경우도 많다. 관리업무 외주의 경우는 대부분이 전용통신회선과 원격지 감시 도구 등을 이용하여 오프라인으로 대응하게 된다.

일부 지원업무는 실제로 기기를 설치하거나 사용자의 사이트에서 직접 지원하는 업무도 있기 때문에 온라인지원으로 제공되는 경우가 있다. 교육훈련에 대해서는 주요 도시에서의 기존 교육코스에 대한 참가와 함께 사용자회사 수요에 맞는 고객 코스 제공이나 영업소나 지점 등에 대한 출장 훈련을 기획하여 제공되는 경우도 있다.

관리업무나 지원업무를 외주 처리하는 가장 큰 이점의 하나는 비용절감이며, 또 하나는 서비스 품질의 향상이다. 외주 공급사가 갖는 시설이나 기기를 포함하는 인프라 및 복수 고객으로부터 축적된 경험을 바탕으로 한 관리와 지원의 노하우, 자원이나 인원을 공유할 수 있는 것에 의한 수량효과 등이 이러한 이점을 만드는 원천이 되고 있다.

· **자산외주**

컴퓨터를 구입하는 것이 아니라 리스나 임대로 전환하는 것도 IT 비용 최적화방법 중 하나라고 할 수 있다. 컴퓨터 등의 제품 사이클은 매우 짧아지고 있으며 2, 3년만 지나면 교체해야 하는 경우도 많아 일반적인 회사 고정자산의 감가상각모델에 부적합해지고 있다. 일단 컴퓨터를 구입하면 낡은 기종을 계속해서 사용해야만 한다는 문제도 있다. 이 때문에 컴퓨터 임대나 리스에 대한 관심이 높아지고 있으며, 최신 기종을 사용자에 제공하는 서비스 향상이라는 면에서 혹은 고정자산세 문제, 종종 기종을 교체하여 낡은 기종을 창고에 쌓아두는 등과 같은 문제를 피할 수 있다는 경제성 면에서도 이점은 크다고 할 수 있다.

최근에는 컴퓨터 등 하드웨어자산을 사용자회사가 구입하는 것이 아니라 외주공급사가 리스회사 등과 제휴하여 사용자에게 빌려주는 자산 외주 등도 제공되고 있다. 사용자회사는 컴퓨터를 소유하는 것이 아니라 보수나 자산관리가 부가된 외주 서비스의 일환으로서 컴퓨터를 이용할 수 있다.

◈ **사례: 프랭크 러셀사의 PC 리스 도입**

미국의 인포메이션 위크지에서는 PC를 구입에서 리스로 대체하여 IT 비용을 절감한 사례를 소개하고 있다. 투자자문 컨설턴트인 프랭크 러셀사는 1400대에 달하는 회사 전체의 PC를 한 대당 250달러 2년 리스로 대체하기로 결정했다. 동사의 운용지원부문의 존슨 씨는 "리스의 경제적 효과는 현시점에서는 계량화가 되어 있지 않지만 적어도 PC의 기술혁신에 뒤처지는 위험은 최소화 할 수 있다"고 말하고 있다. 또 그는 "3년 후에 리스가 득이 될지 손해가 될지는 알 수 없다. 그러나 만일 당신이 3년 후에도 지금의 PC를 사용하고 있다면 그것은 손해를 보고 있다고 말할 수밖에 없다"고 의미심장한 말을 하고 있다. 결국 리스에 대한 시시비비는 별도로 하더라도 노후화된 PC의 사용은 가급적 피해야 한다는 이야기로 볼 수 있다.

캘리포니아 주의 전화회사인 퍼시픽 벨사는 1996년부터 3만 대의 PC를 리스로 대체하여 감가상각이나 세금을 줄였다. 동사의 경영자는 "리스로 비용을 절감했을 뿐만 아니라, 2년부터 3년까지의 리스기간을 설정하여 구입한 경우에 설정된 5년의 감가상각 규정이 자사의 니즈에 맞지 않는다는 커다란 문제를 해결했다"고 말하고 있다. 또한 구입한 자산은 언젠가는 폐기해야 할 운명에 처해지지 않으면 안 되는데 폐기할 때 발생하는 비용을 감안해서라도 리스의 경제성을 주장하고 있다.

· **외주의 벽**

외주의 이점은 비용 절감과 서비스 품질 향상이라고 설명했지만 미국형 외주의 또 다른 목적은 불시에 해야 하는 인원감축을 포함하는 조직의 구조조정에 있다. 인원감축뿐만 아니라 핵심 사업분야의 인원 재정비와 신규사업개척에 대한 참여 등도 마찬가지로 추진되고 있다. 연공서열이나 종신고용제가 중시되는 동양권 및 우리나라에서는 이러한 인사적인 시책을 추진하기 어렵기 때문에 미국형 외주는 받아들이기 힘든 경향이 있다. 또한 종업원의 직무분장이 계약 등으로 인해 명확하게 정의되는 것과 이직률이 높기 때문에 이직으로 한 단계 상승해 나가는 미국의 취업사정도 외주가 의도하는 성과를 단시간에 달성할 수 있는데 기여하고 있다. 우리나라 대부분의 회사에서는 회사로서의 핵심역량, 정보시스템부서의 핵심역량이 명확하지 않다. 핵심역량이 애매한 이상, 어떤 능력은 살리고 어떤 능력은 버려야 할지를 판단할 수 없다. 이러한 사실이 외주를 결단하는 데 있어서도 가장 근본적인 장벽이 되고 있다.

· 정보시스템 자회사

외주에 대해 논의를 할 때, 정보시스템 자회사의 존재를 놓칠 수 없다. 인력감원을 포함한 드라마틱한 인사적인 시책을 추진하기 어렵다는 것과 유연한 급여체계를 갖는 것이 곤란하기 때문에 정보시스템부서를 분사화하고 정보시스템 자회사를 그룹 내에 두는 전략을 취하고 있는 회사도 있다.

모회사의 입장에서 본다면 정보시스템 자회사에 관한 운용이나 관리를 일괄적으로 위탁한다는 것을 의미하기 때문에 이것은 일종의 외주라고 할 수도 있다.

그러나 정보시스템 자회사가 모회사 업무만 하청을 받아 사업을 한다고 하면 외주의 이점인 시설이나 기기를 포함하는 인프라, 복수 고객의 경험을 비춘 관리나 지원의 노하우 축적, 자원이나 인원을 공유함에 따른 수량효과 등을 기대할 수 없게 된다. 실제로 모회사나 그룹회사로부터의 매출률이 낮으며, 독립된 사업으로서 성공하고 있는 정보시스템 자회사는 매우 적다. 정보시스템부서의 분사화는 모회사의 입장에서 보면 핵심역량사업을 집중시킨 것이며, 정보시스템 자회사가 독립할 수 있게 된다는 것은 회사그룹으로서는 신규사업에 대한 확장을 의미한다. 그러나 정보시스템 자회사 쪽에서 본다면 정보서비스업계로의 신규진출을 의미하며 매우 힘든 일이라는 것은 의심할 여지가 없다.

3) 충실한 지원과 사용자의 부하경감

(1) 헬프데스크 정비와 대처 노하우 축적

사용자의 문제와 질문을 접수하는 창구로서 헬프데스크를 설치하는 것이 지원과 사용자의 부하경감에 효과적이다. 특히 사내 컴퓨터 대수가 증가하고 컴퓨터 이용경험이 부족한 사용자가 증가하는 경우에는 사용자의 셀프지원(자신이 스스로 문제 또는 의문을 해소한다)이나 피어지원(부서 내의 잘하는 동료가 대처한다)에 의한 기회비용의 인건비가 증가할 것이 예상됨으로 헬프데스크는 필수적이다.

또한 헬프데스크를 정비하고 문제나 질문에 관한 노하우를 축적함으로써 헬프데스크 그 자체의 운용효과를 높일 뿐만 아니라 사용자에 대한 응답시간 단축과 훈련이나 매뉴얼 등에 대한 반영이 가능해진다. 최근에는 헬프데스크로의 통화 이력을 데이터베이스화함으로써 정보를 공유하거나 적절한 담당자에게 인도하는 시스템이 소프트웨어 도구로서 제공되고 있다. 대규모 사용자의 헬프데스크 운용에 있어서 이러한 도구의 이용은 매우 효과가 높다. 또한 자주 발생하는 문제나 많은 문의에 관한 정보, 이에 대한 대처방법을 축적하고 사용자에 공개할 수 있다면 헬프데스크 부하를 경감하고 사용자의 문제해결까지의 시간은 단축될 가능성이 있다.

(2) 적절한 교육 훈련 실시

앞에서도 설명한 것처럼 많은 컴퓨터가 회사 직원의 책상 위에 놓이게 됨에 따라 정보화의 모범운전사가 증가하는 현상이 일어났다.

일반적으로 컴퓨터 등의 새로운 기기를 사용하게 됐을 때의 초보자의 반응은 두 가지다. 그 하나는 도전정신이며 어떻게든 이 기기를 사용할 수 있도록 스스로 시행착오를 경험하거나 주위에 있는 누구라도 상관없이 질문 공세를 하면서 노력하는 타입이다. 다른 하나는 손도 발도 내밀지 않고 오뚝이처럼 가만히 있는 타입이다. 둘 다 IT 비용과 정보활용이라는 관점에서는 문제를 갖고 있다. 전자는 헬프데스크의 부하와 피어지원 또는 셀프지원의 인건비를 높이며, 후자는 IT 비용은 낮지만 정보화 효과를 얻을 수 없다는 의미에서 회사의 정보화 전략에 짐이 된다.

이러한 두 가지 타입이 갖는 다른 문제를 동시에 해결하는 방책은 교육과 훈련 이외에는 없다. 또한 교육과 훈련은 컴퓨터 초보사용자만의 것이 아니다. 정보기술은 하루가 다르게 발전하고 있으며, 회사에서도 소프트웨어의 버전 업그레이드나 신규 어플리케이션 도입도 종종 이루어지고 있다. 컴퓨터에 숙달된 사용자라도 버전 업그레이드된 사무실 소프트웨어의 새로운 기능을 몰라서 불필요한 조작으로 시간을 낭비하고 있을지도 모른다.

정보시스템관련 교육과 훈련이라 하면 컴퓨터나 어플리케이션 소프트웨어의 조작에 관한 교육을 떠올리기 쉽지만 그것뿐만이 아니다. 이용기준이나 정책, 보안에 관한 규범, 정보화전략에 관한 방침, IT 비용 등의 정보화비용에 대한 회사 추진 등등, 사용자가 이것을 알게 됨에 따라 정보화투자의 경영효과가 높아질 만한 재료는 산적해 있다.

(3) 사용자의 비용에 대한 의식향상

IT 비용 최적화 방안에 있어서 사용자 자신이 IT 비용의 사고방식을 이해하여 각각이 자신이 할 수 있는 일부터 추진하는 것이 어떠한 의미에서는 가장 근본적인 방안이며 효과적이라고 할 수 있다. 왜냐하면 정보시스템부서나 경영자가 주도하여 앞에서 설명한 다양한 IT 비용최적화 방안을 실행해 나갔다고 해도 지원이나 사용자 자신의 운용비용을 좌우하는 것은 최종적으로는 사용자 자신이기 때문이다.

훈련이나 교육을 실시해도 참가하지 않는 사용자는 그 시점에서 회사의 IT 비용 최적화 노력에 협력하고 있지 않다는 것을 의미한다. 이것은 정보시스템비용에만 관련이 있는 것이 아니라 모든 회사 활동을 하는 경우에 해당되는 것이다.

"자사 직원의 인건비는 무료"라는 사고방식은 낮은 비용의식을 나타낸다는 것을 인식해야 한다. IT 비용개념을 통해서 부분최적과 전체최적은 다르다는 것, 예를 들어 자신만 가장 사용하기 쉬운 컴퓨터나 소프트웨어를 구입하는 것이 회사의 입장에서는 비효율성을 낳고 있다는 것을 인식시킬 필요가 있다.

4. 최적화 어프로치의 비용 절감효과

앞에서 소개한 여러 가지의 IT 비용 최적화방안에 대해서 각각의 IT 비용 중 어떤 비용항목의 최적화에 효과적인지를 정리해 보자. 표 3-11에서는 각각의 방안이 IT 비용항목에 대해서 절감효과를 어느 정도 초래하고 있는지를 나타내고 있다. 단, 이 평가도 모든 회사에 통용하는 것이 아니며 일반적인 모델로 생각할 필요가 있다. 또한 기술이나 공급사의 대응력이 발전하고 있기 때문에 보편적인 평가라고는 할 수 없다.

예를 들어 현시점에서는 서버통합이나 신 클라이언트로의 이행

표 3-11 IT 비용의 최적화 방안과 절감효과

	IT 비용 최적화를 위한 방안	하드웨어	소프트웨어	관리	지원	사용자	하드웨어
시스템 환경의 재정비	· 시스템환경 또는 기기의 표준화	▲	▲	◎	◎	◎	○
	· 시스템구성의 복잡도 경감	▲	▲	◎	◎	◎	○
	–서버통합	▲	▲	◎	◎	○	▲
	–신 클라이언트	▲	▲	◎	◎	○	▲
	· 시스템 또는 네트워크의 관리환경 정비	▲	▲	◎	○	○	○
	· 보안 또는 고가용성 확보	▲	▲	◎	○	○	◎
관리 방침과 관리프로세스의 재고	· 관리규범과 이용가이드라인의 명확화	–	–	◎	◎	◎	○
	· 기기구입의 일원화	○	○	▲	◎	◎	○
	· 충실한 자산관리 또는 자동화	○	○	◎	○	○	○
	· 보안관리 또는 충실한 장해 재해계획	–	–	▲	–	○	◎
	· 관리업무의 적절한 외주 이용	–	–	◎	–	–	○
지원과 사용자의 부하경감	· 헬프데스크의 정비	–	–	–	◎	○	○
	· 장애나 질문에 관한 노하우 축적	–	–	–	◎	◎	○
	· 적절한 교육과 훈련 실시	–	–	○	◎	◎	–
	· 지원의 적절한 외주 이용	–	–	○	◎	◎	○
	· 사용자의 비용에 대한 의식향상	–	–	○	◎	◎	○

◎: 삭감효과 큼, ○: 삭감효과 있음, ▲: 증가할 가능성 있음, –: 변화 없음

은 다운타임으로 인한 기회손실을 증가시킬 가능성이 있다고 평가될 수도 있다. 서버통합은 다수의 서버를 소수로 집약하기 하는 것이기 때문에, 시스템 또는 네트워크에 있어서 장해가 발생하는 포인트는 줄어들 것이다. 그러나 집약된 서버가 다운된 경우의 기회손실이 매우 크기 때문에 현재의 신뢰도 수준에서는 위험을 분산하는 쪽이 기회손실은 작다고도 할 수 있다. 그러나 시스템의 고가용성에 관한 상황은 개선되고 있으며 이 문제는 점차 해소되고 있다. 신 클라이언트도 데이터나 어플리케이션과 같은 자원을 서버에서 집중적으로 관리하기 위해서, 클라이언트 측에 장해가 일어나도 기기를 교환하는 것만으로 현상을 복구시킬 수 있기 때문에 클라이언트 측의 기회손실 위험은 작다. 단, 자원의 집약도가 높은 서버나 네트워크의 장해로 인한 기회손실 위험이 크기 때문에 현시점에서는 그 이점이 상쇄될 가능성이 있다.

시스템 환경의 재정비에 포함되는 몇 가지 방안은 관리나 지원에 관한 비용을 절감하는 효과가 크지만, 하드웨어나 소프트웨어의 도입이나 변경에 의한 경우가 있기 때문에 이러한 비용은 증가할 가능성이 있다. 한편 관리방침이나 관리프로세스의 재고, 지원과 사용자의 부하경감에 포함되는 방안은 하드웨어나 소프트웨어에 대한 추가 지출은 적으며, 인적 노력에 의한 IT 비용 최적화를 추진할 수 있다.

5. 우선순위와 실시순서

IT 비용 최적화의 몇 가지 방안에 대해서 회사가 어떠한 우선순위를 매기고 어떻게 실시해 나가야 할지에 대해서도 보편적인 규칙이 있는 것은 아니다.

일반적인 순서는 우선 자사 IT 비용의 현상파악부터 시작하는 것이다. IT 비용 조사는 컨설팅회사에 요청하여 본격적으로 실시할 수 있으며 일반적으로 입수할 수 있는 정보를 근거로 독자적인 조사방법을 설정하여 실시해도 된다. IT 비용을 최적화해 나가는 데 있어서 중요한 것은 타사와 비교하지 말고 현재의 자사와 미래의 자사를 비교하는 것이다. 그 원점에 서면 자사가 설정한 비용항목에서 IT 비용을 조사하는 것은 아무런 문제가 되지 않는다. 단, 현재 자사의 상황이 타사나 업계 평균과 비교해서 어떠한 위치에 있는지를 알고 싶은 경우는 IT 비용 벤치마킹을 실시하거나 IT 비용 모델을 주창하고 있는 컨설팅 회사에 상담하는 것이 바람직하다.

IT 비용조사에 의해 컴퓨터 한 대당 IT 비용의 수치나 비용분류별 분포에 관한 자사의 상황을 파악할 수 있다. 어떤 비용항목이 큰지에 따라서 취해야 할 방안과 우선순위는 달라진다. 동시에 표 3-11에 제시한 각각의 IT 비용 방안에 대해서 자사가 어떠한 상황에 있는지를 검사해 보면 취해야 할 방책의 우선순위를 결정하는 데 있어서 참고가 될 것이다. 예를 들어 “시스템 구성은 지나치게 복잡하지 않는가", "기기 구입은 일원화되어 있는가", "문제나 질문에 관한 노하우는 축적되어 있는가" 등의 항목에 대해 자기채점을 해보는 것이다.

취해야 할 방책과 그 우선순위가 결정되면 프로젝트화하여 실행 계획수립이나 달성목표를 설정한다. 달성목표는 단순한 노력 목표나 슬로건으로 내거는 것이 아니라 성과를 정량화할 수 있도록 시간과 금액에 대해서 수치화되어 있는 것이 바람직하다. 금액에 의한 목표설정이 어렵다면, 예를 들어 "1년간 피어지원이나 셀프지원에 투자되는 사용자의 시간을 25% 삭감한다" 등과 같은 퍼센트에 의한 목표라도 상관없다. 이 경우 1년 후에 같은 조사를 실시하여 목표에 대한 달성도를 평가하고 또한 개선하기 위한 목표를 설정하여 계속적으로 최적화하는 것이 기본 순서다.

최적화를 위해 시스템구성의 변경, 운용 관리 도구의 도입, 또는 외주를 하는 경우는 직접적인 비용이 발생하는 경우가 있기 때문에, 이에 대한 투자의 타당성을 제시하면서도 자사의 IT 비용 상황을 파악하고, 그것을 최적화함에 따라 경제적인 효과나 개선목표를 정량화하는 것은 매우 중요해진다.

6. 최적화에 의한 IT 비용 개선 사례(국내 K사의 경우)

● **컨설팅 배경**

국내 유수의 금융회사인 K사의 CIO로 새로 부임한 H상무는 종전 K사가 속해 있던 D 그룹의 SI 전문업체에 위탁한 정보시스템 부문의 개발과 운영에 소요되는 비용에 대해 면밀히 재검토할 필요성을 느끼게 되었다. H상무는 과연 매년 지불되는 막대한 IT 비용이 적절한지 또는 효율화 시킬 수 있는 부분이 있는지를 파악하고자 감리 컨설팅 전문회사에 컨설팅을 의뢰했다. 2달 반 소요된 컨설팅기간 동안 정보시스템을 분석하고 최적화하여 개선방안을 종합한 결과, 연간 36억 원의 정량적인 비용절감 효과와 5억4784만 원의 중형서버 추가장비구매를 억제하여 비용을 절감하는 효과를 얻을 수 있었다.

뒤의 표 3-12는 각 부문별 개선된 내용을 정리한 것이다.

표 3-12 K 회사 최적화 개선효과

구분	개선내용	대상	세부내용	정량적효과 (단위: 천원)	비고
하드웨어	노후화/저활용 장비의 정비	대외 접속 컴퓨터	- 대외접속컴퓨터 장비의 대수 감소 및 축소에 따른 통신 프로그램 사용료 절감 - 미사용 회선 제거를 통한 회선비용 절감 - 대외접속컴퓨터의 사용을 TCP/IP 통신으로 대체할 경우 유지보수 비용 및 소프트웨어 사용료 절감	15,800/년	
		TAPE	- 저용량 TAPE 드라이버 및 미디어를 고용량으로 전환하여 백업시간 단축 및 운영의 효율화	–	비용 산정이 곤란함
		채널 게이트웨이등	- 신규 통신방식(전용링크에서 오픈링크방식)으로 전환하여 운영을 효율화 - 하드웨어 유지보수비용 절감	134,500/년	
		중형서버	- 노후화된 시스템 폐기처분하여 유지비용절감 - 낮은 사용률의 유사시스템간 통합구성으로 자원활용극대화 및 여유 자원을 확보하여 추가 증설 구매 비용을 절감	-547,846	추가 증설 장비 구매 비용절감(억제)액

(계속)

표 3-12 K 회사 최적화 개선효과(계속)

구분	개선내용	대상	세부내용	정량적효과 (단위: 천원)	비고
		EDI 통신망	– 기존자원(탠뎀, 전용선)의 활용으로 자원사용의 극대화 – 매월 지불되는 EDI 사용료 절감	720,000/년	
	소 계			870,300/년	추가증설 장비구매 비용 불포함
소프트웨어	미사용이거나 활용도 낮은 소프트웨어의 정비	메인 프레임 소프트웨어	– 미사용 중이거나 활용도가 낮은 소프트웨어를 식별하여 정리하여 사용료 절감 – 고비용의 소프트웨어를 유사기능의 소프트웨어로 대체하여 사용료를 절감	934,800/년	
	소 계			934,800/년	

(계속)

표 3-12 K 회사 최적화 개선효과(계속)

구분	개선내용	대상	세부내용	정량적효과 (단위: 천원)	비고
통신망	노후화되거나 활용도 낮은 장비 정비	통신 장비	– 노후화된 장비를 처분하거나 신규 장비로 교체하여 비용대비 효과를 향상시킴	24,000/년	현재비용 지출기준으로 산정
	전용 회선 통합/대체	회선 대역폭	– 회선 및 대역폭 조정으로 비용 절감 – 백본 토폴로지의 최적화를 통해 장비를 최소화하여 회선을 감소	712,800/년	현재비용 지출기준으로 산정
	소 계			736,800/년	
응용 소프트웨어	미사용 응용 소프트웨어	응용 프로그램	– 정리대상 프로그램 온라인 및 배치처리 프로그램: 각 전체 프로그램의 10.6% 정리	–	비용산정이 곤란함
	일별 배치 처리	일괄처리 작업	– 중복작업배제로 관리의 간결화/효율화 – 디스크 스페이스의 절감효과	–	비용산정이 곤란함
	소 계			–	

(계속)

표 3-12 K 회사 최적화 개선효과(계속)

구분	개선내용	대상	세부내용	정량적효과 (단위: 천원)	비고
스토리지	미사용 DB Table	Table	– 정리대상 Table 수 : 전체 Table의 20.5% – 정리대상 스페이스 : 전체 스페이스의 23.5%	120,000/년	
	스토리지 활용	디스크	– 백업센터에서 테이프백업을 수행하여 주센터의 백업생성 필요성을 해소하였을 경우 주센터의 백업디스크 스페이스 10TB 절감 – 주 센터 테이프 백업에 할당된 테이프장비 부하 경감	1,000,000/년	
	소 계			1,120,000/년	
총 계				3,661,900/년	

Innovation Management!!

IT Cost Management

04

IT 투자전략

4.1 정보화에 따르는 새로운 과제

컴퓨터가 모든 회사에 보급될 뿐만 아니라 사회의 여러 곳에서 정보화가 진행되고 있다. 이러한 환경이 진행되는 과정에서 컴퓨터와 관련된 새로운 과제가 부상하고 있다.

● 커뮤니케이션 도구로서의 정보시스템

컴퓨터의 보급과 기술발전에 의해 다양한 면에서 편리해짐과 동시에, 반대로 불편해지거나 불필요한 노력이 늘어났다고 느끼는 부분이 있을 것이다. 회사의 정보시스템 비용과 경영가치라는 화제에 들어가기 전에 회사와 사회의 정보화발전과 이에 따른 다양한 영향에 대해서 생각해 보자.

전자메일의 폭발적인 보급을 계기로 회사에서는 1인당 1대의 컴퓨터 도입이 가속화됐다. 지금까지의 회사정보시스템은 특정 부서나 특정 업무에서 이용되는 경우가 많았기 때문에, 정보화가 갖추어진 회사에서도 개인 컴퓨터를 소유하지 못한 사원이 다수 존재했다. 그러나 전자메일은 내선전화 대신 보완적인 도구 역할을 하는 범용적인 커뮤니케이션 도구이기 때문에, 어느 일부 사원만 이용해도 이점이 적으며, 경영자를 포함한 전 사원이 컴퓨터와 전자메일주소를 가져야 할 필요가 생겼다.

전자메일 외에 전자게시판과 문서공유관리를 겸비하는 그룹웨어라고 불리는 소프트웨어를 도입하는 회사도 많다. 또한 인터넷으로 인해 널리 보급된 표준적인 기술을 이용하여 같은 기능을 실현하는 인트라넷에도 주목하기 시작했다. 전자메일의 경우는 정보 송신자와 수신자를 미리 특정할 수 있지만 그룹웨어의 전자게시판과 인트라넷은 정보 수신자가 불특정다수가 된다.

전자메일과 같은 정보 수신자에게 있어서 강제적으로 송신되어지는 형태를 PUSH형 커뮤니케이션이라고 한다. 한편 전자게시판과 같이 수신자가 능동적으로 정보를 찾아다녀서 얻게 되는 형태를 PULL형 커뮤니케이션이라고 한다. 전화나 팩스와 같은 기존의 정보통신수단에는 PUSH형이 많았다. PUSH형의 장점은 확실하게 상대방에게 전달되는 것이다. 그러나 정보 수신자가 그 정보를 반드시 그 시점에서 필요로 하고 있지 않는 경우에는 반대로 귀찮은 스팸메일과 같은 해를 입히게 된다.

게시판과 같은 PULL형은 정보수신자의 주체성에 의존하기 때문에 확실하게 전달하여야 하는 경우에는 맞지 않지만 앞에서 언급한 스팸메일 홍수와 같은 해가 적다. 나중에 그 정보가 필요해진 경우에 게시판을 볼 수도 있다. 향후 커뮤니케이션에서는 PUSH형과 PULL형을 효과적으로 나눠 사용하거나 조합해 나가는 것이 효과적인 수단이 될 것이다.

● 확대되고 있는 누구나 사용할 수 있는 컴퓨팅 환경

우리는 그야말로 붐이라고 할 수 있을 정도의 전자메일과 인트라넷이 도입됐음에도 불구하고 도입된 회사 정보시스템부서에서 "사내에서 보급시키기 위해서는 어떠한 연구를 해야 하나" "어떠한 목적으로 이용해야 하나" 등과 같은 질문을 자주 듣는다. 몇 억 엔이나 들여서 도입했는데 구입한 후에 어떻게 사용할지 생각하는 것은 황당한 이야기이지만 실제 이야기이다. 이러한 상황의 원인은 두 가지가 있다.

하나는 많은 회사가 "정보 공유화"나 "협력 작업 환경정비"와 같은 막연한 구호에 현혹해 대중심리에 의해 붐을 따라갔다는 것이다. 또 하나는 전자메일이나 인트라넷이 기존 정보시스템과 같은 특정한 목적에 한정된 것이 아니라 범용적인 정보인프라로서의 매력을 갖고 있었다는 것이다. 전 사원이 제대로 활용하면 할수록 효과가 있다. 전화도 마찬가지지만 편리하기 때문에 사용한다. 상대편도 사용하기 때문에 우선 편리하다는 의식이 확대되는 것을 기대할 수 있다. 보급시키기 위한 방법에는 "전 사원이 하루 한 번 반드시 전자메일을 확인할 것"이라는 규칙을 만들거나 "사장도 사용하고 있기 때문에" 등과 같은 강제성이 있는 것이 아니라 각각의 이용자가 "편리하다"라고 실감하도록 만들어야 한다.

전 사원에 확대된 전자메일을 인터넷과 접속함으로써 사외 사람들과도 커뮤니케이션을 할 수 있게 된다. 내선전화로 "0발신"하면 회선으로 그대로 연결되는 것과 마찬가지로 메일 게이트웨이라는 소프트웨어를 넣는 것만으로도 그대로 전 세계 사람들과 전자메일로 교신을 할 수 있게 된다. "편리하다"라는 감동은 회사의 틀을 넘어서 확대되어 나간다. 전자메일이나 인터넷은 기존의 정보시스템의 틀을 훨씬 더 넘어선 새로운 타입의 이용방법이다. 이러한 편리함을 느끼게 되면 이제 다시는 옛날로 되돌아갈 수 없다.

● **보급단계의 "발생의 고통"**

편리한 도구도 그 보급단계에는 "발생의 고통"을 느끼게 된다. 텔레비전 채널조작을 할 수 없는 사람은 없겠지만 비디오 녹화예약을 할 수 없는 사람은 많다. 보급도가 높아지고 있는 일정 기간을 거쳐 익숙해진다면 자연스럽게 사용할 수 있는 것이어도 그렇게 되기까지는 "익숙해지기 매우 어려운 도구"인 경우가 있다.

컴퓨터나 인터넷도 그야말로 보급 시대를 맞이하고 많은 사람들이 익숙해질 때까지의 고통을 경험하고 있다. 같은 부서 안에도 컴퓨터 조작에 익숙한 사람과 그렇지 못한 사람이 반드시 있다. 조작을 못해서 불편하면 조작을 못하는 많은 사람들은 부서 안에 있는 컴퓨터에 능통한 사람에 의존하곤 한다. 컴퓨터에 능통한 사람은 언제나 본업을 제쳐두고 이용자 지원업무를 겸하게 된다. 컴퓨터의 대량 도입이 진행되고 있는 회사에서는 편리한 도구가 도래함과 함께 많은 현상이 일어나고 있다. "부서 내에 있는 컴퓨터 숙달자가 외출 중에 꼭 문제가 발생한다" "빨리 보고서를 제출해야할 때 꼭 프린터기가 고장난다" "고객센터에 전화를 해봤더니 자기는 모르기 때문에 설명할 수 없다고 하더라" 등 머피의 법칙과 같은 상황을 사무실의 여기저기서 볼 수 있다.

● **온 디맨드형 커뮤니케이션(On Demand Communication)**

회사의 컴퓨터가 1인 1대로 배치된 후에도 정보커뮤니케이션 수단은 더욱 더 발전하고 있다. 정보통신기술의 발전, 특히 인터넷 보급으로 인해 컴퓨터는 전화와 같은 커뮤니케이션 도구로 발전했다. 또한 텔레비전과 같은 방송, 잡지나 신문과 같은 출판 수단도 되고 있다.

이러한 변화는 단순히 컴퓨터의 용도가 확대됐다는 이유뿐만 아니라 컴퓨터 이외의 휴대전화, 전자수첩, 자동차 네비게이션 시스템, 텔레비전 게임기 등과 같은 다양한 기기가 내부에 고기능 컴퓨터(마이크로프로세서)를 부착시키기 시작한 것도 그 요인이 되고 있다. 이러한 디지털정보기기는 발생하고 육성된 시장과 업계의 차이로 인해 각각 다르게 진화해 왔지만 드디어 인터넷과 DVD(디지털 비디오 디스크) 등을 공통매체로서 상호 정보교환 할 수 있게 됐다.

또한 이러한 환경 정비로 인해 휴대전화단말기나 컴퓨터를 갖고 다니는 영업, 위성사무실이나 재택근무 등 텔레워크 등과 같은 근로형태가 성립됐다. 사무실은 물론, 외출시, 이동 중, 호텔, 자택 등 어디에 있든지 그러한 상황에 맞춰서 다양한 정보커뮤니케이션 수단을 손에 넣을 수 있게 됐다. 게다가 그것은 필요할 때 필요한 것을 꺼낼 수 있는 온 디맨드형 커뮤니케이션이다.

● 기술혁신과 보급의 딜레마

회사의 컴퓨터 도입이 가속화된 이유는 단순히 컴퓨터 가격이 저렴해졌기 때문만은 아니다. 컴퓨터가 기존처럼 계산, 보존, 인쇄와 같은 정보처리를 위한 것뿐만 아니라 정보커뮤니케이션 도구로써 사용되기 시작한 것이 큰 영향을 미쳤다. 전자메일에서는 정보의 송신자과 수신자 모두 컴퓨터를 갖고 있을 필요가 있다. 모든 사원이 양방향으로 전자적인 커뮤니케이션을 실시할 때에는 전 사원이 정보에 접속할 수 있는 환경이 필요하다. 전체적으로 보급시키는 것이 정보인프라로서의 효과를 발휘하기 위한 조건이라고 생각하면 컴퓨터의 1인 1대는 피해갈 수 없는 선택이지만 동시에 많은 문제가 발생한다. 컴퓨터는 도입하면 끝이 아니다.

워드 프로세서나 스프레드시트 소프트웨어뿐만 아니라 전자메일, 그룹웨어, 인터넷 등 잇달아 편리한 소프트웨어가 새롭게 도입된다. 게다가 각각의 소프트웨어에는 버전(소프트웨어의 새로운 수준)이라는 개념이 있으며, 되도록 전 직원이 통일된 시스템 환경을 사용할 수 있도록 갱신해 나가야 한다. 버전이 다른 소프트웨어끼리는 데이터교환이 잘 안되거나 조작성이 다른 경우가 많기 때문이다. 새로운 도구의 사용방법에 어느 정도 익숙해진 후에도 이 소프트웨어를 활용하여 업무를 실시하는 데에는 다양한 노하우를 익힐 필요가 있다. 이것은 자동차 운전기술이나 교통규칙을 익히는 것뿐만 아니라 실제 운전에서는 지도와 가이드북 정보를 필요로 하는 것과 마찬가지다. 정보 도구를 현명하게 활용하는 비즈니스맨이 되기 위해서는 이러한 정보 이용 향상 환경의 구축이 중요하다.

● **정보교육의 필요성**

정보이용도의 향상과 교육은 불가분의 관계에 있다. 일반적으로 교육에도 초등의무교육과 선택적인 생애교육이 있는 것처럼 정보교육에도 도입교육과 선택적인 수준향상 교육이 조합되는 것이 바람직하다. 오늘날 학교교육의 바람직한 모습에 대한 논의가 활발하게 이루어지고 있으나, 고도경제성장시기에는 우수한 노동력을 대량으로 생산하기 위해서 학교교육은 획일적이며 지식편중의 커리큘럼과 교과 내용이었다고 할 수 있다.

이러한 상황이 성장기에는 균질적인 인재를 제공한다는 이점을 낳지만 변혁기인 현재에는 경직화되어 창조성과 자주성이 부족한 인재밖에 제공할 수 없다는 문제를 낳고 있다. 한 명 한 명의 기술적인 수준과 이력의 차이, 업무나 조직 변화, 기술 발전 등에 원활하게 대응하는 인재를 육성시키기 위해서는 정보교육에 있어서도 획일화된 특정 시기에 완료되는 초등의무교육 시스템뿐만 아니라 각각의 개인 상황 또는 그때의 니즈에 맞춘 온 디맨드형인 선택적 수준향상 교육을 조합시킬 필요가 있다.

회사의 컴퓨터는 이용자가 사용만 하면 끝나는 것이 아니라, 실질적으로 업무에 도움이 되는 것을 전제로 도입되고 있다. 미국에서는 CD-ROM 등을 이용한 컴퓨터 베이스 훈련(CBT)이나, 인터넷과 인트라넷을 이용한 웹 베이스 훈련(WBT) 등이 활용되고 있다. 이러한 기술을 이용한 교육 형태에서는 정해진 시간과 장소에 수강자를 모아서 획일적인 일방통행과 같은 설명을 하는 집합교육을 보완시켜 자신의 편한 시간과 장소에서 자신의 기술과 습득능력에 맞춰서 자기학습을 할 수 있기 때문에 매우 효과적인 교육방법이라는 평가를 받고 있다.

4.2 정보화시대에서의 작업 스타일의 변화

● 스마트 오피스로의 변화

전 직원에게 컴퓨터가 보급된 결과, 본인 의사에 관계없이 누구나가 컴퓨터와 네트워크를 사용하게 됐다. 예전에는 산더미 같은 서류와 전화기가 차지하고 있었던 책상 위에 커다란 컴퓨터 화면과 키보드와 마우스패드, 그리고 책상 구석에 이전부터 있었던 서류와 전화기가 놓여 있으며 작업을 할 수 있는 공간은 거의 없지 않은가? 노트북이 아닌 한 컴퓨터는 비스듬히 놓을 수밖에 없기 때문에 필연적으로 몸을 비틀어서 컴퓨터 앞에 앉게 된다. 대부분의 업무를 컴퓨터로 하고 있다고 해도 서류나 전표가 전혀 없어진 것은 아니며 자료를 펼치거나 컴퓨터 이외의 업무를 할 수 있는 공간은 필요하다.

이러한 현상은 기존의 종이를 매체로 한 사무실과 향후의 컴퓨터화면을 매체로 하는 사무실의 중간 단계에 있다고 할 수 있다. 공간의 문제뿐만 아니라 어떠한 업무는 수작업 전표로, 어떠한 업무는 컴퓨터로 제각각 이루어져 비효율적으로 작업이 진행된다. 이러한 비효율적인 공존상태를 되도록 시급히 해소해야만 전체적인 업무 효율성은 향상된다. 컴퓨터화면을 매체로 한 서류업무, 전자네트워크를 전제로 한 업무흐름, 사용자가 쾌적하게 이용할 수 있는 환경 제공 등이 조합되어 효율적인 사무실이 실현된다.

● 가상 사무실

전자메일과 전자게시판의 이용이 회사 내 전체에 보급되면서 같은 부서에서 근무하는 근거리의 상대는 물론, 다른 사무소에서 근무하고 있는 원거리의 상대와의 사이에서도 거리감이 없이 의사소통을 할 수 있게 되었다. 또한 인터넷과 같은 사외 네트워크를 이용해서 다른 회사나 해외 상대와 거리 감각없이 교신할 수 있게 되었다. 물론 전화나 팩스라는 수단도 있지만 전자메일은 전화와는 달리 상대방 업무 중에 방해를 하지 않고 교신을 할 수 있으며, 필요하면 전송이나 단체 발신으로 당사자뿐만 아니라 복수의 사람에게 그대로 같은 내용을 전달할 수도 있다. 전자게시판은 처음부터 불특정다수의 사람들에게 널리 정보를 전달한다는 것이 전제된다.

전자메일에 익숙해질 때까지는 당분간은 기존부터 사용하고 있던 실시간 교신수단인 전화나 회의 쪽이 효과적이라고 느낄 수도 있다. 그러나 한 번 비동기형 전자메일이나 전자게시판을 이용하는데 익숙해지게 되면 하루에 몇 십 명 혹은 그 이상의 사람들과의 교신이 가능해진다. 전자메일이 보급됐다고 해서 전화가 없어지거나 회의가 전면 폐지되는 것은 아니다. 전자메일이라는 효과적인 보완적 수단이 추가될 뿐이다. 용도나 경우에 따라서 적절히 나눠 사용하면 된다. 이렇듯 거리로부터의 해방과 다수의 상대방과의 교신이 가능해짐으로써 지금까지 불가능했던 많은 사람들, 또는 멀리 있는 사람들과의 협력 작업이 가능해졌다.

● 다양화되는 작업 스타일

휴대정보단말기를 갖고 다니는 영업사원, 수도권과 근교지역의 지가격차에 의한 사무실 임대료의 감축과 근무시간 경감을 의도한 위성사무실, 재택근무 등 정보네트워크의 보급은 작업 스타일의 다양화를 촉구했다. 이러한 워크 스타일을 총칭하여 텔레워크라고 부르며, 그것을 실시하는 근로자를 텔레워커라고 부른다. 작업 스타일의 변화와 다양화는 인사관리, 평가 보수제도, 지시 보고 형태 등 회사의 다양한 틀의 변혁을 요구하게 된다.

회사 안에 모든 종업원이 텔레워커의 대상이 되지는 않을 것이다. 텔레워크도입에 의해 효율화할 수 있는 직종을 정확하게 선택할 필요가 있다. 또한 텔레워크 도입에서는 근로관리와 평가체계의 정비라는 면에서 개개의 명확한 업무분장이 필요하며, 목표 혹은 성과를 애매하게 하지 말고 정량화할 수 있는 상태로 할 필요가 있다. 구체적으로는 분류된 복수의 근로형태에 대응한 취업규칙, 인사고과제도, 시간이 아니라 성과를 기준으로 한 연봉제 도입 등이 필요하다.

그러나 무엇보다도 회사는 텔레워커 혹은 기존과 같은 사무실에서 일하고 있는 비텔레워커에게 회사의 비전과 개개의 역할을 명확하게 제시하고 조직의 공중분해를 피하기 위한 방침을 먼저 준비해야 할 필요가 있다.

● 가상회사

디지털 네트워크는 회사 내의 업무스타일을 변화시켜 가상 사무실을 실현하는 것에 그치지 않는다. 네트워크는 회사라는 틀을 초월하여 관련회사, 공급업자, 판매채널, 그리고 일반 이용자로 확대된다. EDI(전자데이터교환), 공급체인관리, 엑스트라넷이라는 정보기술에 의한 회사 간의 정보공유나 협력 작업의 시스템뿐만 아니라 비즈니스상의 관점에서도 회사 틀의 변혁은 진행되고 있다. 부품 납품회사에 대해 월차 생산계획을 공개함으로써 적절한 조달관리를 가능하게 하거나, 소매점의 판매상황을 최대한 빨리 생산라인에 전달함으로써 재고삭감을 가능케 하는 노력이 활발히 이루어지고 있다.

하나의 새로운 제품을 전문기술을 보유한 복수의 회사가 공동으로 개발하는 것도 현실화되고 있다. 일반 이용자가 인터넷을 이용하여 의견을 말하고, 수요를 예측하게 하며 제품개발에 관여할 수 있게 될 날도 머지않아 현실화될 것이다. 그렇게 되면 기존과 같으면 얼굴을 아는 고정멤버와 함께 했던 업무를 이제는 얼굴도 모르고 멀리 떨어져 있고 회사도 다른 멤버와 일을 해야 하는 경우도 생길 것이다. 기술개발 분야에서는 상품개발의 기간을 단축하기 위해서 일본, 미국, 유럽의 3개의 거점에서 8시간씩 시간을 엇갈리게 하면서 24시간 체제로 하나의 상품을 개발할 수도 있게 됐다.

● **전자상거래의 확산**

업무프로세스의 효율성과 리엔지니어링을 추구하면 그 연장성상에 연계된 회사 간의 업무프로세스가 개선 또는 개혁의 대상으로서 부상하게 된다. 물류, 자재조달, 판매와 같은 분야는 예전부터 회사 간의 제휴와 계속적인 거래 관계를 맺어온 "회사 프로세스"다.

지금까지도 수주발주, 결제, 재고조회 등과 같은 일부 업무는 특정회사간에 전용의 독자적인 시스템을 구축하거나 업계 VAN(부가가치 네트워크) 등을 이용하여 전산화가 이루어져 왔다. 그러나 이러한 시스템에서는 각각이 독자적인 수단으로 인해 이루어지고 있기 때문에 적용 범위를 넓히거나 거래처를 추가하거나 변경할 때마다 대폭적인 수정이 필요하며, 회사를 합병할 때마다 각각의 설비투자가 필요한 경우가 많았다. 기존의 폐쇄적인 전자상거래에 대해서 가장 광범위하고 범용적인 인터넷을 이용한 전자상거래 시스템이 널리 보편화되어 확산되고 있다.

4.3 컴퓨터이용의 변천과 역할의 변화

1. 정보시스템 역할의 변화

BPR을 수행할 때 대부분의 회사는 변혁 후의 새로운 업무프로세스를 유지하기 위해서 신규 정보기술을 사용하고 있으며, 정보인프라에 큰 변화가 일어난다는 것은 잘 알려진 사실이다. 컴퓨터시스템을 중심 구성요소로 하는 정보기술을 회사 내의 수작업 자동화, 사무작업의 효율화만을 위해서 이용하는 시대는 이미 끝났다. 정보시스템은 더 이상 특정 업무에 폐쇄적인 프로세스만을 지원하는 데에 머물지 않고 네트워크로 연결, 확대되는 광대한 세계를 포함하여 부서와 회사의 틀을 넘어선 사회적 인프라 역할을 한다. 그리고 회사 경영이념의 실현을 지원하는 가장 중요한 전략적인 무기가 되고 있다. 비즈니스에서의 게임 규칙은 변하고 있으며 여전히 컴퓨터 시스템이 제공할 수 있는 기능과 성능도 비약적으로 변하고 있기 때문에 정보시스템이 이뤄야할 역할도 당연히 이처럼 변하는 것이다.

그러면 속도와 질이 중시되는 경영환경 속에서 정보기술의 사명은 무엇이며, 어떠한 역할을 할 수 있을까?

2. 데이터베이스와 네트워크시대

컴퓨터시스템은 데이터베이스의 개념이 도입된 이래 업무 중 발생하는 많은 데이터를 관리하는 도구로서 이용되기 시작했다. 회사정보시스템 업무 어플리케이션의 명칭으로서 고객관리시스템, 생산관리시스템, 판매관리시스템과 같이 "XX관리시스템"이라는 것이 많은 것은 이 때문이다. 예를 들어 고객관리시스템은 주소나 거래이력 등 고객에 관한 데이터를 관리하는 시스템이다. 보통 회사내의 업무에서 데이터를 관리하는 목적으로 이용되는 이러한 시스템을 총칭하여 업무시스템 혹은 업무계 시스템이라고 부른다.

1980년대는 데이터베이스화의 시대라고도 할 수 있으며, 이러한 업무계통시스템을 활용하여 관리업무의 효율화를 실현해왔다. 이러한 흐름이 1990년대 중반에 가속화되기 시작했다. 그것은 ERP(Enterprise Resource Planning, 회사전체 수준의 경영자원계획)가 대두됐기 때문이다. ERP는 업무시스템을 회사 전체 수준에서 관리하고 업무 수행과 계획을 가능케 하는 통합된 업무시스템이다.

또한 1990년대부터 네트워크화 시대로 돌입하여 정보와 의사를 전달하거나 공유하는 수단으로서 컴퓨터가 자주 이용되기 시작했다. 전자메일과 그룹웨어의 보급으로 인해 그룹 내와 사내 커뮤니케이션이 원활해지고 마침내 인터넷을 통해 회사 외의 거래처, 이용자의 커뮤니케이션이 가능하게 됐다.

이러한 시스템은 업무프로세스 개선을 지원하고 비즈니스 프로세스의 속도를 높인다는 점에서 업무 속도를 높이는 데 기여하고 정보시스템에 의해 업무를 표준화하고 프로세스를 원활하게 함으로써 업무의 질을 향상시키는 데 기여한다. 또한 이러한 시스템은 업무에 필요한 비용을 억제한다는 점에 초점이 맞춰져 있는 시스템이라고도 할 수 있다.

3. 의사결정 지원을 지향하는 시스템 구축

한편 많은 회사에서는 의사결정을 위한 시스템 구축을 위해 노력하고 있는데 정보기술 분야에서는 데이터 웨어하우스라는 키워드가 그 상징으로서 주목받고 있다. 의사결정시스템은 데이터를 관리하기 위해서 이용하는 것이 아니라 데이터를 활용함에 따라 직접 수익을 향상시킬 것을 의도한 것이다.

데이터 웨어하우스는 회사 내에서 매일 같이 교환되는 데이터를 실시간 축적하고 그것을 다양한 각도에서 분석함으로써 비즈니스 상의 의사결정을 지원하는 시스템이다. 이러한 시스템에서는 데이터 분류, 가공 그리고 분석함으로써 데이터를 정보로, 또한 정보를 지식과 지혜로 바꿀 수 있게 한다. 예를 들어 고객 한 명의 구매이력을 분석함으로써 보다 정확한 목표 마케팅을 가능케 한다거나 인기상품, 비인기상품의 상황을 실시간 분석함으로써 효과적인 상품투입계획과 판매촉진활동을 실시하는 등과 같은 적용사례를 볼 수 있다.

데이터 웨어하우스와 함께 SFA(Sales Force Automation)과 콜센터와 같은 어플리케이션분야도 주목받고 있다. SFA는 지금까지 충분히 정보가 전달되지 않았던 영업부문에 초점을 맞춰 영업에 관한 보고 연락 상담을 원활하게 하는 시스템이다. 콜센터는 CTI(컴퓨터와 전화의 융합)기술을 이용하여 문의창구를 효과적으로 한다거나 전화를 이용한 판매촉진활동을 지원하는 시스템이다. 앞으로도 마케팅, 영업 또는 고객지원과 같은 활동을 통해서 교환되는 데이터를 효과적으로 활용하고 고객만족도 향상과 신규고객 창출에 공헌할 것으로 여겨지는 시스템이다. 이러한 시스템은 의사결정프로세스와 영업활동 속도를 높이고 고객지향적인 리엔지니어링으로 인해 의사결정의 질을 높이고 신규고객 창출율과 계약금을 높인다는 의미에서 수익에 초점이 맞춰진 시스템이라고도 할 수 있다. 이러한 정보시스템은 업무와 의사결정 속도와 질을 높임으로써 회사 전체의 비용 삭감과 수익 향상을 지원하는 역할을 하고 있다.

그림 4-1 정보시스템투자의 지원역할

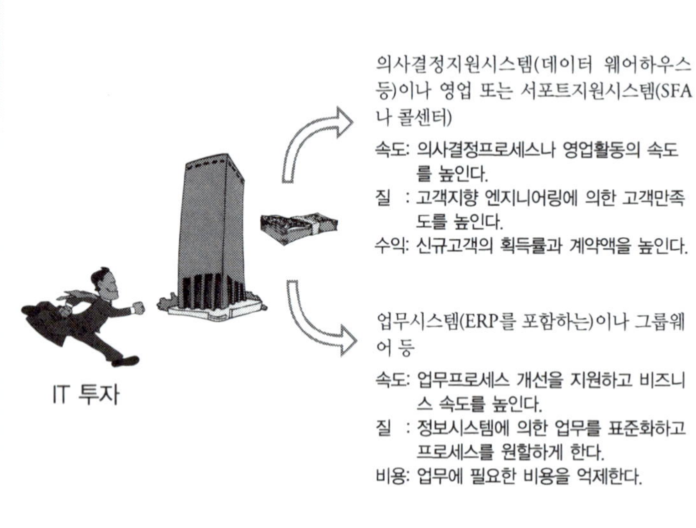

출처: ITR 컨설팅

4. 사용자 컴퓨팅(End User Computing)

1) 사용자 컴퓨팅이란 무엇인가

"사용자 컴퓨팅"의 "사용자"라는 단어는 업무처리목적으로 컴퓨터를 직접 이용하는 사람들을 의미한다. 판매원은 사용자(End User)의 한 예로 볼 수 있으나, IT 부서의 어플리케이션 개발자는 사용자가 아니다. 판매원은 사업주의 제품 서비스를 많이 판매하기 위해서 어플리케이션을 개발할 수도 있다.

사용자 컴퓨팅 역사에 관한 일반적인 인식은 전통적으로 IT 부서가 어플리케이션을 개발하지 않고 외부에서 구입하여 사용자가 그것을 이용한다는 것이다. 예를 들어 IT 부서가 전사적인 급여관리시스템을 개발하고 인사부서는 그것을 이용한다. "그것을 이용한다"는 것은 데이터를 입력하고 보고서를 작성하고 가공된 데이터를 다운로드하는 것을 의미한다. IT 부서는 급여시스템을 유지하고 변경하는 책임을 지고 있었다. 사용자는 컴퓨터를 통해 어플리케이션을 이용하고, IT 부서는 그것을 설계, 구축, 또는 구입하고 있었다.

그러나 이런 상황은 오래지 않아 변화했다. 많은 사용자에게 있어서 스프레드시트(엑셀)의 혁신이 이러한 변화의 시작이 되었다. 대부분의 사용자는 스프레드시트에 의해 처음으로 자신의 어플리케이션을 개발할 수 있게 되었다. 그리고 1980년대 초부터 스프레드시트가 널리 이용되기 시작했다. 그 이후 데이터베이스 어플리케이션도 스프레드시트와 마찬가지로 폭넓게 이용되기 시작했다.

그 결과 회사가 IT 자산을 어떻게 이용할지에 관한 많은 의사결정은 현재로서는 IT 부서나 재무부서에 의해 집중적으로 관리되고 있는 것이 아니라 사용자, 즉 영업부 직원에 의해 이루어지고 있다. 예를 들어 판매원을 추적하기 위해서 영업관리자가 최초로 구축한 Microsoft Access의 소규모 데이터베이스는 마케팅부서에 있어서 우송 리스트관리의 세계 표준이 될 가능성이 있다.

결국 영업관리자는 충분한 성과를 얻을 수 있도록 회사 소프트웨어 표준과 데이터 아키텍처를 구성하는 의사결정을 했다. 영업관리자가 데이터베이스 상에서 자회사를 각각 참조하여 비교할 수 없기 때문에 최대의 고객과 회사 간 관계를 종합적인 관점에서 볼 수 있도록 데이터베이스 아키텍처를 수정할 필요가 있었기 때문이었다. 이것을 나중에 수정하게 되면 매우 비용이 많이 들게 된다. 왜냐하면 지금까지 데이터베이스는 전 세계의 많은 사무실에서 회사의 중요한 시스템으로서 이용되어 왔으며, 변경에 많은 노력이 필요하기 때문이다. 또한 데이터베이스를 구축한 종업원이 퇴직한다는 위험도 있다. 그 종업원이 데이터베이스의 동작방법에 관한 문서를 작성하지 않은 채 그만두게 되면 데이터베이스를 수정하거나 추가 또는 삭제해야 할 필요가 발생하는 경우, 상당한 비용을 들여서 처음부터 재구축해야 하기 때문에 매우 불편하다.

광범위에 걸쳐 영향을 미치는 의사결정을 사용자가 할 가능성이 있는 사용자컴퓨팅 문제를 해결해야 한다. 이 점에 관해서 IT 부서가 본사로부터 컴퓨터 이용에 관한 규칙을 강요했었던 1970년대로 마치 되돌아간 것처럼 사용자컴퓨팅을 절대적으로 통제하려고 해서는 안 된다. 그 대신 사용자 컴퓨팅에 관련해서 우선 사용자 컴퓨팅이 존재하기 위한 특정 조직이 직면하는 위험, 기회, 문제를 평가하고 다음으로 그 위험을 허용할 수 있는 수준까지 낮춰서 그 기회를 최대한으로 활용하기 위한 기준을 설정한다.

영업관리자와 Microsoft Access의 데이터베이스에 관련된 앞에서 서술한 예를 거론하면 우수한 IT 전략에 의해 확실히 필요한 훈련, 표준, 개발 지침을 이용할 수 있게 된다. 그리고 IT 부서가 그 실시항목의 일원으로서 일하도록 강요받지만 적어도 그것을 방해하지 않게 됨으로써 영업관리자는 데이터베이스를 신속하고 효율적으로 구축할 수 있도록 지원된다.

2) 사용자 컴퓨팅방안을 수립하는 이유

현재 대부분의 조직이 사용자 컴퓨팅을 실시하고 있다. 사용자 컴퓨팅을 위해서 IT 방안을 수립하는 이유는 사용자 컴퓨팅의 편익을 최대화하고 위험과 비용을 최소화하는 것이다. 사용자 컴퓨팅을 촉진하거나 억제할 때의 몇 가지 선택안이 있을지 모르지만, IT 전략은 사용자 컴퓨팅을 실시할지 여부를 신중하게 결정하는 것은 아니다.

사용자 컴퓨팅에 관한 전략을 수립하는 비즈니스 상의 주요 편익은 다음의 세 가지다.

- 어플리케이션의 효과성: 사용자는 어플리케이션을 스스로 효과적으로 개발할 수 있기 때문에 필요한 어플리케이션을 입수하기 쉬워진다.
- 개발의 효율성: 사용자는 자신의 시스템을 기한 내에 완성시키기 위해 큰 인센티브를 갖게 되었으며, 전통적인 어플리케

이션 개발경로의 관료주의적이며 번잡한 절차를 간소화시킬 수 있다.

- 단기적인 비용: 어플리케이션 개발 운용이 데이터센터가 아니라 각 사업 부서에서 이루어지는 경우, 그 활동비용이 적다고 느끼는 경우가 자주 있다. 그러나 사용자 컴퓨팅에 관해서 각 사업부서에 배분되는 비용은 적어 지더라도 조직전체 비용은 변하지 않는다는 것을 알 수 있다.

사용자 컴퓨팅에는 상기와 같은 장점이 있는 반면, 다음과 같은 두 가지 주요 비용과 위험도 있다.

- 장기적인 비용: 사용자가 개발한 어플리케이션은 훼손되기 쉬우며 문서화도 취약하므로 데이터의 보전성도 낮다. 이런 문제 때문에 장기적으로 비용과 위험이 증대할 가능성이 있다. 또한 훼손되기 쉬운 어플리케이션이나 문서가 제대로 작성되어 있지 않는 어플리케이션은 분명히 사용자의 큰 불만의 원인이 될 것이다.
- 비효율성: 사용자가 어플리케이션 개발에 시간을 할애하고 있을 때, 자신의 본연의 업무를 소홀히 하게 된다. 일반적으로 이것은 업무면에서 비효율성을 초래하게 한다.

사용자 컴퓨팅의 높아지고 있는 니즈를 충족시키기 위한 새로운 도구와 시스템이 개발됐기 때문에 사용자 컴퓨팅과 관련된 주요 위험은 감소하고 있다. 예를 들어 어플리케이션을 개발할 때, 투명성, 문서화, 데이터 보전성에 관한 몇 가지 중요한 어플리케이션 개발 기술을 사용자가 적용시키는 것을 지원하는 새로운 도구를 이용할 수 있게 됐다.

◈ 사례: 목재회사의 사용자 컴퓨팅

독자가 속해 있는 회사 내에도 사용자 컴퓨팅의 예가 많이 있을 것이다. 그것은 사용자 컴퓨팅의 이점과 한계를 이해하기 위한 좋은 사례연구가 될 것이다. 여기에서는 미국 북동부 목재회사의 사용자 컴퓨팅의 사례를 소개하려고 한다.

이 목재회사에서는 한 여성판매원이 기존의 고객데이터베이스에는 목재 판매에 있어서 매우 중요한 기능성과 데이터요소가 결여되어 있다고 느끼고 있었다. 이 때문에 그녀는 Microsoft Access에서 독자적으로 데이터베이스를 구축하고 그 프로젝트를 위해서 주말의 시간을 모두 투자했다. 노후화된 데이터베이스는 사용자 인터페이스가 불안전하고 여성판매원이 효과적으로 판매를 하기 위해 중요하다고 생각했던 정보를 더 이상 분류할 수 없었다. 거기에 결여되어 있던 정보는 예상고객의 전자메일주소, 마지막으로 셀즈 콜을 했을 때의 예상고객의 분위기에 관한 정성적인 짧은 기술, 예상고객의 "핫 버튼"이었다["핫 버튼(Hot Button)"이란 예상고객이 흥미를 가질 것 같은 비즈니스 상의 문제, 즉 그들의 중요한 관심사를 말한다].

여성판매원은 이러한 세 가지 데이터 필드를 추가하여 사용자가 데이터 필드를 화면상에 표시하는 방법을 결정할 수 있는 사용자 인터페이스를 구축했다. 이것의 편익은 예상고객과 대화를 하고 있을 때 필요한 데이터를 모든 화면상에 일괄적으로 표시할 수 있다는 점이었기 때문에 그녀가 예상고객과의 대화를 하는 데에 충분히 집중할 수 있었다. 예상고객을 관리하기 위한 회사의 예전 표준데이터베이스는 동작이 매우 느리고 이용하기가 매우 번거로운 것이었다. 이 때문에 대부분의 사람들은 종이로 된 판매관리시스템 혹은 개인적으로 구입한 소프트웨어를 이용하고 있었다. 그러나 그 여성판매원의 새로운 데이터베이스는 곧 모든 판매원의 2/3가 이용하게 됐으며, 사실상 그 회사 전체의 표준 어플리케이션이 됐다.

이 경우에서 두 가지 큰 편익을 얻을 수 있었다. 첫째는 구 시스템으로도 할 수 있다고 예상되었음에도 불구하고 실제로 할 수 없었던 것들을 여성판매원의 어플리케이션에서는 실시할 수가 있었다. 덕분에 판매안내의 취급, 전화 응답, 거래 체결에 관한 판매원의 업무 효율성은 기존 시스템보다 훨씬 생산적이었다. 둘째로 대부분의 예상고객의 상태에 관한 최신정보가 처음으로 한 곳에 모아졌다. 이 때문에 제재회사는 업계의 동향을 보다 명확하게 알기 위해서 데이터를 분석할 수 있게 됐다.

이전에 판매원은 성공리에 거래를 체결한 후에야 처음으로 시스템에 데이터를 입력할 수 있었다. 이것은 제재회사의 경영자에게 있어서 사전에 이용하려고 할 때 사실에 근거한 예상주문에 관한 정보가 대부분 없다는 것을 의미하고 있다. 즉, 구 데이터베이스로부터 쉽게 입수할 수 없는 새로운 데이터베이스로부터 입수할 수 있는 체결할 뻔했던 거래와 업계의 최신동향에 관한 정보를 경영자는 높게 평가하고 있었다. 판매원이 새로운 데이터베이스를 이용하게 되면 상급관리자는 판매에 관한 최신정보를 입수할 수 있으며, 업계 동향, 1개월, 3개월, 6개월의 예상고객의 주문 요약, 체결할 뻔했던 거래와 그 이유에 관한 보고를 얻기 위해서 그 정보를 분석할 수 있었다. 예를 들어 어느 기본적인 데이터 분석에 의해 거래의 성공은 성공을 하지 못한 건축가에 대한 셀즈 콜과 상관관계가 있으며, 이에 부수된 결과라는 것이 확실해졌다. 즉 새로운 데이터베이스에 의해 건축가에 대한 셀즈 콜은 직접적인 판매는 아니지만 결과적으로 간접적인 판매를 초래한다는 것을 시사했다. 이러한 구체적인 분석 결과로서 이 제재회사는 건축가를 목표로 하는 특별한 파일럿 프로젝트를 세웠다. 이 프로젝트에서는 예를 들어 건축가가 어느 제품에 가장 관심을 갖고 있는지를 어느 정도 정확하게 파악함으로써 마케팅활동에 초점을 맞추기 위해서 새로운 데이터베이스로부터 얻을 수 있는 다른 데이터도 이용했다. 이렇게 초점을 바꾼 마케팅활동이 성공을 하였고 대폭적인 매출 증가로 이어졌다.

당연한 것이지만 당초의 시스템도 이러한 성과를 정확하게 달성할 수 있도록 계획되어 있었지만 그대로 되지는 않았다. 사용자 컴퓨팅이 증가하고 있는 이유는 사례와 같은 성과를 얻는 경우가 많기 때문이다.

3) 사용자 컴퓨팅에 관한 IT 전략의 전개방법

사용자 컴퓨팅에 관련된 IT 전략 전개의 주요단계를 아래에 나타냈다.

- **사용자 컴퓨팅에 관한 IT 전략 전개: 주요 단계**

① 회사의 사용자 컴퓨팅 현상을 확실히 한다.

<중요한 설문 내용>

– 어느 정도 수의 사용자 컴퓨팅이 이루어지고 있는가.

- 현재 어느 정도 사용자 컴퓨팅이 제대로 이루어지고 있으며 무엇이 제대로 이루어지고 있지 않는가.
- 각각을 어떻게 관리하고 측정하는가.

<설문 작성자>

- IT 부서-사용자 컴퓨팅이 IT 부서에 대해서 문제를 일으킨 경우에만 상기의 질문에 대한 대답을 할 수 있을 것이다.
- 사용자부서

<예상 설문 답안의 예>

- 사용자 컴퓨팅이 확대되고 있지만 사용자 컴퓨팅을 증가시키는 것에 의한 가치창조의 중요한 기회는 특히 마케팅과 비용의 분석에 있다.
- R&D부서와 재무부서에서는 어느 정도의 사용자 컴퓨팅이 이루어지고 있지만, 다른 부서에서 이루어지고 있는 사용자 컴퓨팅은 자주 심각한 상태로 직원의 시간낭비로 많은 비용이 든다.

② 조직 내에서 어느 정도 사용자 컴퓨팅을 실시해야 하는지를 명확히 한다.

<중요한 설문내용>

- 당신의 조직에서 어느 정도 사용자 컴퓨팅을 실시해야 하는지.
- 사용자 컴퓨팅에 대한 니즈는 어느 정도 있는지.

<설문 작성자>

- 니즈의 정도에 관한 대략적인 지표는 현재 당신 조직에 있어서 같은 데이터가 다시 입력되고 있는 양이다.
- 사용자

<예상 설문 답안 예>

- 도매사업부에서는 사용자 컴퓨팅을 크게 확대하는 것을 장려해야 한다. 그 이유는 IT의 요구는 언제나 변하고 있으며 비즈니스 사용자가 그 요구를 보다 잘 이해하는 입장에 있어서 개발노력을 이끌고 있기 때문이다. 즉상황은 그다지 복잡하지 않다. 소매사업부에서는 사용자 컴퓨팅을 확대하지 말아야 한다. 왜냐하면 도매사업부에 비해서 보다 높은 복잡함과 규제위험이 존재하기 때문이다.

③ 결과적으로 사용자 컴퓨팅을 촉진 또는 억제한다.

<중요한 설문 내용>

- 이미 과도한 사용자 컴퓨팅이 이루어지고 있는지. 혹은 사용자 컴퓨팅을 촉진시켜야 하는지.

<설문작성자>

- CIO
- 사업장의 장
- 외부 조언자-컨설턴트, 업계단체, 공급업자, 경쟁타사

<예상 설문 답안 내용>

- 경영자는 도매사업부와 소매사업부의 사용자 컴퓨팅

프로젝트의 수를 다음 연도에 15% 증가시키는 것을 목표로 해야 한다.

- 수출사업부는 해외가격결정을 위해서 새로운 어플리케이션을 필요로 하고 있다. 그러나 IT 부서는 그 어플리케이션을 6개월 만에 개발할 수 없다고 한다. 그래서 수출사업부는 IT 부서로부터 어플리케이션 개발에 대한 기본적인 훈련을 하루 동안 받은 6명의 직원으로 구성된 팀을 만들어 그 팀에서 사용자 컴퓨팅의 파일럿 프로젝트를 수립해야 한다.
- 인사부서는 신규채용방침을 변경하여 경영관리 훈련을 받고 있는 모든 직원의 고용에 있어서 IT 기술의 최저 수준을 향상시키고 상급직의 고용에서도 IT 프로젝트 관리 경험을 중시해야 한다. 또한 경영관리 훈련을 받고 있는 사람은 마크로 이용을 포함하여 데이터베이스나 스프레드시트를 작성하기 위해서 공식적인 훈련을 받아야 한다.

④ 사용자 컴퓨팅의 편익을 증가시키고 비용과 위험을 감소시키기 위해서 계획을 입안하고 실행한다.

<중요한 설문 내용>

- 사용자는 어떤 종류의 시스템을 제대로 개발할 것을 기대하고 있으며 어떤 종류의 시스템 위험이 높아질 것 같은가.

- 촉진 또는 통제해야 할 사용자 컴퓨팅 종류에 관해서 어떠한 방침을 가져야 하는가. 문서화를 위해서 어떠한 방침을 가져야 하는가.
- 형식, 읽기 쉬움, 명칭 설정에 관한 규약의 표준에 관한 방침은 어떤 것 이어야 하는가(사용자에 의해 실행되든지 다른 주체에 의해 실행되든지, 효과적인 어플리케이션 개발에는 이런 세 개의 표준이 중요하다)
- 누가 사용자 어플리케이션을 개발할 수 있는가.
- 사용자는 컴퓨팅활동을 어떻게 지원받고 있는가.
- 사용자가 개발한 어플리케이션을 어떻게 시험할 수 있는가. 시험은 객관적으로 실시할 필요가 있다. 시험을 사내에서 해야 하는가, 혹은 외부의 소프트웨어 컨설턴트에게 맡겨야 하는가.

  (이상에서 말한 것은 목적이 사용자 컴퓨팅 양을 감소시키는 경우에도 선택되는 실제 방침은 사용자 컴퓨팅을 더욱더 촉진시키는 것이 목적일 때와는 다름에도 불구하고 중요한 방침이다)

<설문 작성자>

- 회사의 경영자
- 사용자. 특히 성공한 사용자 컴퓨팅 프로젝트의 베테랑
- CIO, IT 부서
- 외부 조언자-컨설턴트, 업계단체, 공급업자, 경쟁타사

<예상 설문 답안 예>

- R&D부서, 재무부서, 특별 프로젝트부서는 지금까지 사용자 컴퓨팅을 많이 성공시켰다. 증가하는 사용자 컴퓨팅에 따라 비즈니스의 큰 위험에 직면할 것으로 예상되는 곳은 소매사업부뿐이라고 생각된다. 그 이유는 자사의 소매사업부가 놓여 있는 규제환경 때문이다.
- IT 부서는 사용자 컴퓨팅 어플리케이션을 위해 간단한 일련의 표준과 명칭설정 규약을 설정하기 위해서 경영컨설턴트와 밀접하게 작업을 하고 있다. 그 표준과 규약은 재무부서의 샘플 프로젝트로 시험되고 있으며, 사용자개발은 그다지 번잡한 수속이 필요하지 않으며 이러한 표준은 전사적으로 인트라넷으로 공개되고 이용된 표준에 대 한 사용자들의 이해가 깊어진다. 이 단계에서 그들에게 의무화시킬 필요는 없지만 이것을 매년 검토할 필요는 있다
- IT 부서는 회사의 통상훈련메뉴의 일부로서 사용자가 이용할 수 있을 때까지의 최단기간(예를 들어 2일간)을 확인해야 한다.

⑤ 사용자 컴퓨팅을 위해서 공식적인 평가프로세스를 설정한다.

<중요한 설문 내용>

- 사용자의 어플리케이션은 기능성, 문서화, 이용기간 전

체의 위험관리와 통제, 개발과 데이터보전성에 관해서 어떻게 평가되는가(주요선택은 비즈니스파트너에 의한 검토시스템이든지 사내의 검토시스템이든지).

- 평가할 필요가 없는 어플리케이션 규모구분은 있는가.
- 조직을 큰 위험에 노출시킬 가능성이 있는 소규모 어플리케이션을 어떻게 확실히 평가할 수 있을까.

<설문 작성자>

- 회사의 경영자
- IT 부서, CIO
- 주요 사용자

<예상되는 설문 답안 예>

- 어플리케이션을 개발한 사용자로부터 추출한 25%의 무작위 샘플을 선택한 후 3~6개월간 평가해야 한다. IT 부서는 그 어플리케이션의 위험, 특히 고객의 기밀데이터누출과 규제리스트에 초점을 맞춰서 위험 검토를 실시해야 한다. IT 부서의 상급관리자는 어플리케이션 기능성을 검토하고 프로젝트의 순현재가치를 계산해 봐야 한다. 이러한 검토에는 이틀 이상 걸리지 말아야 하며, 모든 비용은 그 어플리케이션이 개발된 사업부서에서 부담해야 한다. 이것을 실시하는 목적은 회사가 사용자 컴퓨팅으로부터 금전적으로 충분한 가치를 얻었는지를 검사하는 것이며, 회사의 방침을 사용자 컴퓨팅으로 이

끌기 위해서 이러한 작업을 통해 가장 재능이 있는 관리자를 명확히 구분하는 것이다.

4.4 정보시스템부서의 역할과 변화

● 회사 내의 시스템 통합

정보시스템이 이루어야 할 사명과 역할이 변하고 있는 이상, 정보시스템부서의 역할도 당연히 변하고 있다. 회사의 정보시스템부서는 수십 년에 걸쳐 사내의 다양한 업무 시스템화를 추진해왔다. 메인프레임 주체시대의 초기에는 컴퓨터업체의 기술자가 시스템 설계 구축의 주역이었지만 드디어 이용자 회사의 정보시스템부서가 주체가 되어 프로젝트를 추진해 나가는 사례가 많아지고 있으며, 이러한 경향은 정보회의 메스 커스터머제이션이라고 불리는 분산시스템화와 멀티 공급사학가 추진됨에 따라서 더욱더 현저해지고 있다.

사내 시스템을 사내 정보시스템부문이 구축하는 것은 어떠한 의미에서는 당연하다고 할 수 있지만 다시 한번 생각해 보면 회사에서 이용하는 도구를 자사에서 직접 설계하고 그 작성도 추진해 나간다는 것은 당연한 일이 아니다. 사무실 빌딩이나 공장 건설, 사무소의 진열이나 내장공사 등 이용자 회사는 이러한 요구사항을 정리할 뿐이며 설계나 시공은 전문 업체가 하는 것이 일반적이다. 이것은 업계에서 역사적인 경위나 소프트웨어가 변경가능한 제작물이라는 특징 등 다양한 요인에 의한 것이며, 어떠한 의미에서는 피할 수 없는 현상이다. 그러나 사내 정보시스템 부문이 통합주체가 되어 시스템 설계와 개발을 실시하는 스타일은 몇 가지 폐해를 발생시켰다.

● 증가하는 시스템화 요구와 백 로그

사내의 정보시스템부서가 통합역할을 하게 되면 정보시스템부서와 이용자부서 사이에서 이해가 대립하는 경우가 생긴다. 어느 회사에서나 볼 수 있는 현상이지만 모든 회사가 요구하는 시스템화의 요구사항이 매우 많으며, 정보시스템부서가 안고 있는 백 로그(손을 댈 수가 없어 남아 있는 업무)가 몇 년이나 쌓이게 되는 상황이 발생한다. 이 때문에 정보시스템부서는 새롭게 발행하는 이용자 수요에 도무지 대응할 수 없는 상황에 빠지게 된다.

한 번 개발하여 운용단계에 들어선 시스템이라도 그 후, 비즈니스 규칙이 변하거나 가동조건이 바뀌므로 지속적인 사용법 변경과 수정이 필요하다. 전체가 거대한 시스템인 경우 이러한 수정이 되풀이됨에 따라 차츰 너덜너덜한 구조가 되어 버릴 뿐만 아니라 보수와 수정 작업을 복잡하게 한다는 딜레마에 빠지는 경우도 많다. 시스템화 안건의 백 로그, 구 시스템 보수와 수정, 그리고 달라진 기술수준에서 너덜너덜한 상태가 된 시스템 운용 관리와 같이 현재의 정보시스템부서는 스스로 구축해온 시스템자산 속에서 칭칭 얽매어져 움직일 수 없는 상태가 된다.

이렇게 일이 제대로 풀리지 않자 애가 타는 이용자부서가 스스로 "아마추어 정보시스템부서"를 자처하는 경우도 볼 수 있다. 이것을 사용자 컴퓨팅(EUC)이라고 추켜세우며, 컴퓨터가 간단하고 편리해졌다는 것의 상징인양 칭찬하는 경우가 있지만 이것은 큰 오산이다.

사용자 컴퓨팅은 제대로 된 전사적인 정보시스템기반이 있다는 것을 전제로 하는 것이며, 이것이 정비되지 않는 상황에서는 혼란을 심화시키는 요인을 하나 더 늘린 것이나 다름없다. 본래 효과적인 회사 활동을 추진하기 위해 존재하고 있어야 하는 정보시스템과 정보시스템부서가 회사 경영속도의 발목을 잡게 되는 상황을 어떻게든 타개할 필요가 있다.

● 정보시스템부서에서 정보화부서

"사내의 통합자"이자 "기계지킴이"로서 정보시스템 구축을 담당하는 정보시스템부서는 새로운 기술로 인해 너덜너덜한 상태가 되어버린 시스템의 운용 관리 역할을 재검토하고 보다 본래의 역할에 집중할 것이 요구된다. 지금까지의 역할은 회사 내의 다양한 부서의 업무개선에 대한 요구를 정리하여 시스템화 계획을 세우고 또한 그 회사에 따라서 업계 등으로부터 제안을 받아 프로젝트를 설립하여 시스템 개발을 하고 또한 그 후에 이러한 것을 운용 관리한다는 입장, 즉 자기작품에 자신이 직접 연출하는 "만드는 쪽"이었다. 그러나 앞으로는 "구매하는 쪽"을 철저히 관리하는 정보화부문으로 변신할 필요가 있다.

최근에는 시스템구축을 일괄하여 하청을 받는 시스템 통합회사나 정보시스템 운용 관리를 포괄적으로 제공하는 외주 공급사가 증가하고 있으며, ERP패키지와 같은 패키지 어플리케이션도 이용가능해지고 있다. “구매하는 쪽“ 입장을 철저히 고수하여 외부 시스템 통합회사나 외주공급업사를 적시에 활용함으로써 정보화의 속도를 둔화시키지 않도록 할 필요가 있다. 이러한 방법이 성공하게 되면 회사에 있어서 경영 속도화를 조절 통제하는 주도적인 입장이 될 수 있다.

● 정보화부서의 핵심역량

본래 중심기능으로서 실시해야 할 업무만을 핵심역량으로 남겨두고 그 이외는 외주를 활용한다는 미국식 방법을 취한다고 하면 매우 집약된 궁극적으로 슬림화된 정보시스템부서가 될 수 있다. 이 경우에서도 남겨 두어야 할 정보화부문의 핵심역량이라고 불러야 할 기능은 다음과 같은 것이라고 할 수 있다.

- 정보 전략을 수립힌다.
- 기반기술을 선정한다.
- 기기사용법의 표준을 정한다.
- 정보경로를 관리하고 정보유통 침체를 막는다.
- 위험을 억제한다.
- 정보시스템부문의 인적능력을 파악하여 관리한다.
- 정보시스템자산관리방법을 확립한다.
- 이용자부서나 시스템 공급사와의 커뮤니케이션

외주를 활용한 궁극의 슬림화모델은 간접부문을 슬림화하고 기존 인원을 감축하거나 되도록 많은 인원을 수익이 증가하는 현업 부서에 배치하는 것이다. 이와 같은 인사 혁신이 가능하고 실제 추진하는 회사는 매우 효과적인 선택을 한 기업이라고 하겠다. 이러한 방법이 노사문제나 인사체계와 같은 점을 고려했을 때, 받아들일 수 있는지 여부에 대한 문제가 있기 때문에 충분한 검토를 한 후에 실시를 해야 하겠지만 정보시스템부서에서 정보화부서로의 전환을 도모하는 이상 핵심역량이 무엇인지에 대한 것은 항상 유념해 두어야한다.

● **컴퓨터어와 비즈니스어**

정보시스템부서와 경영자와 이용자부서와의 사이에서 충분한 의사소통을 하지 못하는 경우를 종종 보게 된다. 예전부터 컴퓨터는 전문가만이 다루는 특별한 기기이며 보통 사람들이 이해하기 어려운 존재라고 여기기 때문에 이런 상황이 일어난다. 또 정보시스템부서가 회사 내의 통합자로서 기능하게 됨에 따라서 정보시스템에 관한 기술에는 전문가이지만, 정작 자사가 어떠한 비즈니스를 하고 있는지에 대해서는 무감각한 기술자를 육성한다는 일부의 비판도 이런 상황의 원인이다. 정보시스템부서의 전문가는 컴퓨터용어로 이야기를 하고 경영자와 이용자 부서가 비즈니스어로 이야기를 하기 때문에 이야기가 통하지 않는 문제가 발생한 것이다. 의사소통의 부족은 많은 오해를 낳고 불신감을 쌓게 한다. 최악의 경우는 상호 적대적인 관계가 되어버리기도 한다.

따라서 정보기술이 경영전략상 중요한 역할을 이룩하고 정보시스템부서가 회사 전체의 핵심역량과 밀접하게 관련된 가운데 "만드는 쪽"에서 "구매하는 쪽" 입장으로 전환하려고 한다면 정보시스템부서는 컴퓨터어를 버리고 비즈니스어를 사용해야 한다. 단어를 제대로 사용한다는 것은 문화를 이해한다는 것을 의미한다. IT 비용 개념은 경영이나 업무에 근거한 것이며, 바르게 설명을 하면 경영자나 이용자 부서도 충분히 이해할 수 있는 것이다. IT 비용은 정보시스템부서가 비즈니스어를 사용하기 위해서 배워야 할 기본적인 개념이다.

4.5 향후의 IT 투자전략

1. 매출액과 정보화투자와의 상관관계

정보화투자규모를 업계수준 등에 비춰서 매출액의 몇 %로 한다는 것은 전혀 근거가 없는 방법이다. 매출규모가 같은 정도의 동업타사가 몇 십억 원을 정보화에 투자하고 있기 때문에 우리도 그 수준을 맞춘다는 식의 접근은 적절하지는 않다. 미국 제록스사와 미국 국방부의 CIO(정보담당간부)를 역임한 폴 스코트 씨는 저서에서 "매출액, 이익률과 정보시스템투자와의 사이에는 어떠한 상관관계도 없다. 정체되어 있는 회사가 성장회사에 비해 최고의 최신컴퓨터를 도입하는 경쟁에서 뒤떨어진 것도 아니다. 동종업계의 고수익 회사보다도 컴퓨터부문에 투자를 많이 했지만 적자를 내는 회사도 존재한다"고 말했다.

그는 정보화투자의 판단지표를 추구하는 장기간의 연구를 정리하여 1990년에 "The Business Value of Computer"라는 책을 쓰고 "Return on Management: 매니지먼트 이익률"이 정보화투자의 지표가 된다고 주장했다. 1980년대부터 미국에서는 회사 업적과 정보화투자의 상관관계를 주장하거나 주요회사의 상황을 측정 조사하는 많은 노력이 이루어졌다. 컴퓨터 월드지나 인포메이션 위크지 등과 같은 유력컴퓨터잡지도 독자적으로 측정수법을 적용하고 경쟁하듯 정보화회사 랭킹 등을 발표했다.

컴퓨터가 데이터를 관리하고 회사의 업무 효율화를 지원하는 도구로서 이용되었던 당시에 폴 스코트 씨의 "Return on Management"는 정보화투자를 비추는 거울로서 매우 적절했다고 할 수 있다.

2. 전략 없는 IT 투자로부터의 탈피

우리나라 회사에서는 정보시스템투자액을 어떠한 프로세스로 결정하고 있는 것일까? 방법은 회사에 따라 다소 차이는 있지만 많은 회사에서는 기본적으로는 회사의 업적과 깊은 관련이 있다. 많은 회사의 다음 연도 정보시스템예산 결정프로세스는 크게 나눠서 다음과 같은 순서다.

① 금년 예산에 대해 실적은 어떠한 상황이었는지를 평가한다.

② 정보시스템부서가 내년 신규구입계획이나 프로젝트비용을 개산한다.

③ 정보시스템부서가 ①, ②를 바탕으로(희망적) 내년 시스템예산안을 작성한다.

④ 이사회의 등에서 업적 등을 감안하여(현실적) 시스템예산안을 작성한다. 이상적인 시스템예산안과 현실적인 시스템예산안 사이에서는 당연하게 몇 번의 마이너스와 플러스가 되풀이 되지만 대부분의 경우는 현실적인 시스템예산안에 근접한 선에서 결착된다. 이러한 마이너스, 플러스 과정에서 정보시스템부서에 요구되는 설명 자료는 그 시스템의 비즈니스 효과와 투자의 필연성 등에 관한 것이지만, 같은 업종인 타사나 업계 전체와 비교해서는 어떠한 추진 상황에 놓여 있는가를 기술한 것들도 있다. 일반적으로 경영자는 정보기술 이용에 의한 비즈니스상의 가치를 평가하는 것에 무감각하며, 모두 똑같은 수준의 판단기준을 갖고 있지 않다는 것이 이러한 상황을 초래하고 있다. 또한 가령 경영자가 비즈니스효과와 투자의 필연성을 요구하고 정보시스템부문에서는 시스템기능과 성능상의 기술적인 필연성에 관한 설명을 할 수 있다하더라도 경영효과는 제시할 수 없는 경우가 많다.

3. 보이지 않는 비용과 보이지 않는 가치

IT 비용이라는 관점에서 생각하면 정보시스템 비용에는 눈에 보이는 비용과 눈에 보이지 않는 비용이 있다는 것과 마찬가지로 정보시스템 가치에서도 눈에 보이는(회사의 업적 등과 같은 형태로 표현된다) 가치와 눈에 보이지 않는 간접적인 가치가 있기 때문에 이러한 것을 종합적으로 평가하지 않으면 정보화 투자나 IT 비용의 타당성을 평가할 수 없다(그림 4-2).

우선 눈에 보이는 가치란 최종적으로 회사의 업적으로서 표현할 수 있는 계량 가능한 가치이며, 매출액과 그 증가율, 이익률,

그림 4-2 비용과 가치 구성

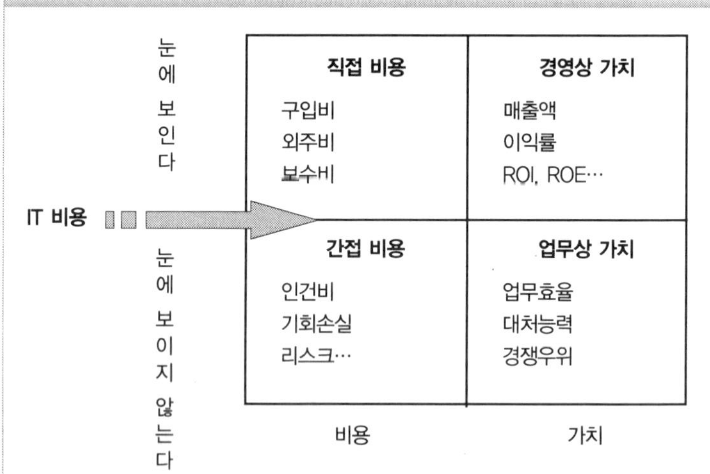

출처: ITR 컨설팅

ROI(투자수익률)가 이에 해당한다. 그러나 이러한 업적을 나타내는 지표 안에서 정보기술이 기여한 정도를 나누는 것은 어렵다. 예를 들어 그룹웨어를 도입하여 사내 정보를 공유할 수 있게 되어서 이익률이 15% 올라갔다는 이야기는 그다지 현실성이 없어 보인다. 이러한 상위수준의 눈에 보이는 가치 지표는 회사 전체 활동의 최종결과이며, 어느 특정 변혁에 의한 것이 아니다. 따라서 정보시스템의 가치를 평가하기 위해서는 이러한 지표보다도 친근한 하위수준의 구체적인 지표에 집중할 필요가 있다.

이때 주목해야할 것은 눈에 보이지 않는 가치다. 눈에 보이지 않는 가치는 업무의 효율, 돌발 사태에 대한 대처능력과 속도, 품질, 경쟁상의 우위성, 위험 경감 등이 있다. 직접적으로 업적이 돼서 나타나지는 않지만 눈에 보이지 않는 가치를 추구해나간다면 그 결과로서 업적을 향상시킬 수 있다고 생각하는 것을 의미한다.

4. 보이지 않는 가치의 파악

눈에 보이지 않는 가치를 조금 더 분석해 보기로 하자. 회사 경영상 또는 업무상 가치를 모든 회사에도 해당되도록 정의하는 것은 쉬운 일은 아니지만 여기서는 작금의 비즈니스 환경을 감안하여 속도와 질을 가치창출의 주축으로 생각하도록 한다. 또한 속도와 질의 또 다른 모습이라고 생각할 수도 있기 때문에 동렬로 취급하는 것은 다소 문제가 있기는 하지만 위험경감이라는 항목도 업무상의 가치 중 하나의 측면이라고 생각한다.

또한 눈에 보이지 않는 가치에도 회사 안에 폐쇄된 내부적인 것과 고객과 거래처를 향한 대외적인 가치가 존재한다. 예를 들어 CTI(전화와 컴퓨터 융합)기술을 이용한 콜센터를 설치하고 보수지원의 창구를 일원화하는 경우에는 내부적으로는 효과적인 보수업무를 실현하지만 그 이상으로 대외적으로는 고객대응의 품질과 속도를 향상시키는 가치를 기대하게 된다. 눈에 보이지 않는 가치의 구성요소와 각각의 중요도는 업종과 회사규모, 회사의 역사적인 경위 등에 의해 달라지기 때문에 각각의 회사에서 자사의 상황에 맞는 눈에 보이지 않는 가치를 정의할 필요가 있다.

5. 가치기준에 근거한 정보화투자

1990년대 후반이 되면 정보시스템은 더 이상 관리와 운영의 효율화만을 지원하는 도구가 아니었다. 회사의 부가가치를 창출하고 사업 활동으로 인해 적극적으로 관여하는 존재가 된 정보시스템에 대한 투자를 사무비용삭감이나 효율성 향상에만 주목한 지표로 판단한다는 것은 적절하지 않다고 할 수 있다. 회사는 정보화에 의해 얻을 수 있는 가치에 근거한 정보화 투자의 판단기준을 가져야 한다. 자사의 경영상 가치기준에 근거하여 정량적인 평가지표를 확립한다는 것은 쉬운 일이 아니다. 그러나 표 4-1에 나타난 눈에 보이

표 4-1 눈에 보이지 않는 가치구성

	사내	사외
질	경영관리의 정밀도 업무처리의 품질 생산프로세스 품질	기업 이미지 제품/서비스 품질 고객대응 품질
속도	의사결정 속도 업무처리 속도 개인 생산성	시장투입 속도 출하제공 속도 고객대응 속도
위험경감	금리 환율 리스크 정보 부족/판단 미스 관리가 결여되는 위험	해약 반품 고객상실 출하 서비스 정지 고객 니즈와의 불일치

출처: ITR 컨설팅

지 않는 가치 구조에 비추어서 정성적으로도 평가하는 것부터 시작할 수는 있을 것이다.

또한 매년 정상적으로 드는 고정적인 비용과 신규(몇 년에 걸친 경우도 있다) 정보화프로젝트에 필요한 비용은 나눠서 생각할 필요가 있다. 고정저인 비용에 대해는 IT 비용의 개념을 통해서 그 자체를 전체적으로 파악하고 최적화해나갈 필요가 있으나, 신규 정보화프로젝트는 이와 더불어 회사의 전략을 파악할 수 있어야 한다.

신규 정보화프로젝트를 개시할 때나, 이에 관련된 정보시스템 투자의 타당성을 평가할 때에는 그 프로젝트나 투자가 어떠한 보이지 않는 가치를 창출하는 데 기여할지를 생각하는 것부터 시작하는 것이 바람직하다.

찾아보기

ㅊ

ㅋ

ㅌ

ㅍ

ㅎ

A~Z

IT 경영혁신과 정보화 비용 관리

2006년 5월 1일 | 1판 인쇄
2006년 5월 8일 | 1판 발행

지은이 | 이경덕, 서진영
발행인 | 김은중
발행처 | 도서출판 서울경제경영

주소 | 120-808 서울특별시 서대문구 대현동 67-5 대현빌딩 6층
전화 | (02) 313-2682
팩스 | (02) 313-8860

등록 | 1998년 1월 22일 제5-63호

ISBN 89-88106-32-6 93320 정가 16,000원

※ 파본은 바꾸어 드립니다.